日本国際政治学会編

岐路に立つアフリカ

国　際　政　治

本誌の電子ジャーナルについて

本誌に掲載された論文を、自らの研究のために個人的に利用される場合には、電子ジャーナルから論文のPDFファイルをダウンロードできます。独立行政法人・科学技術振興機構 (JST) の以下のURLを開き、『国際政治』のサイトにアクセスしてご利用ください。なお、刊行後2年間を経過していない新しい号については、会員のみを対象として限定的に公開します。

J-STAGE　http://www.jstage.jst.go.jp/browse/kokusaiseiji

目次

日本国際政治学会編『国際政治』第210号「岐路に立つアフリカ」（二〇二三年三月）

序章　二一世紀アフリカにおける国家と国際関係

杉木明子

はじめに

第二次世界大戦後に形成された「自由主義的国際主義」と呼ばれる国際秩序に綻びが生じている。二〇〇八年の世界金融危機以降、国際秩序をリードしてきた欧米諸国のパワーが低下した。他方、中国、ロシア、インドなどの新興国が経済的に躍進しており、中国やロシアが主導する、従来の国際秩序とは異なる、新たな国際秩序が台頭するという予測がある。(1) アフリカも国際秩序の変動と無縁でなく、岐路に立っている。アフリカ諸国と密接な関係があったアメリカ、フランス、イギリスなどの「伝統国」とともに、中国、ロシア、インド、トルコなどの「新興国」が存在感を高め、アフリカにおける「大国」の勢力図は変化している。

それを象徴する一例が、二〇二二年二月二四日のロシアによるウクライナ侵攻に対するアフリカ諸国の反応である。二〇二二年三月二日の国連総会緊急特別会合で行われた対ロシア非難決議では、アフリカ五四カ国のうち、賛成二八、反対一、棄権一七、無投票八であった。(2) 翌年の二月二三日に実施された国連総会のロシア非難決議では、アフリカ五四カ国の中で、賛成三〇、反対二、棄権一五、無投票七あった。棄権から賛成へ変わったのはマダガスカルと南スーダンで、マリは棄権から反対へ変わり、ガボンは棄権した。(3) これらの結果は、ロシアの「囲い込み政策」の成果であり、アフリカでは二割超の国が「ロシア寄り」であると言われている。(4)

アフリカにおける「伝統国」の影響力が低下している中でもフランスの退潮傾向は際立っている。一九六〇年代以降、フランスは旧仏領植民地との一体性にもとづく「フランサフリック」を標榜し、旧仏領諸国と政治的、経済的、軍事的に密接な関係を維持してきた。だが、マリ、ブルキナファソ、中央アフリカ共和国などの旧仏領では反仏運動や「フランス離れ」が進み[5]、これらの国はロシアやロシア系の民間軍事会社である「ワグネル」と関係を強化している[6]。二〇二三年三月、アフリカ四カ国を訪問中のマクロン大統領は、「フランサフリックは終わった」と表明した[7]。

　二〇〇〇年代以降、「新興国」がアフリカで存在感を高めたことは、アメリカの対アフリカ戦略の見直しと関係強化を促すことになっている。トランプ政権時代にはアメリカとアフリカの関係が低迷したが、バイデン政権発足以後、対アフリカ政策を再検討し[8]、二〇二二年八月にブリンケン国務長官がアフリカを訪問し、同年一二月には八年ぶりに「アメリカ・アフリカ首脳会議」が開催され、三年間に少なくとも五五〇億ドルの支援を行うと約束した[9]。

　このような状況から、アフリカで大国間の覇権競争や「新たなアフリカ争奪戦[10]（New Scramble for Africa）」が起きているという見方がある。しかし、アフリカを大国のパワー・ポリティクスに翻弄される地域と捉える見方は、アフリカにおける国際関係の一面を見ているにすぎない。アフリカは大国の非力な「駒」や、国際秩序の単なる客体や受動的な存在ではない。通時的にその対外政策や内政をみた場合、アフリカ諸国はしばしば域内外の国際情勢や諸アクター間の関係を利用して、政治戦略を展開し、自国（または政治指導者）の利益を追求してきた。本稿で着目したいのは、アフリカの「エージェンシー」と「外向性（extraversion）」とよばれる概念である。「エージェンシー」の定義に関しては多様な議論があるが、ここでは国家が主体的かつ単独に政策決定や意思決定を行い、他のアクターとの関係においてバーゲンニング・パワーを有する能力を指す[11]。「外向性」とは、外的な環境から資源を動員し、自らの政治的基盤の形成や経済的資源への転化を図る、ある種のアフリカの狡知や生存戦略である[12]。松田は、アフリカ社会が外部と折衝しつつ、問題対処能力を更新する高い能力[13]（＝インターフェース機能）を備えていることを指摘している。アフリカは、国際関係の「周辺」や「従属的」環境に置かれているが、外部からの関与を巧みに利用し、自らの経済的利益や政治的基盤の強化を模索してきた[14]。

　アフリカはグローバルな潮流と無縁で、閉ざされた領域ではない。アフリカで育まれた文化や社会は、域外との交流や介入に直面することで発展してきた。二一世紀のアフリカで生起する様々な事象を国際関係との交錯から検討することは、アフリカの内政や国際関係を理解するだけでなく、アフリカという地域からグローバルな国際関係を再考し、グローバル秩序の再編を検討する上でも重要である[15]。本稿は序章としてアフリカ諸国に共通する主要な政治的課題の実態や変容を検討しながら、本号の特集として所収されている論文を概説したい。

一　アフリカにおける「国家建設」と「国民統合」

(1)「国家建設」という難問

独立から今日に至るまで、アフリカにおいて「国家建設」は最大の政治課題である。それはアフリカでは、外部から移植された「国家」という枠組みにおいて二つの正統性の問題が内在しているからである。第一は、「国家」としての領域の問題である。アフリカ諸国は植民地宗主国の行政単位を継承したが、これらの国境線はヨーロッパ列強によって恣意的に画定された。植民地時代には「分割統治」や民族や地域間の分断や対立を煽る政策が意図的に行われたため、同じ植民地の住民間に同胞意識が生まれることは稀有であった。植民地解放闘争時の共通の「敵」は、植民地領内のアフリカ人たちの協力や連帯を促したが、多様な民族や集団を包摂し、一体化した国民意識を醸成したと言い難い[16]。

第二は、政府と住民、政府と社会の関係である。アフリカの国家は「ポストコロニアル家産制国家（PCPS）」とよばれる、パトロン＝クライアント関係に依拠する家産制的な統治体制の特徴がある。政治指導者（パトロン）は、様々な国家の資源を外部から調達し、独占し、私物化するとともに、忠誠を示す自らの従属者（クライアント）へ資源を分配し、権力の基盤を維持し、強化してきた。他方、統治者を頂点するパトロン＝クライアント関係に組み込まれていない住民は、政府や政治指導者に不満や不信感を抱いていた[17]。

ここで留意したいのは、アフリカ各国の「国家建設」や「国民統合」の度合いに差異があることである。例えば、タンザニアやザンビアは「国民統合」が一定の成果を収めた国として評価されている。アフロバロメーターが一九九九年から二〇〇一年にかけて一二カ国で実施した調査では、タンザニア人という国民意識よりも特定の民族に強いアイデンティティを抱く人は三％にすぎなかった[18]。別の調査でもタンザニアでは八八％がタンザニア人としてのアイデンティティを重視されていることが明らかになっている[19]。ザンビアで行われたある統計では、八三・六％がザンビア人であることは特定民族に属していることよりも重要だと考え、選挙時の投票では八五％が政治家のエスニシティよりも本人の資質を重視すると回答している[20]。むろんタンザニアには「ザンジバル問題[21]」、ザンビアでは「西部州問題」等のように[22]、国家の分断や分裂を招く問題はあり、「国民統合」には脆弱性が潜んでいる。

多くのアフリカ諸国で「国家建設」や「国民統合」は未完のプロジェクトである。落合雄彦会員による「リベリアにおける「マンディンゴ問題」の史的変容――紛争前、紛争中、そして紛争後――」は、リベリアのマンディンゴとよばれる民族を通して、「国民統合」の実態や、「国家建設」の課題を明らかにしている。リベリアでは、アメリコ＝ライベリアンとよばれる解放奴隷が一八二〇年代前半にアメリカから入植し、政治権力や経済的利権を独占してきた点で他のアフリカ諸国とやや異なる「国家建設」の道を歩んできた。「マンディンゴ問題」は、リベリアにおける政治情勢や政治権力関係との兼ね合いで推移しており、その様態が通時的に変化、変容することが明らかにされている。

戸田真紀子会員による「紛争を再生産する国家、植民地化の遺産、新植民地主義――ナイジェリアのボコ・ハラムを事例として――」は、ボコ・ハラムに焦点をあて、アフリカで紛争が継続（再生産）される原因を検討している。本論文は紛争が長期化する主な要因として、①政治エリートが権力闘争のために民族や宗教を利用していること、②歴史的・構造的要因としての植民地遺産、③腐敗した国家を助ける新植民地主義という三点を挙げている。これらの根底には「国家建設」や「国民統合」の問題がある。

(2) 外部主導型の「国家建設」とその限界

一九九〇年代以降、アフリカの様々な紛争体験国では国連等の外部主導による国家建設支援が行われてきた。これまで実施されてきた国家建設支援がどの程度成功しているかは、論議をよぶところであるが[23]、停戦や和平合意が破綻し、武力紛争が再発したことを失敗とみなすならば、一九八九年から二〇〇四年までに安保理によって設立された五三件のPKOのうち、一四件が失敗であった[24]。武力紛争が再発していない場合でも、アフリカの紛争体験国では治安や統治機能に問題を抱えている国が少なくない。

「国家建設」の手法や方策に関しては多様な議論があるが、主に二つのアプローチに大別できるだろう。第一は、統治装置として政府の機能を重視する「制度的アプローチ」である。これは公共財を提供できる組織や制度を作り、キャパシティ・ビルディングを行い、ガバナンスや統治能力を向上させることを目標としている[25]。第二のアプローチは政府（国家）と住民との関係に重点をおく、「正統性アプローチ」である。このアプローチでは、政府と住民（国民・市民）との社会契約、住民の国家への帰属意識、住民間の同朋意識などの社会的紐帯が重視されている。そのため、「国家建設」はナショナリズムによる国民国家形成、統治の正統性、政府の「権威（authority）」と関連付けられることが多い[26]。

これまで多くの紛争体験国で実施されてきた国家建設支援は、「制度的アプローチ」に重点がおかれてきた。そのため主に三つの問題が顕在化した。第一は、対象国の現状が十分に考慮されず、外部アクターが中心となり、トップダウンで国家建設支援をすすめられていることである。（暫定）政府の構造、治安の維持や公共サービスの提供、国家建設支援の実施期間、移行期正義など、国家建設支援の具体的な内容は外部アクターの意向を反映して立案され、実施される[27]。カウンターパートとなる国内アクターは、外部アクターにとって協議しやすい人（又は集団）が選ばれ[28]、住民の代表者と言い難い。また国家建設支援に関する主要な政策はドナーを中心とする国際会議で決定され、国内アクターが政策決定過程に与えうる影響は限定されている。その結果、外部主導の国家建設は一方的な政策の押し付けと住民達からみなされ、抵抗を招いている[29]。

第二の問題は、暴力装置の一元的管理と自由民主主義・市場経済の導入というリベラルな政治経済制度が「国家建設」の前提となっていることである。リベラルな政治経済制度がどこまで統治機能や紛争解決に寄与するのか、その有用性に対しては懐疑的な見解がある[30]。また暴力装置の一元的管理とリベラルな政治・経済制度を「国家建設」のモデルとすることは、国家形成の多様なプロセスを否定することになる。西欧的な国家モデルを「国家建設」のガイドラインや評価基準することを、ハグマン（Hagmann）やヘーネ（Hoehne）は、「国家収斂説」として批判している[31]。第二に、「制度的アプローチ」は、アフリカ「国家」に内在する正統性の問題に対処できないことである。正統性が欠如する国で、国家建設支援を行うことは、利権を追求する国内アクターの対立を激化させ、地域住民との紐帯が希薄で、権力と権威のない「弱い国家」を制度化し、「国家」の弱体化を継続させる危険性を孕む[32]。

自由主義的価値観に基づく国家建設支援に対して、二〇〇〇年代以降、「ポスト自由主義的国家建設論」や、現地の主体性や「オーナーシップ」、伝統的な紛争解決のメカニズムを活用した「ボトムアップ型平和構築」などの新たな「国家建設」のアプローチが提案され、一部で実践されている。だが、これらのアプローチにも問題がないわけではない。現地の社会構造や統治システムを重視する「ボトムアップ型」の場合、現地社会の抑圧的な支配体制を温存したり、マイノリティの権利を否定する慣習を維持することになり、紛争や対立の構造的要因を温存してしまう可能性があるからである[33]。

山田真弓会員による「岐路に立つ南スーダン共和国――国家建設支援と国内統治の問題――」は、国連による国家建設支援が失敗した要因を分析し、「制度的アプローチ型」の国家建設支援の限界を明らかにしている。山田論文が注目しているのは、南スーダンの権力構造や統治制度の問題である。二〇一五年八月の和平合意が失敗に終わった教訓を生かし、和平再合意にむけた交渉では、「ボトムアップ型国家建設」アプローチも意識されてきた。第三者の仲介でナショナルレベルだけでなく、ローカルレベルで多様なアクターが対話や和平会議に参加することで、和解や信頼醸成が試みられた。二〇一八年の和平再合意により、二〇二〇年二月に国民統一暫定政府が発足したが、南スーダンにおいて、「国家」としての正統性（特に内的主権）の問題が解決したとは言い難く、その前途に暗雲が立ち込めている。

二　アフリカにおける政治体制の変動と「外向性」

一九六〇年代以降のアフリカにおける政治体制の変動は三期に分けることができる。第一期は、一九八〇年代末までの一党支配型または軍部支配型の権威主義体制が主流であった時期である。一九八九年時点のフリーダムハウス（ＦＨ）指標で「自由」と評価された国は、ボツワナ、ガンビア、モーリシャスの三カ国にすぎなかった[34]。第二期は一九九〇年代から二〇〇〇年代半ばまでの複数政党制導入、「民主化」の移行期である。一九九九年の時点で複数政党制を採用する国は四五カ国におよび、大統領・総選挙で現職が敗れ、政権交代も起きている。ポリティ指標は一九八五年から二〇一四年まで民主化の傾向を示し、ＦＨ指標では、一九九五年から二〇〇五年まで「自由」である国が増加した。

第三期は二〇〇〇年代半ば以降で、民主化の「後退（バックラッシュ）」や統治体制の再権威主義化が顕著である。今日のアフリカでは多様な政治体制が混在しており、①民主主義体制が定着している（又は、しつつある）国、②「民主化」が停滞又は後退した国、③権威主義体制が継続している国に分類できる。多くの国では②に該当し、「競争型権威主義体制」、「選挙権威主義体制」、あるいは「新自由主義的専制体制」とよばれる体制がみられる。これらの国では、複数政党制にもとづく選挙が行われるが、公正で自由な選挙は実現されていない。また、マリ、ブルキナファソ、チャド、スーダン等では軍によるクーデタで政権が交代し、実質的な民政移管が進まず、軍部主導型政権が存続している。

一般的に政治体制の変動には内的・外的要因が絡んでおり、アフリカでも同様であるが、紙幅の都合上、ここでは外的要因に着目したい。一九九〇年代にアフリカ諸国の民主化を促した要因としては、外的圧力、とりわけアフリカと密接な関係にある、国際機関や欧米のドナー諸国からの民主化要求が重要であった。冷戦期、欧米諸国は、親欧米政策をとるアフリカ諸国の統治体制や人権侵害を黙認し、経済援助や軍事援助を供与してきた。だが冷戦終焉後、欧米のドナー諸国はアフリカ諸国に対して、開発援助や経済協力の条件（コンディショナリティ）として、ガバナンスの改善、人権、民主化を求めた。ドナーの要求は複数政党制の導入や民主化を躊躇していた政府に対する強い圧力になった(35)。一九九〇年代初めの国際環境の変化、とりわけ旧ソ連、東欧諸国における「民主化の雪崩現象」もアフリカ諸国へ影響を与えた。ソ連や東欧の社会主義諸国を政治・経済政策のモデルと社会主義を標榜していた国では一党制の正統性が喪失した(36)。

では、二〇〇〇年代半ば以降、アフリカにおいて民主化の「後退」や再権威主義化が進展したのはなぜなのだろうか。この問いを考察しているのが、遠藤貢会員の「アフリカにおける政治体制変動の評価をめぐって――「新自由主義的専制体制」の生成メカニズム――」である。本論文では新たなアフリカの政治体制の特徴を「新自由主義的専制体制」、または「新自由主義権威主義」と称している。二〇〇〇年代半ば以降、アフリカにおいて民主主義体制の後退現象が顕著な理由の一つが外圧の変化がある。二〇〇〇年代になると、経済成長（又は開発）や「ガバナンス（あるいは統治能力）」が重視され、「対テロ戦争」がアジェンダに加わったことにより、自由民主主義制度という体制で求められていた様々な「自由」は、経済成長やそのための政府の効率性や正当性に置き換えられたと説明している。むろん民主化や人権の改善を求める国際的な要請が完全に消滅したわけではない。それゆえ複数政党制による選挙は実施され、民主主義的な形式的要件は満たされるが、様々な方法で大統領一極集中主義が強化された。このようにして生成されてきた「新自由主義的専制体制」はアフリカの「外向性」に裏付けられ、流動的な国際情勢の変化に迎合した体制である。

藤井広重会員による「国際刑事裁判所による司法介入とケニアの司法制度改革――ケニアでの不処罰終止に向けられた内と外の論理の変容――」では、ケニアを取り巻く外部環境がどのようにケニアの司法制度改革に影響をもたらしたかを論じている。植民地期からケニアでは不処罰が蔓延し、独立後も大統領が強力な権限をもつ中央集権型統治体制が続き、司法は支配のツールであった。民主化が始まり、複数政党制が導入された一九九〇年代以降も司法改革はさほど進展しなかった。だが、二〇〇七年選挙暴力後のケニアでは、国際刑事裁判所（ＩＣＣ）による介入を契機として、国内の司法制度改革が一気に進んだ。その結果、二〇一〇年に大統領の権限を縮小した新憲法が制定され、司法機関の独立性を制度化するための改革が実現した。他方、ケニア国内および国外の政治環境が変化したことにより、二〇〇七年選挙後暴力時の責任者を処罰する取り組みは頓挫することとなった。その結果、ケニアでは司法改革は成功したが、二〇〇七年選挙後暴力の首謀者を処罰することは達成されなかった。この事例から、政治制度や司法制度の改革に対する外部からの圧力がどの程度有効に機能するか、否かは外部アクターの有する資質やパワーのみならず、それをいかに受容もしくは利用するかという被介入側の政治的意思やコミットメントにかかわっていることがわかる。

三　アフリカにおける武力紛争・「テロ」と紛争解決

一九八九年から二〇一四年まで、アフリカは世界で最も多くの国内紛争が発生した地域であった。[37]二〇〇〇年代前半までは、国内紛争は減少してきたが、二〇一〇年以降、再び増加傾向にある。二〇〇〇年代以降のアフリカの武力紛争の特徴としては、①「選挙暴力」の増加、②水や土地などの生業の手段をめぐる対立、および③過激なイスラーム急進主義を掲げる武装組織の台頭と「テロ」の増加である。[38]二〇二一年末の時点でサハラ以南のアフリカは、「テロ」により治安が悪化した。二〇二〇年から二一年の間に特に治安が最も悪化した一八カ国中八国がアフリカ諸国であった。特に二〇一三年以降、「サヘル地域」の治安は著しく悪化し、[39]二〇〇七年から二一年の間で「テロ」による死者数は一〇倍に増加し、特に深刻な国がブルキナファソ、マリ、ニジェールである。[40]

これまでアフリカで発生した武力紛争では、国連、アフリカ連合などの地域機構、ＮＧＯ、著名な政治家などアフリカ域内外の多様なアクターが紛争解決のために紛争当事者へ働きかけ、和平合意を締結させてきた。しかし、和平合意後、紛争当事者は合意を遵守せず、武力紛争が再発することが多い。コリアー（Collier）らの調査では、停戦合意後五年以内に四四％の紛争が再発しており、二〇〇〇年代までに発生した九九％の国内紛争は、紛争体験国で再発していた。[41]

このような現状をふまえ、小林綾子会員の「紛争再発と和平合意」では、スーダンの事例から、なぜ和平合意の締結が繰り返され、武力紛争が再発するのかが検討されている。その際に着目されたのが、①和平交渉と合意の形式化、②権力の再集権化、③紛争当事者の処遇の違い、④国際仲介者撤退後の不安定化、という四つの「国際仲介のジレンマ」である。紛争当事者は「国際仲介のジレンマ」を熟知し、和平交渉の仲介者を選択し、しばしば和平交渉の場である「フォーラム」の形成や提案を行う。スーダンで発生した四つの紛争においても、紛争当事者は「国際介入のジレンマ」を利用したり、回避し、戦略的な行動をとっていた。小林論文は紛争当事者が和平に合意することと、それを遵守することがいかに難しいのかを示唆している。

トップリーダーたちが、外部の仲介や国際社会の重層的な枠組みを利用し、自らの権力の維持や拡大を追求するならば、それに対して実効性を有する和平合意を実現することは可能なのだろうか。二〇〇〇年代以降、アフリカの様々な地域では、急進的なイデオロギーを掲げるイスラーム武装組織による「テロ」が急増し、地域の安定や平和を実現することが困難になってきている。国連安保理が特定のイスラーム武装組織をテロ組織と認定すると、現地で展開する国連PKOは、イスラーム武装組織と交渉できなくなる。(42) その結果、イスラーム武装組織を含む紛争当事者との対話や交渉を行うことができず、和平交渉を通じて武力紛争や「テロ」を終結させることがさらに難しくなる。

武力紛争や「テロ」が継続することで、「文民」である一般市民の犠牲は増加している。一九九〇年代以降の国連PKOは多機能化し、任務が拡大していくが、二〇〇〇年代には「積極化」とよばれるさらなる変化がみられた。国連憲章第七章が適用された大半の国連PKOでは「文民の保護」が任務の一つとなっている。(43) 上野友也会員の「文民の保護における限界と無限――南スーダン国連平和維持活動を考察して――」では、南スーダンで行われたUNMISSを事例として分析している。二〇一三年の内戦勃発後、安保理決議により文民の保護がUNMISSの最優先事項となり、国内六カ所のUNMISS施設内に「文民保護サイト」が設けられた。しかし、「文民保護サイト」は安全な場所とは言い難く、頻繁に政府軍や武装組織による「文民保護サイト」への攻撃が行われ、サイトの近隣地域では避難民に対する性暴力や略奪などが横行している。文民保護が失敗した原因は国連PKOの任務と権限に内在する問題に関連している。その問題とは、①紛争当事国政府・軍による文民保護への妨害、②国連PKOによる文民保護の意思と能力の欠如、③国連PKOの武力行使の消極性、および④国連PKOによる文民保護の不公平性である。UNMISSが文民保護の任務に十分に対応できていない現状は、単なるUNMISSの機能や能力の問題にとどまらない。言うまでもなく、国連は世界政府や超国家機構ではなく、国連のPKO活動は加盟国（特にPKO部隊派遣国）の政治的意思に依存している。どこまで国際社会が文民の保護や紛争解決にコミットする政治的意思があるかが改めて問われている。

四　アフリカにおける「パワー・ポリティクス」と重層化する国際関係

(1) アフリカにおける勢力図の再編？

二〇〇〇年代以降、アフリカの国際関係は大きく変動している。冷戦終焉後、欧米の「伝統国」はアフリカに対する経済援助や軍事援助を縮小していくが、それとは対照的に中国、インド、トルコ、ロシアなどの「新興国」の存在感が高まってきた。厳密にいえば、中国とロシアはアフリカの新規参入国ではない。一九五四年の非同盟諸国会議以降、中国はアフリカ諸国の植民地解放闘争を支援したり、経済援助を行った。だが、文化大革命後、中国の対アフリカ関係は停滞期に入り、一九七〇年代後半には中国の対アフリカ援助は半減したが、ザンビアとタンザニアを結ぶタザラ鉄道建設の支援は継続され、限定的な関与は続いた(44)。

ロシアとアフリカの関係は、旧ソ連時代に遡り、冷戦期にはソ連は社会主義を標榜するアフリカ諸国を中心とした友好関係を形成するとともに、軍事、経済援助、教育などを通した人的交流を行ってきた。一九九一年のソ連解体とエリツィン政権下でのロシアにおける国内の政治、経済的混乱に伴い、ロシアとアフリカと関係は一時的に希薄となった(45)。しかし、二〇〇六年にプーチン大統領がアフリカ諸国を歴訪し、その後、ロシアはアフリカ諸国との関係を徐々に再構築した。さらにロシアが対アフリカ政策を強化したのは、二〇一四年以降である。その背景には、ロシアによるクリミア半島の併合、シリア空爆などにより、欧米諸国がロシアに対する経済制裁を開始したことがある(46)。アフリカ政策の目的はロシアに対する忠誠、政治・経済的利益の確保、地政学的に有利な立場を確保することであり、軍事、政治、経済、外交、サイバー攻撃、プロパガンダを含む情報・心理ツールなどの手段が駆使されている(47)。

近年、アフリカの軍事・安全保障分野においてロシアの関与が目立つようになってきた。ロシアがアフリカ諸国と締結した協定は、二〇一五年以降の二国間軍事協定だけで二〇件以上におよんでいる(48)。これらの協定には、ロシアの軍事基地の建設や軍事アドバイザー派遣などが含まれている。ロシアはアフリカ最大の武器輸出国であり、軍事訓練提供国である。またロシア系の民間軍事会社であるワグネルは、中央アフリカ共和国、スーダン、モザンビーク、マダガスカル、マリなどで活動し、その影響力を拡大している(49)。

しかし、ロシアの経済的な影響力は限定的である。貿易ではアフリカへのロシアの輸出総額は約一三〇億ドルであり、二〇一五年の総額から四〇％増加した(50)。ロシア系企業からの直接投資も増えており、二〇一九年に一九件の新規プロジェクトに対する投資が発表された(51)。だが、アフリカの上位貿易相手国は、中国、インド、米国、欧州諸国であり、二〇一九年の時点で中国の対アフリカ輸出はロシアの約八倍である。また二〇一七年の時点でロシアの直接投資がアフリカの全投資に占める比率は一％以下であり、二〇二〇年時点で直接投資の上位五カ国は、英国、フランス、オランダ、米国、中国であった(52)。

中国とアフリカの関係が再構築されたのは、一九八〇年代以降である。一九八二年末から八三年にかけて趙紫陽首相がアフリカ一一カ国を歴訪した(53)。中国の対アフリカ政策は、従来のイデオロギーを重視した政策から、貿易、市場や資源の確保などを目的とし、相互互恵的経済関係に基づくプラグマティックな政策へ転換した。二〇〇〇年には、中国とアフリカとの地域協力の枠組みである「中国・アフリカ協力フォーラム（FOCAC）」が始まり、以後、三年に一度、FOCACが開催されている。二〇〇〇年の時点で中国が第一位の貿易相手国であったアフリカ諸国は二カ国にすぎなかったが、二〇二〇年には、二九カ国に及んでいる。(54) また、二〇〇六年から二〇一六年の一〇年間に中国の対アフリカ輸出は、二三三％、輸入は五三％増加し、アフリカにおいて中国の輸出総額が占める比率は一二・二％、輸入総額は一一・九％を占めている。中国に次ぐ貿易相手国であるアメリカの輸出総額がアフリカで占める割合は、六・四％、輸入総額は一三・五％であった。(55) また中国の直接投資も増加しており、二〇一三年では三三・七億ドルであったが、二〇一八年には五三・九億ドルになった。二〇一九年には二七・七億ドルに減少したが、二〇二〇年には二九・六億ドルとなり、復調傾向がみられ、多くの中国企業がアフリカへ進出している。(56)

中国とアフリカとの関係は開発援助、貿易、投資などの経済分野にとどまらず、軍事支援、インフラ整備、農業支援、資源開発、保健・医療、人材育成・教育、環境・気候変動問題、平和・安全保障など多岐におよび、関与するアクターも多様である。川島真は中国とアフリカとの関係性を考える際に必要な三つの視座を示唆している。第一は、中国とアフリカとの関係を双方向から捉えることである。第二は、様々なレベル、すなわち、地域、国家、地方など多様なレベルにおける様々なアクターとの関係性に着目する必要がある。第三は、「中国」というアクターの多様性であり、中央政府だけでなく、地方政府、国有・民間企業、個人といったアクターも分析対象となる。(57)

中国の民間企業がもたらす影響を検討したのが、渡辺紫乃会員の「中国アフリカ関係の新展開――ファーウェイによるデジタルインフラ建設とその影響――」である。渡辺論文は、ファーウェイによるデジタルインフラ建設を通して、中国とアフリカが経済面にとどまらない関係を深化させている実態を明らかにしている。スマートシティ技術の導入がホスト国であるアフリカ諸国へもたらしうるガバナンスや内政への影響は、アフリカ国内外で憂慮されてきた。新たに導入されたこれらの技術をどのように活用するかはアフリカ諸国の選択に委ねられている。

(2) アフリカの「エージェンシー」と「下からの」国際関係

先述のように、多様なアクターがアフリカに参入し、大国間のパワーゲームが展開している。だが、多くのアフリカ諸国は大国間の攻防に翻弄され、追随しているわけではない。むしろ、中国や新たなアクターがアフリカに関与することは、外交交渉における交渉力が強化され、譲歩を引きだすための選択肢が増えることになる。(58) アフリカの国家又は非国家アクターが有するエージェンシーや交渉力には差異がある。国家の場合、資質、外的環境の政治、経済、軍事力、地政学的条件、資源（特に換金性の高い希少資源）などによって駆使できる手段や選択肢は異なる。

一九七七年にフランスから独立したジブチは「外向性」の指向が強い国の一つである。ジブチは紅海・アデン湾を通して欧州と中東を結ぶ海上輸送の要衝であり、アフリカと湾岸諸国を結ぶ「アフリカの角」・東アフリカ内陸国の出入口に位置している。ジブチは地政学的優位性を活かし、巧みな対外政策を実施している。独立当初は、ジブチはフランスと密接な関係を維持していたが、次第にフランスへの依存から脱却をはかり、二〇〇二年以降、「積極的中立主義」にもとづく「多国間主義」や「多国間同盟」を模索してきた[59]。

ジブチの対外政策における「外向性」は主に三つの側面からとらえることができる。第一は、駐留軍関連の役務や使用料による国家収入の獲得である。現在ジブチには、独立前から存続しているフランスの軍事基地とともに、二〇〇一年に米軍の基地として開設されたキャンプ・レモニがあり、イタリアや日本のジブチに基地を建設した。さらに、二〇一七年には中国軍の基地も建設された。ある試算では、一年間にフランスは約三千三百万ドル、アメリカは約六千三百万ドル、日本は約三千万ドル、中国は約二千万ドルをジブチへ支払っている。ジブチの一年間の国家予算は約八億三千万ドルであることから、各国が支払う軍事施設関連の借料が貴重な収入源であることがわかる[60]。

第二は、経済的パートナーシップの多様化である。一九九〇年代以降、中国はジブチとエチオピア間の鉄道建設や、国際自由貿易ゾーンの建設、港湾建設などを担い、ジブチの経済開発にとって主軸となるインフラ整備に関与してきた。その結果、中国はジブチの最大の債権国になり、二〇一七年末にはジブチの中国輸出入銀行に対する債務残高はGDP比の七七％に達した。ジブチは中国の「債務の罠」に陥り、港湾施設や軍事施設が中国に接収されるのではないかという懸念がささやかれてきた[61]。これに対して、ジブチ政府は様々な方策を打ち出してきた。例えば、債務返済の繰り延べや利率などの交渉を行うとともに、中国の融資により実施される予定であった幾つかのインフラ・プロジェクトを中止または延期している。また、インフラ事業などに関与するパートナーの多角化もはかっている。二〇一五年に中国企業が受注した二つの空港の建設は中断されたが、二年後に再検討され、空港建設はヨーロッパ系の銀行の融資で行われることになった[62]。二〇一七年八月には、フランス系とスペイン系の企業が海水淡水化プラントを建設するプロジェクトを受注し、EUが融資することになった[63]。

第三は、ジブチにおけるパワー・ポリティクスで「バランサー」となりうる国との提携である。ジブチはとりわけサウジアラビアとの関係改善に努めてきた。ジブチはイランとの関係が深かったため、サウジアラビアとの関係は硬直していた。イランはサウジアラビアが敵対するイエメンのホーシー派を支援しており、サウジアラビアはジブチがイランの武器輸出中継地になっているのではないかと疑念を抱いてた。二〇一六年にジブチがイランと断行すると両国は急接近し、二〇一七年には両国は安全保障協定や経済協力協定を締結し、軍事基地の建設を合意している[64]。さらにジブチはサウジアラビア開発基金や湾岸諸国から多額の政府開発援助を獲得している[65]。また、ゲレ（Guelleh）大統領は戦略上、アメリカとの安定的な関係も重視している。アメリカ軍の駐留はジブチの安全保障や経済的な利益に不可欠だと考えられている[66]。

全てのアフリカ諸国がジブチのように外的環境を巧みに利用し、

自国の利益を追求することが可能であるわけではない。だが、アフリカの「外向性」や「エージェンシー」という観点から域外アクターとアフリカ諸国と双方向性を検討することで、アフリカにおける国際関係の多面性や重層性が見えてくるだろう。

(3) 非国家アクターによるトランスナショナル・ネットワーク

アフリカの国際関係は、国家のみならず、国際機関、地域機構、NGOなどの市民社会組織（CSO）など様々なアクターがグローバル、リージョナル、ナショナル、ローカルなレベルで相互に連関している。そして人権や民主化、環境問題、貧困削減、経済開発、紛争、保健・医療など様々な問題に対して、域内外の非国家アクターがトランスナショナル・ネットワークを形成し、時として政府の政策の変更を促したり、新たな国際協力の枠組みを制度化する原動力になってきた。

南アフリカ共和国（以下、南ア）のアパルトヘイト体制廃絶運動もその一例である。またアパルトヘイト廃絶を求めて形成されたトランスナショナル・ネットワークは、アフリカの多様なアクターのエージェンシーを具現化したプラットフォームといえるかもしれない。南アのアパルトヘイト体制が崩壊した背景には、南アの人々たちによるアパルトヘイト体制に対する抵抗とともに、南アの不安定化工作にもかかわらず反アパルトヘイト運動を支援した近隣諸国[67]、そして反アパルトヘイトに共鳴し、連帯してきた国際的な活動の存在がある。牧野久美子会員による「日本における反アパルトヘイト国際連帯運動」は、日本で展開した反アパルトヘイト運動の変遷を一次資料や同時の証言などを交えて、分析している。一九七〇年代以降、日本と南アの貿易は急増し、一九八七年には日本は南アの最大の貿易相手国になっていた。その点で日本における反アパルトヘイト運動は一定の意義を有していた。牧野論文では、日本と欧米諸国のアパルトヘイト運動を比較して、動員構造やフレーミングの違いが論じられているとともに、トランスナショナル・アクティビズムの内部にある緊張関係や地域固有の文脈への留意も指摘されている。

おわりに

二〇八七年にはアフリカの人口は世界の人口の半分に達するという予測がある。この予測が実現するかどうかは、定かではないが、現状の人口増加のペースが継続するならば、今世紀後半には世界の総人口に占めるアフリカ人の比率は高くなり、アフリカの重要性が増すことになる[68]。国際秩序やアフリカを取り巻く国際環境の変化に伴い、アフリカは岐路に立ちつつも、潜在性を秘めている。本稿で取り上げた主要な政治的課題におけるアフリカ諸国の対応からも明らかなように、アフリカは外部の環境への適応や外部世界との折衝の中で、柔軟かつしたたかに自らの利権やニーズを追求する志向性がある。今後のアフリカにおける国際関係、アフリカがグローバルな国際関係においてどのような関係性を形成するのか、その軌道をたどるには多面的・多元的な視座が必要である。

（1）恒川恵一『新興国は世界を変えるか——29ヵ国の経済・民主化・軍事行動』中公新書、二〇一三年、一七九—二一一頁。

（2）*Al Jazeera*, “UN Resolution against Ukraine Invasion: Full Text,” 3 March 2022, https://www.aljazeera.com/news/2022/3/3/unga-resolution-against-ukraine-invasion-full-text (accessed 26 February 2023).

（3）*Al Jazeera* “UN Tells Russia to Leave Ukraine: How did Countries Vote?,” 24 February 2023, https://www.aljazeera.com/news/2023/2/24/un-tells-russia-to-leave-ukraine-how-did-countries-vote (accessed 28 February 2023).

（4）日本経済新聞「アフリカ取り込み難航」二〇二三年二月二日、日本経済新聞「欧米と途上国、ロシア包囲網で溝」二〇二三年二月一九日。

（5）See, *African News*, “A New Anti-France Movement Rises in Burkina Faso,” 31 July 2022, https://www.africanews.com/2022/07/31/a-new-anti-france-movement-rises-in-burkina-faso// (accessed 1February 2023); Jonathan Guiffard, “Anti-French Sentiment in West Africa-A Rection for the Authoritarian Confrontation with the “Collective West”,” Institut Montaigne, 11 January 2023, https://www.institutmontaigne.org/en/analysis/anti-french-sentiment-west-africa-reflection-authoritarian-confrontation-collective-west (accessed 26 January 2023); and Paul Lorgerie, “Thousands Take to the Street of Bamako in Anti-French Protest,” *Reuters*, February 5, 2022, https://www.reuters.com/world/africa/thousands-take-streets-bamako-anti-french-protest-2022-02-04/ (accessed 26 June 2022).

（6）片岡貞治「ロシアの対アフリカ戦略（前編）」『AFRICA』六二巻第三号、アフリカ協会、二〇二二年、二六—二九頁。

（7）*Europe 1*, “Au Gabon, Emanuel Macron proclame la fin de la Françafrique,” 2 mars 2023, https://www.europe1.fr/politique/au-gabon-emmanuel-macron-proclame-la-fin-de-la-francafrique-4170010 (accessed 3 March 2023).

（8）See, Executive Office of President National Security Council, “U.S. Strategy towards Sub-Saharan Africa,” August 2022, https://www.whitehouse.gov/wp-content/uploads/2022/08/U.S.-Strategy-Toward-Sub-Saharan-Africa-FINAL.pdf (accessed 2 December 2022).

（9）The White House, “U.S.—Africa Leaders Summit: Strengthening Partnerships to Meet Shared Priorities,” December 15, 2022, https://www.whitehouse.gov/briefing-room/statements-releases/2022/12/15/u-s-africa-leaders-summit-strengthening-partnerships-to-meet-shared-priorities/ (accessed 2 March 2023).

（10）*The Economist*, “The New Scramble for Africa,” 9th-15th March 2019, p. 9.

（11）Stacey Links, “Ascertaining Agency: Africa and the Belt and Road Initiative,” in F. Schneider, ed. *Global Perspectives on China's Belt and Road Initiative: Asserting Agency Through Regional Connectivity* (Amsterdam University Press, 2021), pp. 128–129.

（12）Jean-François Bayart, “Africa in the World: A History of Extraversion,” *African Affairs*, 99-395 (2000), pp. 217–67. 本号所収の遠藤論文も参照。

（13）松田素二「アフリカの潜在力に学ぶ」松田素二編著『アフリカ社会を学ぶ人のために』世界思想社、二〇一四年、八—一〇頁。

（14）遠藤貢「グローバル化の中のアフリカ」『国際政治』一五九号、日本国際政治学会、二〇一〇年、二—三頁。

（15）以下参照。酒井啓子「終わらない国際政治学と下僕ではない地域研究のために——中東地域研究が提示するもの」葛谷彩・芝崎厚士編著『『国際政治学』は終わったのか――日本からの返答』ナカニシヤ出版、二〇一八年。

(16) 小田英郎「国家建設と政治体制」、小田英郎編『アフリカの政治と国際関係』勁草書房、一九九一年、四―五頁。

(17) D. Roberts, "Post-Conflict Statebuilding and State Legitimacy: From Negative to Positive Peace?," *Development and Change*, 39-4 (2008), pp. 541–545.

(18) Edward Miguel, "Tribe or Nation? Nation Building and Public Goods in Kenya Versus Tanzania," *World Politics*, 56-3 (2004), p. 338.

(19) Amanda Lea Robinson, "National Versus Ethnic Identification in Africa: Modernization, Colonial Legacy, and the Origins of Territorial Nationalism," *World Politics*, 66-4 (2014), p. 720.

(20) 小倉充夫「多民族国家における言語と国家形成――ザンビア・ンセンガ人の事例」『国際政治』一五九号、日本国際政治学会、二〇一〇年、一九頁。

(21) Lupa Ramadhani, "Identity Politics and Conflicts in Zanzibar," *African Review*, 44-2 (2017), pp. 172–202.

(22) 小倉充夫『現代アフリカの悩み』日本放送協会、一九八六年、四一頁、五二―五三頁。

(23) Virgina Page Fortna, *Does Peacekeeping Work?: Shaping Belligerents' Choices After Civil Wars* (Princeton University Press, 2008), pp. 47–50.

(24) Anjali Kaushlesh Dayal, *Incredible Commitments: How UN Peacekeeping Failures Shape Peace Processes* (Cambridge University Press, 2021), p. 56.

(25) See, F. Fukuyama, *State-building: Governance and World Order in the 21 st Centur* (Cornell University Press, 2004); C.T. Call and V. Wyeth, eds., *Building States to Build Peace* (Lynne Rienner Publishers, 2008); and R. Rotberg, eds., *When States Fail: Causes and Consequences* (Princeton University Press, 2004).

(26) L. Lemay-Hébert, "Statebuilding without Nation- building? Legitimacy, State Failure and the Limits of the Institutional Approach," *Journal of Intervention and Statebuilding*, 3-1 (2009), pp. 21–29.

(27) See, R. Caplan, "A New Trusteeship? The International Administration of War-Torn Territories," *Adelphi Paper*, 341 (Routledge, 2002).

(28) See, A. Suhrke, 'The Danger of A Tight Embrace: Externally Assisted Statebuilding in Afganistan," in R. Paris and T. D. Sisk, eds. *The Dilennmas of Statebuilding: Confronting the Constrains of Postwar Peace Operations* (Routledge, 2009), pp. 227–251.

(29) See, J. Chopra, "The UN's Kingdom of East Timor," *Survival*, 42-3 (2000), pp. 27–39; B. Pouligny, *Peace Operation from Below, UN Missions and Local People* (Kumarian, 2006).

(30) 以下、参照。武内進一『現代アフリカの国家と紛争』明石書店、二〇〇九年。P. Collier, *War, Guns and Votes: Democracy in Dangerous Places* (Harper Perennial, 2010).

(31) T. Hagmann and M.V. Hoehne, "Failures of the State Failure Debate: Evidence from the Somali Territories," *Journal of International Development*, 21(2009), pp. 43–54.

(32) D. Chandler, "International State-building: Beyond Conditionality, Beyond Sovereignty," Guest Seminar, Royal Institute for International Relations (IRRI-KIIB), Brussels November 2005, p. 2.

(33) 藤重博美・上杉勇司「ハイブリッドな国家建設――歴史的背景と理論的考察」藤重博美他編著『ハイブリッドな国家建設――自由主

義と現地主義の狭間で』ナカニシヤ出版、二〇一九年、三-九頁。

（34）Freedom House, Freedom in the World: Annual Survey of Political Rights and Civil Liberties, 1989–1990, https://freedomhouse.org/sites/default/files/2020-02/Freedom_in_the_World_1989-1990_complete_book.pdf (accessed 10 August 2020).

（35）小田英郎「民主化の九〇年代」小田英郎編『アフリカ』自由国民社、一九九六年、一二二―一二三頁。

（36）Alex Thomson, *An Introduction to African Politics*, 4th ed., (Routledge, 2016), pp. 247–248.

（37）Erik Melander, "Organized Violence in the World 2015: An Assessment by the Uppsala Conflict Data Programme," UCDP Paper, 9. 2015, http://uu.diva-portal.org/smash/get/diva2:899397/FULLTEXT01.pdf (accessed 1 Aug 2021).

（38）S, Straus, "Wards Do End! Changing Pattern of Political Violence in Sub-Saharan Africa," *African Affairs*, 111-443 (2012), pp. 179–201.

（39）サヘル地域の定義は多様であるが、ここでは、西アフリカおよび北東アフリカの半乾燥地帯を指しことし、以下の一〇カ国（ブルキナファソ、カメルーン、チャド、ガンビア、ギニア、マリ、モーリタニア、ニジェール、ナイジェリア、セネガル）が該当する。

（40）The Institute for Economics and Peace, *Global Terrorism Index 2022: Measuring the Impact of Terrorism* (2022), pp. 43–48.

（41）Barbara F. Walter, "Why Bad Governance Leads to Repeat Civil War," *Journal of Conflict Resolutions* 59-7 (2015), pp. 1242–1243.

（42）上杉勇司「国連による紛争後の国家建設支援——国連平和維持活動（PKO）の過去・現在・未来」『国際問題』七〇六号、日本国際問題研究所、二〇二二年、二一頁。

（43）井上実佳「国際平和活動の歴史と変遷」上杉勇司・藤重博美編著『国際平和協力入門——国際社会への貢献と日本の課題』ミネルヴァ書房、三二―三四頁。

（44）多賀秀敏「米・中・ソ関係とアフリカ」小田英郎編『アフリカの政治と国際関係』勁草書房、一九九一年、二五九頁―二六三頁。

（45）廣瀬陽子「ロシアの対アフリカ政策」『国際問題』七〇七号、日本国際問題研究所、二〇二二年、三九―四〇頁。

（46）Terena Němečková and etc., "Russia's Return to Africa: A Comparative Study of Egypt, Algeria and Morocco," *Journal of Modern African Studies*, 59-3 (2021), pp. 369.

（47）廣瀬、前掲論文、四〇頁。

（48）Jakob Hedenskog, "Russia is Setting Up Its Military Cooperation in Africa," FOI Memo 6604, December 2018, https://www.foi.se/rest-api/report/FOI%20MEMO%206604 (accessed 3 March 2023).

（49）片岡、前掲論文、二五―二七頁。

（50）ITC, Trade Map, List of supplying Market for a Product Exported by Africa, https://www.trademap.org/Country_SelProductCountry_TS.aspx?nvpm=1%7c%7c7%7c%7c%7cTOTAL%7c%7c%7c2%7c1%7c2%7c2%7c2%7c1%7c4%7c1%7c1%7c1 (accessed 28 December 2022).

（51）Alex Irwain-Hunt, "Russia's Ongoing Charm Offensive in Africa," *FDI Intelligence*, August-September, 2020, https://www.fdiintelligence.com/content/feature/russias-ongoing-charm-offensive-in-africa-78348 (accessed 29 December 2022).

（52）UNCTAD, World Investment Report 2022, June 2022, https://unctad.org/system/files/non-official-document/WIR2022-Regional_trends_Africa_en.pdf (accessed 29 December 2022).

（53）多賀、前掲論文、二六二―二六三頁。

（54）African Growth Initiative, *Foresight Africa: Top Priorities for the Continent 2022*, Brookings Institute (2022), p. 116.

(55) African Growth Initiative, *Foresight Africa: Top Priorities for the Continent 2018*, Brookings Institute (2018), p. 110.

(56) 北野尚宏「「中国・アフリカ協力フォーラム」をめぐる新たな動き」『国際問題』七〇七号、日本国際問題研究所、二〇二二年、三二頁。

(57) 川島真「中国の対アフリカ外交——江沢民政権末期～胡錦濤政権期の対東部アフリカ外交を中心に」、川島真他編著『中国の対外戦略と世界秩序——理念・政策・現地の視線』昭和堂、二〇二〇年、一一三頁。

(58) Scarlett Cornelissen and etc., "Introduction: Africa and International Relations in the 21 Century: Still Challenging Theory?," in S. Cornelissen and etc., eds. *Africa and International Relations in the 21st Century* (Palgrave Macmillan, 2011), p. 7.

(59) Sonia Le Gouriellec, "Djibouti's Foreign Policy in International Institutions: The Big Diplomacy of a Small State," in Jason Warner and Timothy M. Shaw, eds., *African Foreign Policies in International Institutions* (Palgrave Macmillan, 2018), pp. 392–395.

(60) Jean-Pieerre Cabestan, "African Agency and Chinese Power: The Case Study of Djibouti," *Policy Insights* 93, South African Institute of International Affairs (2020), p. 7.

(61) 平野克己「アフリカ史の新たな動力源、中国」川島真他編『中国の外交戦略と世界秩序——理念・政策・現地の視線』昭和堂、二〇二〇年、九四—九九頁。

(62) Nizar Maneck, "European Banks May Fund Djibouti Airport After China Deal Nixed," *Bloomberg*, 11 April 2019, https://www.bloomberg.com/news/articles/2019-04-11/european-banks-may-fund-djibouti-airport-after-china-deal-nixed#xj4y7vzkg (accessed 13 January 2023).

(63) Cabestan, *op.cit.*, pp. 13–14.

(64) 遠藤貢「『アフリカの角』と地政学」北岡伸一・細谷雄一編『新しい地政学』東洋経済新報社、二〇二〇年、三二七—三二八頁。

(65) Cabestan, *op.cit.*, p. 14.

(66) Francois Soudan, " 'No One but China Offers a Long-Term Partnership in Djibouti': President Guelleh," *Tesfanews*, April 11, 2011, https://tesfanews.net/president-guelleh-only-china-offers-long-term-partnership-djibouti/ (accessed 4 February 2023).

(67) 南アによる不安定化工作に関しては以下、参照。Joseph Hanlon, *Mozambique: Who Call the Shots?* (James Currey, 1991).

(68) 平野克己『人口革命——アフリカ化する人類』朝日新聞出版社、二〇二二年、一一五頁。

(すぎき　あきこ　　慶應義塾大学)

日本国際政治学会編『国際政治』第210号「岐路に立つアフリカ」（二〇二三年三月）

リベリアにおける「マンディンゴ問題」の史的変容

――紛争前、紛争中、そして紛争後――

落合雄彦

はじめに

一九八九年から二〇〇三年にかけて国内紛争が展開されたリベリアでは、「マンディンゴ」（Mandingo）と呼ばれる人びとと他の民族集団の間の確執や対立が紛争以前から広くみられた。それらは一般に「マンディンゴ問題」（"Mandingo Question"）と呼ばれる。

本稿の目的は、この「マンディンゴ問題」がリベリアにおいて紛争期を挟んでいかなる史的変容を遂げてきたのか、より具体的にいえば、同問題が紛争以前のリベリアにおいていかに形成され、それが紛争中にいかに先鋭化し、そして紛争後にいかなる具体的な課題を生み出したのか、を鳥瞰的に分析することにある。その際、特に注目したいのが、リベリア北部にあるニンバ郡（Nimba County）である。今日のリベリアは一五の郡（county）に行政上区分されているが、ニンバ郡では、紛争前からマンディンゴと他民族の間に深刻な対立関係がみられた。また、同郡は、一九八九年にリベリア紛争が勃発した地であるだけではなく、紛争中に激しい戦闘が展開され、大量の強制移動民を生み出した地域でもある。

そうしたニンバ郡のなかでも紛争期を挟んで特に「マンディンゴ問題」が深刻化してきたといわれているのが、ガンタ（Ganta）という町である。ガンタは、ギニアとの国境に近く、交通や物流の要所であり、多くのマンディンゴが紛争以前から定住していた。そのガンタも紛争が勃発すると幾度か戦禍に見舞われ、特に二〇〇三年三月から六月にかけて激しい攻防戦が展開された結果、町は壊滅的な打撃を受けた。その後、二〇〇三年八月にリベリア紛争は終結したものの、廃墟の町と化したガンタでは、武装解除後の元戦闘員などによる土地や建物の不法占有が横行し、避難先から帰還してきた住民との間で係争が数多く生じるようになる。そして、マンディンゴの人びともまた、そうしたガンタにおける土地係争に否応なしに巻き込まれることになった[1]。本稿では、特にその後半部分において、ニンバ郡ガンタにおけるマンディンゴをめぐる土地係争を紛争後の「マンディンゴ問題」の一事例として考察する。

なお、リベリアの「マンディンゴ問題」に関しては、先行研究がすでにいくつかある[2]。あいにく紙幅の関係で、そうした先行研究を個別具体的に検討することはできないが、先行研究と比した際の本稿のひとつの特徴は、「マンディンゴ問題」の史的変容を紛争前、紛争中、そして紛争後という、現代武力紛争を基準点とした三つの時期に大別し、その動態を一八～二一世紀というかなり長期のタイムスパンで、しかし詳細に考察するところにあるといえよう。

では最初に、「マンディンゴ問題」が紛争前のリベリアにおいていかに形成されたのかという問いから論を始めることにしよう。

一　紛争前——問題の形成——

(1)　リベリアという国家の成立

現リベリアにアメリカから入植した元奴隷やその子孫のことを一般に「アメリコ＝ライベリアン」（Americo-Liberians）と呼ぶ。そして、アメリコ＝ライベリアンによってアフリカ大陸初の黒人共和国となるリベリア共和国の独立が宣言されたのは一八四七年のことであった。リベリアには独立当時、主都モンロビア（Monrovia）在住の約千三百人を含めて共和国全体で六千百人程のアメリコ＝ライベリアンが暮らしていたという[3]。また、それとは別に、米海軍が拿捕した奴隷船から解放された、「コンゴ」（Congo）と呼ばれる奪還奴隷（recaptives）もリベリアに入植していた。このほか、独立当時のリベリア領域内には、入植者以外にも、「ヴァイ」（Vai）、「デイ」（Dei）、「ペレ」（Kpelle）、「バッサ」（Bassa）、「クル」（Kru）といった、沿岸部に以前から居住する民族集団が多く含まれていた。しかし、そうした現地住民は、アメリコ＝ライベリアンなどによって「アボリジニ」（aborigines）、「原住民」（natives）、「部族民」（tribesmen）、「ブッシュの人びと」（bush people）などと侮蔑的に呼称され、リベリア共和国の正式な市民とは独立当初みなされていなかった[4]。

独立当時のリベリアは大西洋沿岸部に沿って伸びた帯状の国家であったが、一九世紀後半になると、内陸部へと勢力圏を次第に拡大していく。しかし、ベルリン会議が開催された一八八〇年代以降のアフリカ分割期になると、リベリアがそれまでに条約締結などによって獲得したと主張する内陸部領土が、実効支配の欠如を理由に英仏列強によって次々と奪われていってしまう。そこで、リベリアは一九〇八年、さらなる領土喪失を防ぐために常設軍を創設し、国境警備や治安維持にあたらせた[5]。こうして沿岸部の後背地となる内陸部が共和国の統治下に組み込まれた。そして、リベリアの政府や入植者が内陸部へと進出していく過程において接触し、のちに関係を深めていったのがマンディンゴであった。

(2) 後着のマイノリティ集団としてのマンディンゴ

図1は、リベリアの民族集団の大まかな分布を示したものである。リベリアには、アメリコ＝ライベリアンのような入植者の子孫や外国人などを除けば、マンディンゴを含めておよそ一六の民族集団がいるとされてきた(6)。そのうち、最初に現リベリアに移動してきたのは、ニジェール・コンゴ語族（Niger-Congo language family）の下位グループであるアトランティック語派（Atlantic languages）に属する「ゴラ」（Gola）や「キシ」（Kissi）の人びとであったと考えられている。その後、あるいはそれとほぼ同じ頃、やはりニジェール・コンゴ語族のクル語派（Kru languages）のバッサやクルの人びとが大西洋沿岸部に移動し、現リベリアの南東部に定住した。そして、最後に移動してきたのが、リベリアの最大民族であるペレや、現ニンバ郡の主要民族である「マノ」（Mano）と「ギオ」（Gio）といった、やはりニジェール・コンゴ語族のマンデ語派（Mande languages）の諸グループである。現在のマリ共和国がある地域とその周辺に起源をもつとされるマンデ語派の人びとは、一四世紀以降に移動を始め、現在のセネガルからリベリア、そしてガーナにまでいたる西アフリカの広範な地域に定住した。特に、本稿で取り上げるニンバ郡には、まずマノが、次いでギオが一七世紀頃にそれぞれ移動をしてきたものと考えられている(7)。

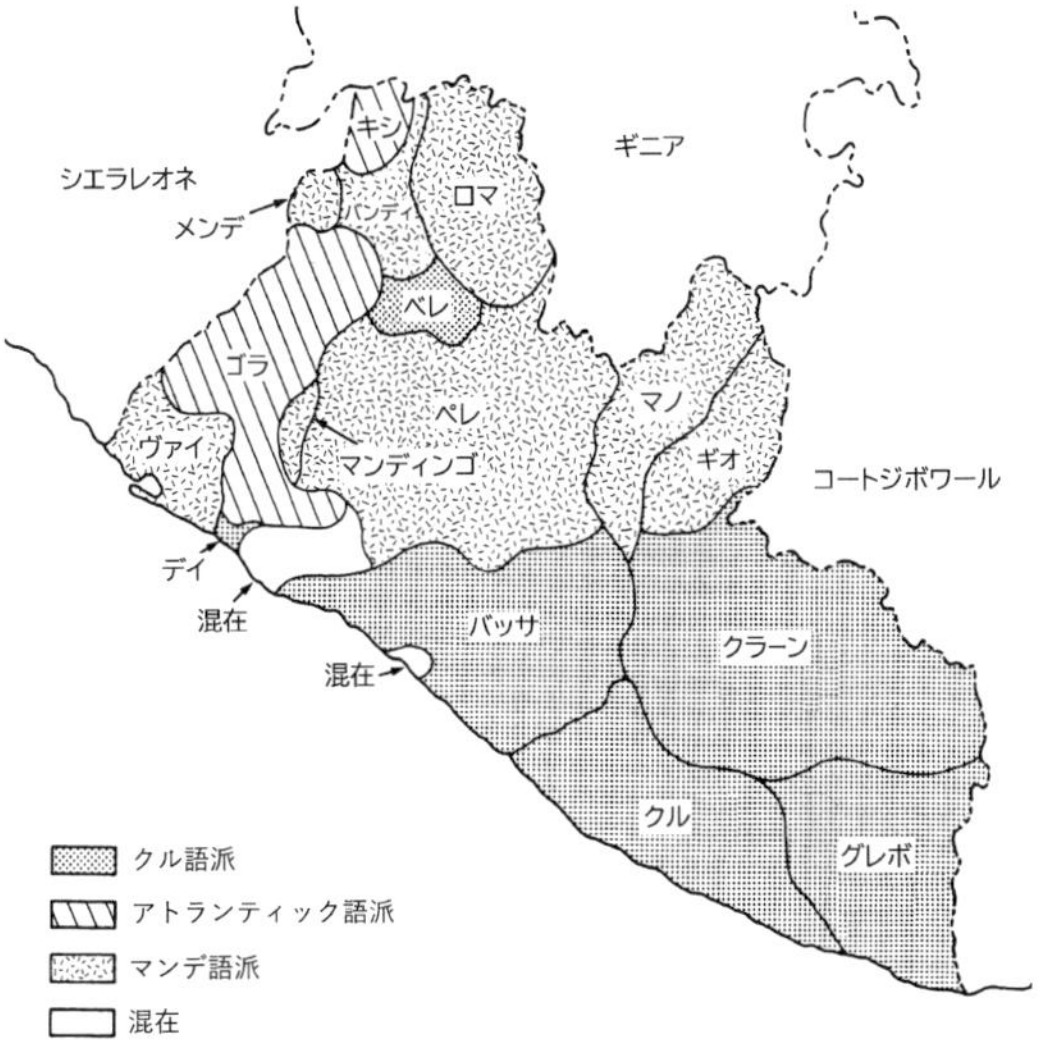

図1　リベリアの民族集団分布

出所：J. Gus Liebenow, *Liberia: The Quest for Democracy* (Bloomington and Indianapolis, IN: Indiana University Press, 1987), p. 34 をもとに筆者作成。

そして、マンデ語派のなかでもおそらく最も遅れて一八世紀以降に現リベリアに移動してきたのがマンディンゴである(8)。マンディンゴは、サハラ交易において重要な役割を果たしたイスラーム系の民族集団であり、現在のマリやギニアでは主要民族の位置を占める。他方、リベリアではマイノリティであり、たとえば一九六二年に実施された人口センサスによれば、同国の人口全体に占めるマンディンゴの比率は三％程でしかない(9)。

もともとマンディンゴは、長距離交易のために一八世紀以降に現ギニアからリベリアへと波状的に南下し、先住の他民族の村落に定着した。彼らは、村落の指導者や長老の家系と婚姻関係を結び、土地の使用や占有を許可されていった。そうしたマンディンゴの移入者のなかにはイスラーム法学に造詣の深い者も含まれており、その主導のもとでモスクやクルアーン学校が現リベリア北西部の各地につくられ、住民のイスラーム化が促された。一八八〇年代以降になると、イスラーム指導者サモリ・トゥーレ（Samori Touré）による戦争を逃れて、多くのマンディンゴが現ギニアからリベリアに避難してきた。また、一八九三年にギニア内陸部がフランスによって正式に植民地化され、人頭税や強制労働が課されるようになると、そうしたフランスの植民地支配を嫌ったり、納税のための産品、特にゴムを求めたりするマンディンゴの人びとがリベリア領内へと移入してきた[10]。さらに、ギニアが一九五八年にフランスから独立して以降も、アフマド・セク・トゥーレ（Ahmed Sékou Touré）政権による抑圧から逃れたり、よりよい生活環境やビジネスチャンスを求めたりするマンディンゴによるリベリア移入が続くことになる。

(3) アメリコ=ライベリアン政権との協力関係

初期のアメリコ=ライベリアンたちがリベリア沿岸部に入植し始めた一八二〇年代前半、マンディンゴはすでに内陸部の各地に定住し、特に交易活動において重要な役割を果たすようになっていた。当初、内陸部との交易の拡大や現地住民へのキリスト教の布教を重視していたリベリアの政府や入植者は、ムスリム商業民であるマンディンゴをライバルとして意識し、ときに敵視さえした。また、マンディンゴが仏領ギニアとの強い紐帯を維持していたため、リベリアの政府関係者らは彼らのことを「フランスの手先」とみなして警戒した。しかし、二〇世紀に入って領土拡張競争が一段落して以降、特に一九三〇～一九四〇年代ともなると、そうしたマンディンゴに対するリベリア政府側の姿勢には変化がみられるようになった。同政府は、マンディンゴと競合したりそれを警戒したりするよりも、むしろ内陸部の支配強化や徴税促進のために彼らを協力者として取り込もうとした。そして、そうしたマンディンゴとの協力を最も大胆に推進したのが、ウィリアム・タブマン（William Vacanarat Shadrach Tubman）大統領であった[11]。

一九四四年に第一九代リベリア大統領に就任したタブマンは、歴代大統領と同様にアメリコ=ライベリアンではあったものの、地方出身者であったため、モンロビアの主流派アメリコ=ライベリアンからはしばしば蔑視や敬遠をされた。このためタブマンは、自分の支持基盤を非主流派である中下級のアメリコ=ライベリアンや内陸部の現地住民に求めた[12]。なかでもタブマンは、それまで差別され排除されていた内陸部の現地住民を自らの支持層として取り込む必要もあって、「統合政策」（unification policy）と呼ばれる一連の政治行政制度改革を実施した。そして、そうしたプロセスのなかで、マンディンゴを含む現地住民が政府の要職に登用されるようになる[13]。なかでも特に注目したいのが、一九五〇年代半ばにマンディンゴ出身のモモル・デュクリー（Momolu Dukuly）が国務長官に任命された異例の抜擢人事である。

いうまでもなく国務長官は最重要の閣僚ポストのひとつであり、

リベリアではそれまで同ポストにはアメリコ＝ライベリアンしか任命されたことがなかった。タブマンはそうした従前の慣行を破り、初めて現地住民を国務長官に任命したのだが、よりによってそれがマンディンゴ出身者であったことが当時、大きな波紋を呼んだ。というのも、マンディンゴは、たしかにリベリア各地に定住こそしていたものの、その正式な市民とはみなされず、むしろ「ギニアから来たよそ者」として広く社会的に認識されていたからである[14]。

前述のとおりマンディンゴは、リベリアにおける最も後着の族的集団のひとつである。人口規模的にも宗教的にもマイノリティにすぎない。にもかかわらず、商業民である彼らは、経済的には大きな存在感を有していた。そうした独特の位置を占めるマンディンゴは、しばしば嫌悪や差別の対象となった。また、ムスリムであるマンディンゴは、定住先の村落社会に広くみられた伝統的な秘密結社への加入をしばしば拒み、リベリア社会に同化するよりも故郷ギニアとの紐帯を維持しようとした。さらに、マンディンゴの男性は移入先の他民族の女性と婚姻関係をしばしば結んだが、イスラームの信仰を堅持させるという理由のために自分たちの娘を異教徒である他民族に嫁がせようとはしなかった。こうした「一方通行」の通婚関係もまた、マンディンゴに対する強い反発を他民族から招いた[15]。

そして、このようにマンディンゴが「ギニアから来たよそ者」とみなされていたがゆえに、タブマンによる国務長官ポストへのマンディンゴ人政治家デュクリーの起用は、驚きと反発をもって迎えられた。それは、多くのリベリア人の眼には、同国の外交を外国人（ギニア人）の手に委ねるかのような無謀な営為として映ったからである。しかし、このタブマン大統領による国務長官へのデュクリー登用は逆に、マンディンゴがもはや「ギニアから来たよそ者」ではなく、正真正銘のリベリア市民として認められつつあるということ、そして何よりも彼らがリベリアの政治システム中枢部にすでにかなり深く入り込みつつあるということ、を強く印象づける結果となった。

その後、一九七一年にタブマンが死去したことを受けて大統領に就任したウィリアム・トルバート（William Richard Tolbert）も、マンディンゴとの融和路線を維持した。トルバートは、地方出身のタブマンとは違ってモンロビアを中心とするアメリコ＝ライベリアン主流派に属してはいたものの、それでもマンディンゴの経済力を評価し、その支援を活用したいという思惑などもあって、彼らを積極的に重用し続けた[16]。しかし、「マンディンゴ問題」を考える上で特に重要な時期となったのは、おそらくトルバート政権期（つまり一九七〇年代）ではなく、同政権が軍事クーデタによって打倒され、アメリコ＝ライベリアンの寡頭支配が終焉して以降の一九八〇年代のことといえよう。

(4)　ドウ政権との協力関係

一九八〇年四月、サミュエル・ドウ（Samuel Kanyon Doe）陸軍曹長らの率いる軍事クーデタが発生し、トルバート政権は崩壊した。しかし、その後に成立したドウ軍事政権は急速に独裁的な傾向を強めていく。そして、そうしたプロセスのなかで頻繁に操作され、顕著に政治化されていくことになったのが、族的アイデンティティである。ドウは、「クラーン」（Krahn）という自らのクル語派民族の人びとを露骨に優遇し、政府や国軍のポストに次々と登用していった。これに対して、他の民族は反発や不満を強めた。そして、こうしたドウ政権期のアイデンティティ・ポリティクスを一挙に暴力的なものに転化させる契機となったのが、一九八五年一一月のクィウォンパ事件であった(17)。

ニンバ郡生まれでギオ出身の軍人であるトーマス・クィウォンパ（Thomas G. Quiwonkpa）は、一九八〇年のクーデタに参加し、その後は下士官から将軍へと一挙に昇進して国軍司令官にまで任命された人物である。しかし、やがて盟友ドウと対立するようになり、一九八三年に政府転覆の嫌疑をかけられたことを契機に国外逃亡する。そして、一九八五年一〇月に民政移管のための大統領選挙がリベリア国内で実施され、重大な選挙不正が疑われるなかでドウが文民大統領に選出されると、同年一一月にクィウォンパは、少数の武装集団を率いてシエラレオネからリベリアに侵入し、ドウ政権を武力で打倒しようとした。結局、この政権転覆計画は失敗し、クィウォンパは身柄を拘束されて処刑される。しかし、ドウはその後、クラーンを主力とする国軍部隊をニンバ郡に派遣し、政府転覆計画への報復と見せしめのためにクィウォンパの出身民族であるギオと、それに言語・文化的に近いマノの住民を大量虐殺した(18)。その際、逃げ惑うギオ・マノ系住民の隠れ場所を通報するなどして国軍側に協力したのがマンディンゴであったといわれている(19)。また、マンディンゴは、この一九八五年のギオ・マノ系住民の虐殺後、ドウによってニンバ郡の公職ポストに任命されたり、同郡での土地購入を奨励されたりするようになる。さらに一九八六年になると、ドウ大統領によって、マンディンゴはリベリアを構成する正式な民族集団のひとつであることが改めて公式に表明されている(20)。しかし、クィウォンパ事件を機にギオ・マノが弾圧されるなかで、クラーン偏重のドウ政権にあたかもおもねるかのようにして台頭してきたマンディンゴのことを、他の民族集団の人びとは快く思わず、「ディンゴ」（"Dingos"）や「マンディンゴの犬ども」（"Mandingo Dogs"）と呼んで蔑んだ。

このようにマンディンゴは、リベリア紛争勃発以前にすでに権力者との間で緊密な協力関係を築くようになっていた。しかし、権力者との協力関係と一言でいっても、一九七〇年代までのアメリコ＝ライベリアン政権とマンディンゴの関係性と、一九八〇年代のドウ政権とのそれでは、質的に大きな差異があった。この差異を理解する上で示唆に富むのは、スティーブン・エリス（Stephen Ellis）による次のような指摘であろう、「ドウは、内陸部の征服以来、ある特定の社会集団――特に顕著なのはニンバ郡のギオとマノである――を政治社会から完全に排除した、リベリア初の国家元首であった(21)」。つまり、アメリコ＝ライベリアン出身のタブマンやトルバートは、現地住民の取り込みを図るなかでたしかにマンディンゴに注目し、彼らをしばしば重用した。しかし、両大統領は、あくまでも現地住民の支持や協力を取り付けることが目的であって、そのためにある特定の民族を排除したり弾圧したりしようとはしなかった。これに対してドウは、族的アイデンティティを顕著に政治利用し、政権にとっての敵と味方を民族関係的な思考枠組みで捉えていくようになる。そしてドウは、政権に牙をむいたクィウォンパの出身民族であるギオとそれに近いマノを敵視して弾圧する一方、自分の出身民族であるクラーンを優遇したのである。一九八〇年代に入って、マンディンゴがそうした民族差別的なドウ政権との間で緊密な協力関係を構築することで、「マンディンゴ問題」は従前以上に深刻な対立性を孕んでしまうことになる。

そして、リベリア紛争が一九八九年末に勃発すると、ニンバ郡やその近隣のロファ郡（Lofa County）では、ドウ政権に反発するギオ・マノ系の武装ゲリラ兵によってマンディンゴ系住民が大量に殺害されるようになり、これを受けて、多くのマンディンゴが周辺諸国へと避難して難民となった[22]。

二　紛争中——問題の先鋭化——

(1)　紛争複合体としてのリベリア紛争と「戦争のロジック」

ノルウェー国際問題研究所のモルテン・ベオース（Morten Bøås）は、「リベリア紛争は単なるひとつの戦争ではなかった。それは相互に絡まり合ったローカルな諸紛争の集成であった[23]」と指摘する。そして、「このローカルな紛争の『ナショナル化』が、戦争の行方、それに巻き込まれた個人の意思決定、そして、その後の武装集団の形成に劇的な影響を与えることになる『戦争のロジック』をつくり出した[24]」と述べている。

リベリア紛争は、いわゆる民族紛争ではない。しかしそこでは、本稿で詳述してきたような、紛争勃発以前に形成され、特にドウ政権期に顕著に政治化された族的な対立関係が「戦争のロジック」（"logic of war"）となって強く機能した。つまりリベリアでは、族的アイデンティティが紛争以前に権力者（ドウ）の操作によって著しく政治化されていたため、武力紛争が一旦勃発してしまうと、「ローカルな紛争（民族的な対立や確執）」が「ナショナルな紛争（国家権力闘争）」とたやすく結び付き、両者がいわば混然一体となって同時並行的に展開されるようになる。そこでは、本来はローカルなレベルのものであるはずの族的な対立関係が、ナショナルなレベルの敵＝味方関係へと転化してしまう（つまり、ナショナル化してしまう）。こうして成立するのが、ベオースのいうところの「戦争のロジック」であり、リベリア紛争ではこのロジックこそが、戦況の展開からそれに巻き込まれた人びとの行動選択、そして、武装組織の形成までをも強く規定した、というのである。

(2)　第一次リベリア紛争（一九八九～一九九七年）

リベリア紛争とは、一九八九年一二月、チャールズ・テイラー（Charles MacArthur Ghankay Taylor）率いる「リベリア国民愛国戦線」（National Patriotic Front of Liberia: NPFL）という武装勢力がドウ政権打倒のためにコートジボワールからニンバ郡に侵攻し、その後一四年間にわたって断続的に展開された国内紛争をいう。同紛争は、二つの時期に大別される。

第一期は、テイラー率いるＮＰＦＬの侵攻によって紛争が勃発した一九八九年一二月からテイラーが選挙をへて大統領に就任した一九九七年八月までの時期である。研究者の間では、時期区分をめぐって若干の意見の相違はあるものの、概ねこの期間に展開された紛争のことを「第一次リベリア紛争／内戦」（First Liberian Conflict/Civil War）と呼ぶ。これに対して第二期は、テイラー政権の打倒を目指す「リベリア和解民主連合」（Liberians United for Reconciliation and Democracy: LURD）がシエラレオネで組織された一九九七年七月頃からテイラーが大統領を辞任して亡命をする二〇〇三年八月までの時期である。一般にこれを「第二次リベリア紛争／内戦」（Second Liberian Conflict/Civil War）という。

一九八九年末、ドウ政権の打倒を目指してニンバ郡に侵攻したＮＰＦＬは、同政権に反発するギオ・マノ系住民の支持をえて兵力を急速に拡大し、約半年間で国土の大半を支配下に置くようになる。そしてその過程のなかで、政権側のクラーンやマンディンゴの人びとを各地で襲撃したり虐殺したりした。他方、一九九〇年になると、ＮＰＦＬのギオ人司令官プリンス・ジョンソン（Prince Johnson）が一部のギオ系兵士とともにＮＰＦＬを離脱し、「リベリア独立国民愛国戦線」（Independent National Patriotic Front of Liberia: INPFL）という民族的色彩の濃い武装組織を創設している。これに対して、ドウ政権に近い亡命者などが一九九〇年二月にギニアのコナクリで結成したのが「リベリア民主統一解放運動」（United Liberation Movement for Democracy in Liberia: ULIMO）という反ＮＰＦＬ武装組織である。ＵＬＩＭＯはその後、ルーズベルト・ジョンソン（Roosevelt Johnson）が指導するクラーン系のＵＬＩＭＯ―Ｊと、アルハジ・クロマー（Alhaji G. V. Kromah）が指導するマンディンゴ系のＵＬＩＭＯ―Ｋに分裂した。また、ドウ政権期の閣僚経験者であるクラーン人政治家ジョージ・ボレイ（George E. Saigbe Boley）を中心にして一九九〇年に組織されたのが「リベリア平和評議会」（Liberian Peace Council: LPC）という武装集団である。ＬＰＣには、クラーンのほか、それと親和的なクルや「グレボ」（Grebo/Glebo）のようなクル語派民族集団の人びとが多く参加した。このほか、一九九三年後半になると、ロファ郡においてマンディンゴと対立関係にあるロマの人びとが「ロファ防衛軍」（Lofa Defence Force: LDF）を創設している。ＬＤＦは、クラーン系のＵＬＩＭＯ―ＪやＬＰＣと共闘してテイラー率いるＮＰＦＬと対峙するようになった(25)。

このように第一次リベリア紛争では、いくつもの武装組織が民族的なアイデンティティを基盤として形成された。そして同紛争は、ドウやテイラーなどをキーパーソンとするナショナルなレベルの国家権力闘争という外貌を呈しながらも、実際のところそこでは、国家権力闘争とは必ずしも直接的に関係していないようなローカルなレベルの対立が各地の戦闘や戦況にしばしば大きな影響を与えた。第一次リベリア紛争では、武装組織が乱立し、かつ、それらの対立関係や戦況の展開が実に複雑で混沌とした様相を示したが、その一因は、こうした同紛争がもつ「外貌（ナショナルな国家権力闘争）」

と「内実（ローカルな諸対立）」という二面性あるいはそれらの複合性にあったといえよう。

(3) 第二次リベリア紛争（一九九九～二〇〇三年）

第一次紛争は、一九九六年に和平合意が成立し、一九九七年に選挙が実施されてテイラーが大統領に就任したことで終焉する。しかし一九九九年、テイラー政権の打倒を目指すＬＵＲＤが武装闘争を開始し、紛争が再燃してしまう。ＬＵＲＤは、ギニア政府に支援されたマンディンゴ主体の武装組織であったが、そこにはクラーンやシエラレオネ人傭兵なども含まれていた[26]。ＬＵＲＤの軍事部門は「ディフェンス」（Defence）と呼ばれ、それは、個々の指揮官が率いる大小様々な部隊から成る緩やかな連合体であり、戦闘組織としての統一性を著しく欠いていた。しかし、ＬＵＲＤは、第一次紛争において武装組織が分裂や乱立をして相互に敵対した結果、テイラーによる権力奪取を許してしまったという反省から、第二次紛争では、「テイラーは出ていけ」（"Taylor Must Go"）を共通スローガンに掲げ、少なくとも自組織が分裂をしないようにその一体性の維持に努めた[27]。ＬＵＲＤはまず、二〇〇〇年にギニアからロファ郡に侵攻し、二〇〇二年一二月までに同郡を中心にリベリアの国土の約三十％を支配下におさめた[28]。そして、二〇〇三年三月末、ＬＵＲＤの部隊がニンバ郡のガンタを急襲する。これに対して、テイラー政権軍やそれに近い部隊は一旦はガンタから撤退したものの、三カ月間にわたる激しい攻防戦の末、同年六月に同市を奪還している[29]。

他方、二〇〇三年三月になると、やはりテイラー政権排除を掲げる「リベリア民主運動」（Movement for Democracy in Liberia: MODEL）という新しい武装組織がコートジボワールからリベリアへと侵攻してくる。ＭＯＤＥＬは、クラーン系のリベリア難民を中心に組織された武装集団であった。そして、マンディンゴ系のＬＵＲＤとクラーン系のＭＯＤＥＬは、微妙な緊張関係を孕みながらも、テイラー排除という共通の目的のために東西両方向からモンロビアへと向けて進攻する。その後、二〇〇三年八月に和平合意が成立してテイラーが退陣・亡命することで、第二次リベリア紛争は最終的に終結した。

第二次紛争は、第一次紛争よりも対立の構図や戦況の展開がシンプルでわかりやすい。その背景には、武装勢力が民族別に乱立せず、二大反政府武装勢力であるＬＵＲＤとＭＯＤＥＬがテイラー政権打倒という共通目標のもとに共闘をしたことがある。前述のとおり第一次紛争では、族的アイデンティティをベースにしていくつもの武装組織がつくられ、族的対立のロジックで各地の戦闘が展開された。そのため、同紛争はたしかに国家権力闘争でありながら、ドウという権力者が一九九〇年九月に殺害されたあとも戦火は容易に止まず、ナショナルなレベルの対立原理とは異なるローカルなレベルの諸集団間の戦闘が長年にわたって続いた。これに対して、テイラー政権側と二大反政府勢力側の間で主に展開された第二次紛争では、同政権の崩壊とともに戦闘が終結している。その意味では、第二次紛争は、第一次紛争と同様に諸紛争の複合体としての内戦でありながらも、国家権力闘争としてわかりやすい構図を備え、かつ、わかりやすい展開をみせた国内紛争であったといえよう。

とはいえ、ＬＵＲＤやＭＯＤＥＬといった武装勢力がある特定の民族集団に依拠していたという事実からも推察されるとおり、第二次紛争においてもまた、民族的なアイデンティティや対立関係がなお重要な役割を果たしていた、という点を看過すべきではない。なるほど第二次紛争は、第一次紛争ほどには族的対立が煽られず、民族別に武装組織が乱立することもなかった。しかし、それでもなお第二次紛争においては、族的対立を基盤とする「戦争のロジック」が武装勢力の形成を含めて随所で機能し、また、そうしたロジックにもとづいて戦況が理解された。たとえば、本稿が注目するニンバ郡ガンタでは、前述のとおり第二次紛争末期の二〇〇三年、ギオ・マノ系兵士を多く抱えるテイラー政権軍・民兵集団が同市の支配権をマンディンゴ系のＬＵＲＤによって一旦は奪われるものの、激戦の末にそれを奪還するという事件が起きている。この出来事はその後、単なる「政府側と反政府側の間のガンタ攻防戦」としてではなく、「先着の民族集団であるギオ・マノが後着のよそ者集団であるマンディンゴからガンタを最終的に死守した、民族史上に残る英雄的な出来事」として多くのギオ・マノ系の人びとに記憶されるようになる。そして、このように紛争や戦闘が「戦争のロジック」にもとづいて理解された結果、第二次紛争においてマンディンゴは、ＬＵＲＤがテイラー政権の打倒に成功したという意味では「(ナショナルなレベルの) 勝者」でありながら、ニンバ郡ガンタという局所でみれば、ＬＵＲＤがその攻防戦に最終的に敗れたという意味で「(ローカルなレベルの) 敗者」として位置づけられるようになる。こうしたマンディンゴをめぐる捻じれの関係、なかでもＬＵＲＤという組織ではなくマンディンゴという民族がガンタにおいて「敗者」とみなされたということが、紛争後の同市における「マンディンゴ問題」をより深刻化させた。そして、それがもっとも先鋭な形で噴出したのが、マンディンゴ帰還民をめぐる土地係争の問題であった。

三　紛争後——問題の新たな課題——

ガンタは、ギニアとの国境に近い、ニンバ郡北西部に位置する都市である(図2参照)。もともとはマノ系住民が多かったが、歴史的に商業活動が盛んな町であったため、多様な人びとが流入するようになった。特に、アメリコ＝ライベリアン寡頭支配期には、アメリコ＝ライベリアンの行政官やビジネスマンがガンタで土地を多く購入するようになる。しかし、一九八〇年の軍事クーデタを契機に、その多くはガンタの土地を売却してモンロビアなどの沿岸部に帰還してしまう。その際にアメリコ＝ライベリアンからガンタの土地を購入したのが、公職に就いたり事業に成功したりしていたマンディンゴであった。また、一九八五年のクィウォンパ事件以降、前述のとおり、マンディンゴはドウ大統領によってリベリアを構成する正式な民族集団のひとつとして認められるとともに、ニンバ郡での土地購入を奨励された。こうしてマンディンゴは、紛争勃発前夜までにガンタの商業地区を中心にして多くの不動産を所有あるいは賃借

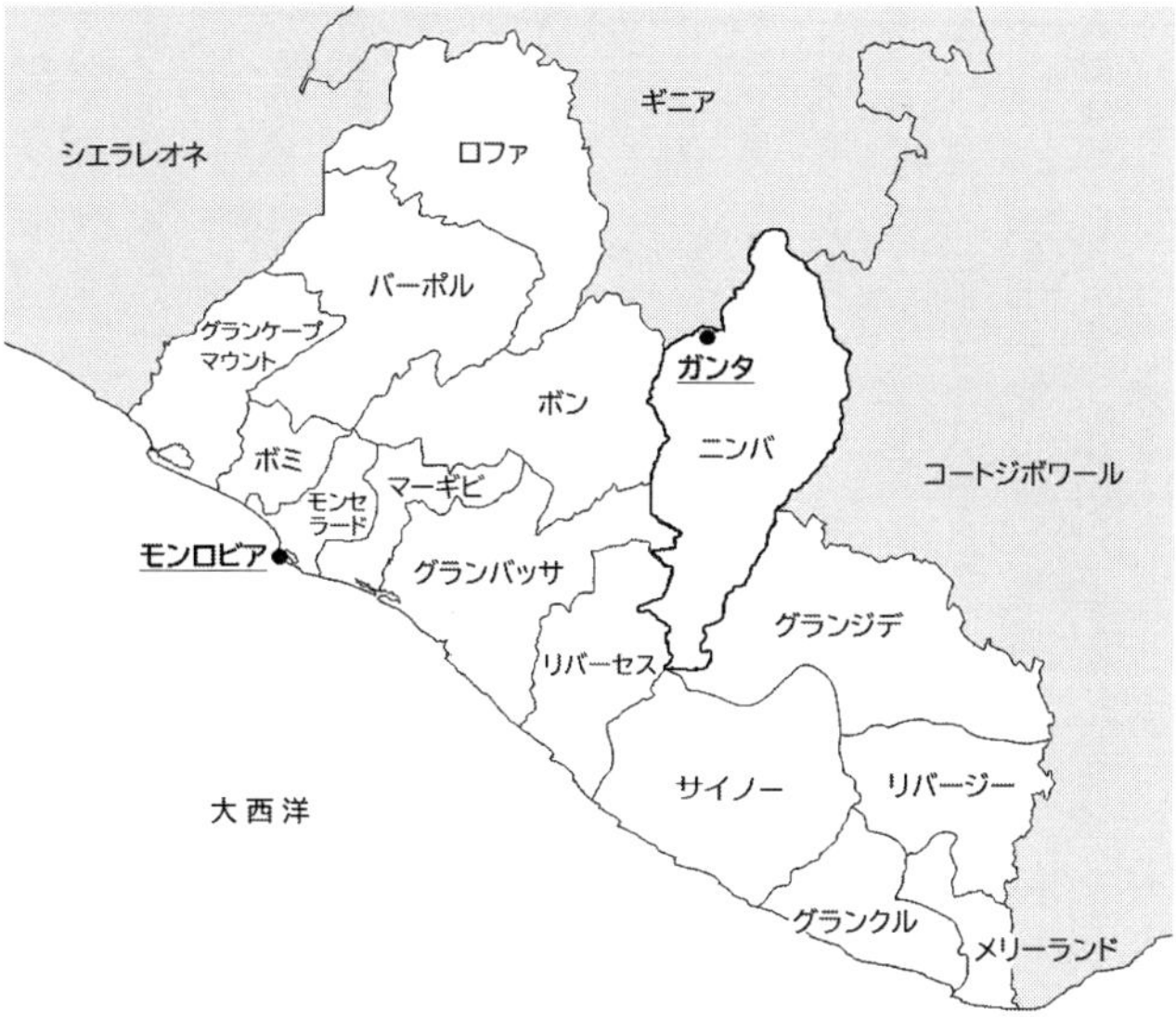

図 2　リベリアの行政区分とニンバ郡ガンタ

出所：筆者作成。

するようになっていた[30]。

リベリア紛争は、上述のとおり二〇〇三年八月にテイラーが国外亡命することで終結したが、それ以降もガンタは、ギオ・マノ系戦闘員を中心とする親テイラー派勢力の強い影響下に置かれた。また、ガンタには紛争終結後、国連主導のもとで動員解除センターが置かれ、二〇〇四年八～一〇月の間に一万九一二人が武装解除されたが、その大半は親テイラー派の戦闘員によって占められていた[31]。そして、そうした親テイラー派の元戦闘員のなかには、武装解除後も不法占有をしながらガンタ市内にとどまる者が少なからずみられた[32]。このように紛争後のガンタは、ナショナルなレベルではテイラー政権が崩壊していたにもかかわらず、ローカルなレベルにおいて親テイラー派が局所的に優勢な町となり、そこにはギオ・マノ系住民が国内外の避難先から一早く帰還してきた。そして、元戦闘員だけではなく、そうしたギオ・マノ系帰還民の一部も不法占有をするようになる。

他方、親テイラー派の有力者などによって選出されたガンタの市長と市評議会は、そうした不法占有を規制したり取り締まったりするのではなく、逆に元戦闘員や帰還民などの不法占有者に対して「スクウォッター権」(squatter's rights)を認め始めてしまう[33]。リベリアにおけるスクウォッター権とは、なんらかの考慮すべき事由のある者が、本来は違法だが特例的に土地を占有できる権利をいい、それは公的当局によって認められてきた。しかし、リベリアでは通常、スクウォッター権が認められるのは公有地に限定され、私有地はその対象から除外されてきた。ところが、紛争直後のガンタでは、市長と市評議会が、親テイラー派の元戦闘員らの不法占有者に対して、私有地を対象としたスクウォッター権を認めてしまう。そうした「違法状態」は、ガンタ市当局が内務省の命令を受けて同権の無効を宣言する二〇〇八年まで続いた。しかし、スクウォッター権の無効が宣言されたのちも、不法占有者の多くは立ち退きをしようとはしなかった[34]。そして、そうした不法占有の影響を大きく受けることになったのが、紛争前にガンタに土地などの不動産を多く所有していたマンディンゴの人びとであった。

紛争が終結するとマンディンゴの国内避難民や難民は、当時LURDの支配下にあったロファ郡にはすぐに帰還を開始したが、親テイラー派が優勢なニンバ郡、特にガンタについては、身の安全上の問題などもあって帰還を躊躇した[35]。それでも、紛争終結後しばらくして治安が次第に安定すると、マンディンゴもガンタへと次第に帰還し始める。ところが、そこで目の当たりにしたのは、自分たちの土地や家屋が、元戦闘員にせよ非戦闘員にせよ、主にギオ・マノ系の人びとによって不法に占有されている現実であった。

これに対して、マンディンゴの人びとはリベリア政府に問題解決のための介入を求め、二〇〇六年に大統領に就任したエレン・ジョンソン・サーリーフ（Ellen Johnson Sirleaf）は同年、内務大臣のアンブライ・ジョンソン（Ambulai B. Johnson）を委員長とする「ニンバ郡民族間土地係争大統領臨時委員会」（Ad-hoc Presidential Commission on the Nimba County Inter-Ethnic Land Dispute）を、さらに二〇〇八年にはニンバ郡出身のムーサ・ハッサン・ビリティ（Musa Hassan Bility）を委員長とする「ニンバ土地係争大統領特別委員会」（Special Presidential Nimba Land Dispute Commission）をそれぞれ設置している。そして、後者の委員会が二〇一〇年六月に大統領に提出した報告書の提言にもとづいて、リベリア政府は、ガンタとその周辺でみられた二八〇件の不法占有の事案のうち二五〇件について、立ち退きのための補償金を不法占有者側に対して支払った。にもかかわらず、不法占有状態はその後もほとんど解消されなかった[36]。

こうした状況に不満を募らせたマンディンゴの人びとは、抗議集会を開催したり民事訴訟を起こしたりする一方、西アフリカ地域を包摂する地域機構である西アフリカ諸国経済共同体（Economic Community of West African States: ECOWAS）の裁判所（Community Court of Justice）に対して、人権侵害でリベリア政府を提訴した。具体的には、まず二〇一七年二月、「復興と開発について憂慮するガンタ青年」（Concerned Youth of Ganta for Reconstruction and Development）というマンディンゴ系NGOらが、リベリア紛争中にガンタの五〇〇世帯以上がテイラー政権側の治安部隊によって暴行や略奪などの人権侵害を受けたとして、リベリア政府に対して二億米ドルの賠償を求める訴訟を起こしている（訴訟番号 ECW/CCJ/APP/10/17）。しかし、二〇二〇年六月、ECOWAS裁判所は、原告には人権侵害をされたとする人びとを代表する資格はないとして同訴訟を却下している[37]。また、二〇一八年四月には、「ガンタ支援グループ」（Ganta Support Group）というやはりマンディンゴ系団体らが、リベリア政府はガンタにおける土地係争問題を解決するために適切な措置を講じてこなかったなどとして、八二三世帯を代表して五億米ドルの慰謝料を求める訴訟をやはりＥＣＯＷＡＳ裁判所に起こしている（訴訟番号 ECW/CCJ/APP/20/18）。

　このように紛争後のガンタでは、マンディンゴをめぐって多くの土地係争が生じ、リベリア政府の介入や補償金の支払いにもかかわらず、それらが解決されない状態に陥ってきた。しかし、紛争後の「マンディンゴ問題」としてのガンタにおける土地係争をより複雑なものにしているのは、マンディンゴが常に土地係争の被害者であるというわけではない、という点であろう。たとえば、フレッド・スアー（Fred Suah）というマノ人男性は、ガンタ市内の中心部に家族所有する土地を、ジャバテ家（the Jabateh family）、ドンゾ家（the Donzo family）、クロマー家（the Kromah family）といった複数のマンディンゴ系家族に賃貸してきたが、その契約打ち切りを申し入れたところ断られた。そこで、スアーは民事訴訟を起こし、賃借人に対して立ち退きを命じる判決を勝ち取る。しかし、マンディンゴ系家族は、土地係争についてはガンタの長老たちに仲裁を委ねていること、最高裁判所長官のフランシス・コークポー（Francis S. Korkpor）がニンバ郡出身のマノ人であるため、裁判所がマンディンゴに不利な判決や対応をしていることなどを理由にして立ち退きには応じず、その後も占有を続けた。これに対して原告側は、もしマンディンゴ系家族が裁判所の立ち退き判決に応じないならば、実力で強制的に排除をするしかない、と言及した[38]。そして、二〇二一年四月、ついに裁判所による立ち退き措置が強制的に執行され、それまで係争地に建てられていたマンディンゴ系家族の複数の家屋が取り壊されてしまった。これに対して、マンディンゴ系の人びとは強く反発し、係争地の近隣で大規模な放火事件が発生するなど、ガンタは一時、マンディンゴ系とギオ・マノ系の人びとの間で暴力的抗争が発生しかねない緊迫した雰囲気に包まれた[39]。これに対して、ジョージ・ウェア（George Manneh Weah）大統領は、ガンタに治安部隊を追加派遣する一方、同年五月、「ニンバ郡紛争解決委員会」（Nimba County Conflict Resolution Committee）という、ガンタを中心とするニンバ郡の土地係争問題の解決方策について検討するための新たな政府委員会を設置している[40]。

　このように紛争後のガンタで生じたマンディンゴを当事者とする多くの土地係争は、彼らが被害者になるものであれ加害者になるものであれ、あるいは不利益を被るものであれ逆に他者に不利益を与えるものであれ、単なる個人や家族の土地権利をめぐる対立ではもはやなくなっている。それは、「マンディンゴ問題」という、リベリアにおいて史的に形成され、政治化され、そして紛争をへて一層先鋭化してきた、より大きな族的対立の文脈のなかに、いわば否応なしに掠め取られてしまっているのである。

おわりに

　本稿では、リベリアという国家における「マンディンゴ問題」の史的変容を、紛争前、紛争中、紛争後という三つの時期に分けて詳細に考察してきた。

　リベリアにおけるマンディンゴは、歴史的に最も後着の人びとであり、人口的にも宗教的にもマイノリティであって、しばしば「ギニアから来たよそ者」として社会的に蔑まれてきた。にもかかわらず、商業の民であるマンディンゴは、経済的には大きな影響力をもち、また、紛争以前には、アメリコ＝ライベリアン寡頭支配政権などの権力者側と総じて良好な関係を構築した。しかし、自民族のクラーンを優遇し、逆にギオやマノを厳しく弾圧したドウ政権と協調的な関係を築いたことで、そうしたマンディンゴをめぐる族的確執や対立、つまり「マンディンゴ問題」は、従前以上に深刻化していく。そして、武力紛争が一旦勃発してしまうと、それまでに政治化されていた族的アイデンティティを基盤として多くの武装組織が形成され、諸勢力間で激しい戦闘が展開されたり、敵対する民族集団の人びとへの残虐行為が繰り返されたりした。この結果、紛争後のリベリア社会では、本来は個人や家族のレベルで主に法的に解決されるべき個別の土地係争が、「マンディンゴ問題」という、民族集団的なレベルの政治社会的な対立関係の文脈で捉えられたり語られたりするようになり、このために容易に解決しえない抜き差しならぬ状況に陥ってしまっているのである。本稿で取り上げた、マンディンゴをめぐるニンバ郡ガンタにおける土地係争問題は、そうした紛争後のリベリア社会が直面する困難な状況をまさに端的に示す事例にほかならない。

なお、リベリアとほぼ同時期に国内紛争を経験したシエラレオネにおいても、紛争以前から深刻な民族的対立や確執がみられた。しかし、シエラレオネの場合、リベリアのように紛争中に民族ベースの武装組織が乱立したり、紛争後に土地所有などをめぐって民族間関係が著しく悪化したりすることはなかった。本稿における「マンディンゴ問題」の考察を相対化し、さらには、そこから現代アフリカ政治研究の分野においてより広範に適用可能な示唆や知見を紡ぎ出すためには、単にリベリアの「マンディンゴ問題」を史的に考察するだけではなく、たとえばそれをシエラレオネの事例と比較検討することが有用であるのかもしれない。そうした課題については今後、機を改めて取り組むこととしたい。

(1) Jairo Munive Rincon, *Ex-combatants, Returnees, Land and Conflict in Liberia*, DIIS Working Paper 2010:05, Danish Institute for International Studies (https://www.econstor.eu/ 二〇二〇年六月二九日閲覧).

(2) 真島一郎「市民概念の誤用とその限界――リベリア共和国から」武内進一編『現代アフリカの紛争――歴史と主体』日本貿易振興会アジア経済研究所、二〇〇〇年、二九三―三五三頁、Morten Bøås, "A Funeral for A Friend: Contested Citizenship in the Liberian Civil War," 2008 (https://www.open.ac.uk/ 二〇二一年一二月二八日閲覧)、Flomo Y. Kokolo, "The Mandingo Question in Liberian History and the Prospect for Peace in Liberia; PART I," *Liberian Observer*, April 16–21, 2010 (http://citizenshiprightsafrica.org/ 二〇二〇年七月一日閲覧)、James Suah Shilue, "Citizenship or 'Autochthony' in Post-Conflict Liberia? The Perils and Challenges of Ethnic/Religious Connections Forged by War and History," *Journal of Religion, Conflict, and Peace*, 5-1&2 (2011–2012) (http://www.religionconflictpeace.org/ 二〇二〇年七月一日閲覧)、Christian K. Højbjerg, "The 'Mandingo Question': Transnational

Ethnic Identity and Violent Conflict in an Upper Guinea Coast Border Area," in Jacqueline Knörr and Christoph Kohl, eds., *The Upper Guinea Coast in Global Perspective* (New York and Oxford: Berghahn Books, 2016), pp. 255–279.

（3）Merran Fraenkel, *Tribe and Class in Monrovia* (London: Oxford University Press, 1964), pp. 16–17.

（4）真島、前掲論文、二九八—二九九頁。

（5）Stephen Ellis, *The Mask of Anarchy: The Destruction of Liberia and the Religious Dimension of an African Civil War* (London: Hurst & Company, 1999), p. 46.

（6）真島、前掲論文、二九六頁、J. Gus Liebenow, *Liberia: The Quest for Democracy* (Bloomington and Indianapolis, IN: Indiana University Press, 1987), pp. 33–35.

（7）Augustine Konneh, *Religion, Commerce, and the Integration of the Mandingo in Liberia* (Lanham, New York and London: University Press of America, 1996), pp. 7–11.

（8）Augustine Konneh, "Citizenship at the Margins: Status, Ambiguity, and the Mandingo of Liberia," *African Studies Review*, 39-2 (1996), p. 142.

（9）Martin Lowenkopf, *Politics in Liberia: The Conservative Road to Development* (Stanford, CA: Hoover Institution Press, 1976), p. 26.

（10）真島、前掲論文、三〇〇—三〇一頁。

（11）Konneh, *Religion, Commerce, and the Integration of the Mandingo in Liberia*, pp. 119–123.

（12）*Ibid.*, p. 125.

（13）Lowenkopf, *op. cit.*, pp. 55–56.

（14）Konneh, "Citizenship at the Margins," p. 142.

（15）真島、前掲論文、三〇一—三〇二頁、Konneh, "Citizenship at the Margins," pp. 144–145.

（16）*Ibid.*, p. 151.

（17）Ellis, *op. cit.*, p. 56.

（18）真島一郎「リベリア内戦の展開」『アフリカ研究』四三号、一九九三年、七八頁。

（19）Joaquin M. Sendolo, "Justice Seen as Solution for Post-War Land Conflict in Nimba," *The Daily Observer*, 2019 (https://www.liberianobserver.com/ 二〇二〇年九月二六日閲覧).

（20）Stephen Ellis, "Liberia 1989–1994: A Study of Ethnic and Spiritual Violence," *African Affairs*, 94-375 (1995), p. 179.

（21）Ellis, *The Mask of Anarchy*, p. 65.

（22）Konneh, *Religion, Commerce, and the Integration of the Mandingo in Liberia*, p. 136.

（23）Bøås, *op. cit.*, p. 1.

（24）*Ibid.*, p. 1.

（25）真島一郎「リベリア内戦史資料（一九八九～一九九七）——国際プレス記事読解のために」武内進一編『現在アフリカの紛争を理解するために』アジア経済研究所、一九九八年、一六〇—一六三頁。

（26）James Brabazon, *Liberia: Liberians United for Reconciliation and Democracy (LURD)*, The Royal Institute of International Affairs, Armed Non-State Actors Project, Briefing Paper No. 1, 2003 (https://www.chathamhouse.org/ 二〇二〇年六月二九日閲覧).

（27）Ilmari Käihkö, "'Taylor Must Go': The Strategy of the Liberians United for Reconciliation and Democracy," *Small Wars & Insurgencies*, 26-2 (2015), p. 251.

（28）Brabazon, *op. cit.*, p. 6.

（29）Rincon, *op. cit.*, p. 15.

（30）*Ibid.*, pp. 12–13.

(31) 山根達郎「DDRとリベリア内戦」武内進一編『戦争と平和の間——紛争勃発後のアフリカと国際社会』日本貿易振興機構アジア経済研究所、二〇〇八年、一八八—一八九頁。
(32) Rincon, *op. cit.*, pp. 15–16.
(33) *Ibid.*, pp. 15–17.
(34) *Ibid.*, pp. 19–20.
(35) Bøås, *op. cit.*, pp. 11–13.
(36) Leroy M. Sonpon, "Nimba 'Mandingoes' US$500m Trial at ECOWAS Court," *The Daily Observer*, 2018 (https://www.liberianobserver.com/ 二〇二〇年九月二六日閲覧).
(37) Agence de Presse Africaine, "ECOWAS Court Dismisses Case by Monrovia-based NGO," *APAnews*, 2020 (http://apanews.net/ 二〇二〇年一〇月七日閲覧).
(38) Joaquin M. Sendolo, "Ethnic Tension Thwarts Court's Ruling in Ganta Land Case," *The Daily Observer*, 2019 (https://www.liberianobserver.com/ 二〇二〇年九月二六日閲覧); Alaskai Moore Johnson, "Nimba Land Dispute: ECOWAS Court to Hear Case on May 2, 2019," *Front Page Africa*, 2019 (https://frontpageafricaonline.com/ 二〇二〇年一〇月七日閲覧).
(39) Land for Life, "A Case Study Land Conflict in Ganta, Liberia," July 19, 2021 (https://land-for-life.org/ 二〇二一年一二月二八日閲覧).
(40) The Executive Mansion, the Government of Liberia, "President Weah Constitutes Special Committee to Mediate Nimba County Land Conflict" May 13, 2021 (https://www.emansion.gov.lr/ 二〇二一年一二月二八日閲覧).

〔付記〕本研究はJSPS科研費（一九H〇四三六四）の助成を受けたものである。

（おちあい　たけひこ　龍谷大学）

日本国際政治学会編『国際政治』第210号「岐路に立つアフリカ」（二〇二三年三月）

紛争を再生産する国家、植民地化の遺産、新植民地主義

——ナイジェリアのボコ・ハラムを事例として——

戸　田　真紀子

はじめに——誰がこのような国家を作ったのか

わが妻よ、わたしのことで泣かないでほしい。わたしは、苦難多きわれわれの国家が、おのれの自由と独立をまもりぬけることを知っている。

コンゴ万才！　アフリカ万才！

パトリス・ルムンバ

——チスビル営倉で[1]

P・ルムンバ『息子よ、未来は美しい』所収

「コンゴ人のためのコンゴ」を作ろうとして虐殺されたコンゴ共和国（当時。現在のコンゴ民主共和国）初代首相ルムンバ（Patrice Emery Lumumba）がこの手紙を書き残してから、六十年以上が過ぎた。ルムンバはコンゴの未来を「美しい」と記した。ルムンバが祖国のために求めたものは、人間たるに値する生、一点の曇りもない尊厳、そして制限のない独立への権利であった[2]。

コバルトとタンタルの生産量は世界第一位（二〇二〇年）を誇り[3]、鉱物資源の宝庫といわれるコンゴ民主共和国（以下、ＤＲコンゴ）には、ルムンバが求めたものを国民に提供できるだけの富がある。しかし、実態はどうか。政府の統治は東部地域に及んでいない。この地で医療活動に従事し、二〇一八年のノーベル平和賞を受賞したデニ・ムクウェゲ（Denis Mukwege）が「『女性にとって世界最悪の場所』で闘う医師」と呼ばれたように[4]、鉱物資源で利益を得る多くの武装集団と、それらと戦う国軍の両方から「戦争に勝利するた

めの武器」としての性暴力を二十年以上受け続けている女性たちがいる。天然資源で得た利益で国民生活を向上させるどころか、国民の安全を守るという国家の最も基本的な役割さえ果たせていない祖国の現状を(5)見たとき、ルムンバは何を思うだろうか。

アフリカの紛争はなぜかくも長く続くのか？　誰／何によって再生産されているのか？　本稿は、この問いに対する答えとして、「政治エリートが権力闘争に勝利するために民族や宗教を利用・操作していること」、「歴史的・構造的要因としての植民地化の遺産が、人びとの不満と疎外感を再生産し、反政府勢力への参加を促していること」、そして「腐敗した国家を支持し維持しているのは、先進国による新植民地主義であること」という三つの仮説を検証する。冒頭でルムンバを登場させたのは、彼の死が新植民地主義と大きく関わっていたからである。コンゴの豊富な天然資源をコンゴ人のために使おうとしたルムンバは虐殺され、天然資源の利益は先進国とその協力者となった独裁者の手に渡った。北の世界への協力者は富と権力を約束され、北の世界がつくった秩序に異を唱えた指導者は殺害されるか追放されるかしたのが、植民地時代から現代に至るまでのアフリカの歴史であった。そして今なお、残された人びとの多くが「人間たるに値する生、一点の曇りもない尊厳」から程遠い生活を送っているのである。

アフリカの数多くの紛争国の中から、本稿はナイジェリアを取り上げる。ナイジェリアは石油と天然ガスを産出する資源大国であり、経済大国であり、西アフリカの盟主に相応しい軍事力を持つ。しかし、資源のもたらす莫大な富の多くは石油メジャーを通して欧米諸国に流出し、欧米の協力者たる支配エリートの蓄財にまわされ、大部分の国民は基本的人権を享受できていない。事例として本稿は、ナイジェリアの抱える複数の紛争の中から、日本でも知名度の高いボコ・ハラム（正式名称は「宣教及びジハードを手にしたスンニ派イスラーム教徒としてふさわしき者たち」）を取り上げる。

まず、ボコ・ハラムの実態、ひいてはアフリカの紛争を適切に理解する妨げとなっている原初主義を批判し、手段主義の有用性を確認する（第一節）。そのうえで、ボコ・ハラムの創設者が何を求めていたのか、人びとはなぜ彼の下に集まったのか、そして何を契機として過激化していったのかを検討する（第二節）。これにより、(1)戦闘員の大部分は宗教的忠誠心のために組織に加わったわけではないこと、(2)歴史的・構造的要因としての植民地化の遺産が人びとの不満と疎外感を再生産し、戦闘員のリクルート（再生産）を容易にしていること、そして(3)国民のための政治を行わないナイジェリアという国を支えているのが、先進国による新植民地主義であることを示したい。

一　エスニック理論とアフリカの紛争

ストックホルム国際平和研究所（ＳＩＰＲＩ）の年鑑によれば、二〇二〇年に紛争を経験した国は三九カ国、そのうち二〇カ国がサハラ以南アフリカの国である。大規模武力紛争（major armed conflict：当該年に戦闘関連死亡者数が一万人以上）を経験したのは他地域の二カ国であったが、高強度紛争（high-intensity armed conflict：当該年に戦闘関連死亡者数が千人以上一万人未満）を経験した一六カ国のうち一〇カ国が、サハラ以南アフリカの国であった（リビアを含めればアフリカ全体で一一カ国）[6]。

アフリカではなぜ、かくも多くの紛争が発生し、長期化するのだろうか。筆者がその理由を「国家の私物化と国家の崩壊」に求めた論文を本誌で公表してから、二十年以上が経った[7]。その際に、エスニシティ研究では、対立発生の原因を解明するためのアプローチを、①自己の属するエスニック集団に対する愛情や文化的アイデンティティを重視する原初主義と、②エスニック・アイデンティティを形成する上でのエリートによる政治的動員を強調する手段主義（道具主義）[8]の大きく二つに分けることができることも示した。事例研究では両者の折衷が必要だが、アフリカの「民族」紛争を分析する際には後者のアプローチが有用とされている[9]。さらには、民衆がなぜ動員され操作されるのかという問いに対しては、後述するボコ・ハラムの事例でもそうであるが、教育や雇用の機会を奪われ、治安部隊に暴力を振われる若者の不満や疎外感が、彼らが紛争に参加する大きな要因となっていることを指摘できる。このように、何が人びとを紛争に駆り立てるのか、紛争や虐殺が起きる国と起きない国の違いは何かというような議論が一九八〇年代・九〇年代に盛んであったわけだが[10]、日本では未だに、アフリカの「紛争がその国の中での民族的・文化的・宗教的な違いを火種として発生」しているというような原初主義アプローチだけに依拠した語りが、一般的に広く受け容れられている[11]。このような現状では、紛争を的確に理解し、現地社会で有効に機能するポスト・コンフリクトの政策の実施は難しいだろう。

本節ではまず、ひいてはアフリカの紛争を適切に理解する妨げとなっている原初主義の問題点を改めて浮き彫りにすることにより、本稿が拠って立つ方法論を明示する。すなわち、植民地化の遺産という歴史的・構造的要因から紛争を把握するための手法である。

(1) 民族と宗教の違いだけでは紛争は起こらない

「根強い宗教対立」や「民族同士の古くからの対立の歴史」によってアフリカでは紛争が起きているという原初主義的な解説が、未だに散見される。「文明の衝突」がもてはやされたように、紛争の多様かつ複雑な背景を単純化する原初主義的な解説は、アフリカの「外」にいる政治家やメディアにとって分かりやすく、扱いやすいものなのだろう。しかし原初主義的な語りは、カルドーの「アイデンティティ・ポリティックス」つまり「国家権力を掌握するために、民族的、人種的あるいは宗教的アイデンティティを中心として人々を動員する動き」において、指導者が「政治的主張の基盤として利用」する「レッテル」[12]を本質的なものとして解釈してしまっていることに問題がある。

日本の文化人類学者による優れた研究は、アフリカが多民族共存社会であることを明らかにしてきた。人びとはそれぞれの民族アイデンティティを持ちながら、異なる民族集団に属する人びとと共に暮らしている。その民族アイデンティティが、たとえば選挙の際に、政治家の煽動によって民族「ナショナリズム」に変質し、抗争や紛争に発展する。[13]紛争の火種は政治家の権力闘争であって、人びとの民族アイデンティティではない。アフリカの紛争の原因は権力闘争であり、ヘゲモニーの追求である。そして、政治家がアイデンティティを排他的なナショナリズムに変化させるメカニズムはアフリカ特有のものではなく、世界の他地域の紛争とも比較可能である。[14]アフリカに多民族国家が多いから民族紛争が多発しているわけではなく、国内の民族数と紛争の有無の間に相関関係はない。

同様に、「宗教対立から紛争が起こる」という語りもまた、紛争の原因を単純化してしまう。少なくともアフリカにおいて、宗教が異なるという理由だけで人びとが殺し合いをすることはない。ソマリアを本拠地とするアル・シャバブもキリスト教徒とイスラーム教徒の対立を煽るが、イスラーム教徒が多数派を占めるケニア北東部において、バスを襲撃したアル・シャバブからキリスト教徒の乗客を守ったのは、イスラーム教徒の乗客であった。[15]筆者もこの地域に一二年間通ったが、イスラーム教徒であるソマリの人びとは、政府から二級市民扱いされていることに対して強い不満を表明するものの、そこに住むキリスト教徒に敵意を示すことなどなく、異なる宗教を信仰していても人びとは平和に共存していた。

ナイジェリアにおけるキリスト教徒とイスラーム教徒の対立も「宗教紛争」と呼ばれているが、宗教アイデンティティによって紛争が発生しているわけではない。たとえば、両者の対立で多くの人命が失われてきたプラトー州の州都ジョスにおいても、かつてはキリスト教徒とイスラーム教徒が長く共存していた。両者の対立が見られるようになったのは、一九九〇年代の地方行政改革によって「誰がジョスを支配するか」という問題が浮上してきたからだと言われている。また、政治家や退役軍人が失業中の若者に金と武器を与えて起こした暴動が紛争の契機となることも珍しくない。イスラーム法（シャリーア）の完全導入（民事・刑事の両面）を求めるイスラーム教徒とそれに反対するキリスト教徒との対立で数百人規模の犠牲を出した二〇〇〇年のシャリーア紛争がその典型である。軍事政権時代は北部が優遇されていたが、一九九九年の民政移管後に「北西部支配からの脱却と自由競争を進めた」オバサンジョ（Olusegun Obasanjo）政権に対して、退役軍人を含む北部の既得権益層は大きな不満を持つようになった。そして、ビアフラ戦争など過去の南北対立の歴史を経験していない北部の若い政治家たちが、シャリーアを「南部支配に対抗する政治的・文化的手段」として利用できると考えたのである。ボコ・ハラムが拠点とするボルノ州においても、シャリーア導入が連邦政府に対抗する一部の北部の政治家に支持されてきたことと、シャリーアの完全導入によって腐敗が一掃され倫理観が回復すると人びとが信じていることが現地取材で報じられている。[16]二〇一一年の大統領選挙で南部出身のジョナサン（Goodluck E. Jonathan）が勝利したときには、対立候補であった北部出身のブハリ（Muhammadu Buhari）元最高軍事評議会議長（現大統領）を支持する人びとが暴徒化し、三日間で八百人以上が死亡した。ブハリ自身は若者の扇動を否定したが、ブハリは二〇〇二年から「イスラーム教徒はイスラーム教徒の指導者に投票するべきである」という主張を繰り返していた。このように人びとの不満を煽り、民族アイデンティティや宗教アイデンティティを（他者を排除する）民族ナショナリズムや宗教ナショナリズムに変容させ、暴動を煽る北部の既得権益層の動きが、若者の政治不信と現状への不満を強くしていったのである。これらの事例からも、エスニック理論の手段主義アプローチの有用性がわかる。

(2) 歴史的・構造的要因としての植民地化の遺産

人びとを戦闘員に駆り立てるものは何か。貧困を理由とする文献も多いが、本稿は、人びとの不満と疎外感を作り出すものとして、経済的格差の拡大、治安部隊の蛮行、（支配者の）法の支配の形骸化といった歴史的・構造的要因としての植民地化の遺産に注目したい。

植民地支配のプラス面に言及する文献も存在するが、インフラ整備も教育もすべて白人支配のためのものであり、「白人がアフリカに文明をもたらした」という理解も誤りである[17]。アフリカには多くの帝国、王国の歴史があり、その政治力、経済力、そして文化・芸術がヨーロッパに影響を及ぼしてきたことを記す紙幅はないが、アフリカはヘーゲルが言ったような「ほかの世界との交渉をもたない閉鎖地域」では決してなかった[18]。

奴隷貿易とそれに続く植民地時代にヨーロッパ列強が行った蛮行の手法は、独立後の政府に受け継がれた。「現地の人びとが奴隷化され、象牙と野生のゴムの収奪のために、数百万人から一千万人以上の命が失われたという[19]」コンゴ自由国での大量殺戮、ヘレロ人の反乱（現在のナミビア）やマジマジの反乱（現在のタンザニア）といった「初期抵抗」への弾圧、反抗的な民族やクラン（氏族）への集団懲罰、植民地解放闘争に対する弾圧に用いられた手法は、独立後の政府に受け継がれ、政府に異議申し立てをする少数派民族への弾圧に応用されてきた。先進国が非難するアフリカの紛争地で見られる人権侵害と「野蛮」さは、まさしく植民地化の遺産なのであって、アフリカの伝統的文化や価値観に起因するものではない。

また、「腐敗」や「汚職」がアフリカ政治の代名詞のように語られもするが、アフリカ人に汚職の手口を教えたのは誰だろうか。強者は「法の支配」を無視できる、ということの手本をアフリカ人に示したのはヨーロッパ人にほかならない。一例を挙げよう。ナイジェリア南東部の都市国家オポポのジャジャ王（King Jaja）はヨーロッパとのパーム油取引の独占で国を繁栄させたが、その利権を奪うためにジャジャ王を不当に裁判にかけ追放したのは、当時のイギリスの副領事であった。また、セシル・ローズ（Cecil Rhodes）が鉱業採掘権を得るために現在のジンバブウェの南西部にあったンデベレ王国のローベングラ王（King Lobengula）に示した書類（Rudd Concession）には、王への説明とは異なる内容が英語で記されていた。しかし、これが正当な契約とされたのである。このように、詐欺や賄賂の手法は白人が持ち込んだと言われている[20]。

アフリカでは国民の多くが社会の不平等に憤っているが、バイヤール（Jean-François Bayart）によれば、不平等の生成は、植民地化の数十年間で「質的な飛躍」を遂げたという。つまり、植民地化以前の数世紀の間は、「現地の支配者たちが、被支配者を束縛し自身の権力の自律性を確保するために、政治的、経済的、軍事的いずれもの資源を意のままに使うことは決してなかった」のである。(21)

小倉充夫は、次のように指摘している。(22)

宗主国が置き土産にした制度がそれぞれの社会にとって有益である保証はない。むしろ適合しないで、有害な結果をもたらしさえした。〔…〕独立後の混乱と権威主義化が植民地支配とそのあり方に関連しているという認識は、今日の研究では常識化しているといってよい。しかしながらこうした認識を示しつつも即座に、「しかしながらそればかりでなく」とか、「他方で」とか、「今さらそれを持ち出すのではなく」と続いて、現政権とその指導者の問題に関心を集中させる傾向がある。必要なことは分離されがちなこの二つの視点、すなわち一方での植民地支配とその構造、およびその遺産と、他方での現政権と指導者の問題を関連づけることなのである。

次節では、ナイジェリア北東部を本拠地としたボコ・ハラムを事例として、アフリカの紛争の長期化の理由をみていきたい。ボコ・ハラムによる犠牲者は二〇二〇年末までに三五万人を数え、(23) 何百万もの人びとから住む家を奪ってきた。二〇一一年八月の首都アブジャの国連事務所の爆破は国際社会の注目を集め、二〇一四年四月のチボクの二七六人の女子生徒拉致事件で世界を震撼させた。二〇一五年一〇月のアムネスティ・インターナショナルの記事によれば、二〇一四年初頭から二千人以上の少女と女性たちがボコ・ハラムに拉致され、性奴隷や兵士にさせられたという。(24) 二〇一五年はボコ・ハラムの活動が活発で、ボコ・ハラムによる事件が報道されない日はほとんどなかった。(25) その後、イスラーム国に忠誠を示し、反発し、分裂し、二代目の指導者であったアブバカル・シェカウ（Abubakar Shekau）が二〇二一年五月に死亡して以降、戦闘員の多くが投降し、現地からは平和な日常に喜ぶ人びとの声が届いている。(26) 状況が流動的であるため、二〇二二年二月現在の情報を元にしていることをご承知いただきたい。

二　ボコ・ハラムをテロリスト集団に変貌させたナイジェリア政治——植民地化の遺産と新植民地主義

ボコ・ハラムの創設者モハメド・ユスフ（Mohammed Yusuf）が求めていたものは、シャリーアに基づく国家の建設であった。ユスフはイスラームの教えを各地で学び、聖職者として、世俗的な連邦政府とそれに協力する北部の（腐敗した）イスラーム教徒の指導者を批判し、支持者を増やしていた。(27) ボコ・ハラムはハウサ語で、「西洋式教育は罪」と訳されているが、ユスフは西洋が生み出したものをすべて否定していたわけではない。(28) ボコ・ハラムの若者が治安部隊と衝突し、ユスフが殺害されるに至った経緯には、（原初主義アプローチが主張する）民族の違い、宗教への忠誠心というレベルでは議論できない理由があった。

本節では、「ボコ・ハラムの活動はなぜ長期間にわたり続いてきたのか？　誰／何によって再生産されてきたのか？」という問いに対する答えとして、「人びとが宗教的忠誠心だけの理由で戦闘員になるわけではないこと」、「歴史的・構造的要因としての植民地化の遺産が、人びとの不満と疎外感を再生産し、ボコ・ハラムへの参加を促してきたこと」、そして「ナイジェリアという腐敗した国家を支持し維持しているのは、先進国の利益を守る新植民地主義であること」という三つの仮説を検証したい。二点目については、(a)（軍は支配者のものであり、支配者は「法の支配」を無視できるという植民地時代の教えである）「治安部隊による弾圧」と「法の支配の形骸化」が過激派組織を生み、(b)経済格差の拡大が人びとの不満と疎外感を増大させ、戦闘員を再生産してきたことをみていく。

(1) ボコ・ハラムと原初主義アプローチの限界——若者が戦闘員になる理由

ボコ・ハラムのメンバーの九割は、ナイジェリア北東部からニジェール、チャド、カメルーンにかけて居住しているカヌリである。[29] ナイジェリアの人口は約二億二千五百万人であるが（二〇二二年推計）、カヌリはその二・四％（二〇一八年推計。四％と表記されることが多い）を占めるナイジェリア十大民族の一つである。[30] カヌリは、現在のナイジェリア北部の大部分を占めていた「ソコト帝国」ではなく、ナイジェリア北東部からニジェール、チャド、カメルーン（最大版図ではチャド、ナイジェリア、ニジェール、リビア、カメルーン一帯）に広がっていた「カネム・ボルヌ帝国」の末裔である。千年以上の歴史を持つといわれるカネム・ボルヌ帝国は一一世紀にイスラーム化し、北アフリカ、南欧、アラビア半島とともにオスマン帝国と強い同盟関係にあったが、最終的に、仏領・英領・独領に分割された。

カヌリの若者がユスフの教えに呼応した背景には、歴史ある民族を自負する彼らが、自らの待遇に対して抱く不満と憤りがある。国家から自分たちが疎外されていると感じるとき、人びとは国家ではなく、民族・宗教集団に帰属先を求めるようになる。「良い統治」がない上に、国家から弾圧を受け、二級市民扱いをされるということを経験すれば、人びとが国家に背を向け、身近な利益集団である民族・宗教集団に忠誠を誓うのは当然だといえる。

ボコ・ハラムの戦闘員に対する調査からも、宗教的な忠誠心だけで人びとがボコ・ハラムの戦闘員となったわけではないことがわかる。たとえば、ボコ・ハラムの元戦闘員一一九人（女性六三名、男性五六名）に対する調査によれば、ボコ・ハラム参加への理由としてイスラームの信仰を挙げた者の割合は九・二％に過ぎなかった。[31] さらには、二〇〇九年七月から二〇一二年一二月までのボコ・ハラムの犠牲者の分析では、市民の犠牲者の三分の二がイスラーム教徒であったという結果が導き出されている。[32] 競合する組織である「イスラーム国西アフリカ州（ＩＳＷＡＰ）」からは、ボコ・ハラムを過激化させたシェカウの手法（子ども、特に少女を自爆テロ要員とすることやイスラーム教徒を巻き込むテロ）がイスラームの教えに反すると強く批判されていた。後述するように、シェカウ死亡後にＩ

ＳＷＡＰに吸収されることを望まなかった戦闘員の数の多さを考えても、少なくともシェカウが率いたボコ・ハラムの戦闘員が、イスラームの信仰のために戦っていたとは考えにくい。

(2) ボコ・ハラムと植民地化の遺産

次に、植民地化の遺産――とりわけ、治安部隊による弾圧、「法の支配」の形骸化、経済格差の拡大――が、人びとの不満と疎外感を再生産し、ボコ・ハラムへの参加を促してきたことをみていきたい。

a　ボコ・ハラムはなぜ過激化したのか――治安部隊による弾圧・「法の支配」の形骸化

独立後のナイジェリアの軍隊は、もともとは現地の王国や首長国、帝国を武力制圧するためにイギリスが作り上げた軍隊であり、植民地時代に作られて以来、ナイジェリアの軍隊は時の権力者の道具であり、独立前も独立後も、住民（国民）を守るための軍隊ではなかった。

二〇一〇年以降のボコ・ハラムは、「過激派」と呼ぶにふさわしい事件を起こしてきたが、結成当初から過激な行動を起こしていたわけではない。ボコ・ハラムは二〇〇二年、ナイジェリア北東部のボルノ州の州都マイドゥグリで結成されたが[33]、この組織が過激化した契機は、創設者のユスフが二〇〇九年七月に裁判を受けることなく地元の警察署で殺害されたことにある[34]。

警察署でユスフが殺害されたのは、ボコ・ハラムによる暴動の鎮圧の最中であったが、この暴動の発端となった事件を見ると、治安部隊による弾圧と「法の支配」の形骸化という旧宗主国から受け継いだ遺産により、人びとの命がいかに軽く扱われているかが分かる。二〇〇九年六月、自動車事故で亡くなった仲間の葬儀に参列するために、約二十名のボコ・ハラムの若者が非武装の状態でオートバイに乗って移動していた。警察に止められた彼らは、ヘルメットの装着を拒否したという理由で警察から銃撃され、致命傷を負った。ユスフは警察の対応に抗議し正義を求めたが調査も謝罪もなく、反発した若者は暴徒化し、治安部隊との衝突はボルノ州、バウチ州、ヨベ州、カノ州にまたがって五日間続き、八百人以上の死者が出た。

両者の抗争がエスカレートする中、軍にモスクを破壊されるに至り、ユスフは戦いを宣言する。その後、軍に捕らえられ、警察に引き渡されたのち、裁判を受けることなくその場で殺害されたのである。ボコ・ハラムのメンバーは殺害され、投獄され、財産を没収され、辛くも逃げ延びたメンバーは地下に潜った。次に現れたとき、彼らは武闘派のシェカウに率いられ[35]、少女を誘拐し、自爆テロを行うような過激派組織に様変わりしていた[36]。

ヘルメットを装着していないというだけで武器を持たない若者を銃で撃つ警官、その事件について調査も謝罪もしない警察、刃向かえば容赦無く殺戮する治安部隊、無抵抗の指導者が裁判にかけられることなく銃殺されたことを喜んだ連邦政府の大臣――国際人権ＮＧＯの報告書は、ナイジェリアも批准する国際人権諸条約上の基本的人権が全く尊重されない現地の状況を赤裸々に綴っている。裁判にかけることなく一宗教指導者を恣意的に殺害するような、法の支

配も正義も歯牙にかけない国家の存在がボコ・ハラム過激化の最大の原因といえる。(37)

b　人びとの不満と疎外感を増大させる経済格差の拡大

ナイジェリアが国民を守る国家ではないとされる理由の一つに、三十年近い軍事政権支配の遺産がある。(38) An armed political party と呼ばれてきたナイジェリア軍と野心家の有力軍人は、政治家や伝統的指導者を取り込み、(39) 欧米諸国と協力しながら経済権益を手中に収め、権力構造を築いてきた。ババンギダ（Ibrahim Babangida）政権期（一九八五―一九九三年）の防衛、教育、保健医療予算を比較すれば、五歳未満児死亡率や妊産婦死亡率が高い状況にもかかわらず、保健医療費の配分が極端に低いことが分かる。その結果は世界銀行の五歳未満児死亡率のグラフに、如実に現れている（一九八五年：二〇六・九、一九八九年：二〇九・七、一九九三年：二〇七・四）。(40) 一九九九年の民政移管（第四共和政）後も、軍は政治の領域から退却しなかった。

前述したように、創設者ユスフが指導した時代のボコ・ハラムは、シャリーアに従うイスラーム国家の樹立を目指していた。ユスフは、イスラームの教えが真に実現すれば、貧困に苦しむ者はいなくなると説いた。当時のボルノ州政府では汚職が横行し、州内の貧困対策、インフラ整備、失業対策などについて政府が必要な施策を怠ってきたことが、若者の不満を高め、彼らをボコ・ハラムに向かわせた。ユスフは、人びとの生活を守ろうとしない州政府に代わって、自分の支持者たちにはマイクロ・クレジットを、失業中の若者には福祉、食料、シェルターを与え、腐敗した政治家が統治する州の中にイスラームの教えに従った小さな国家ができたような状態を作り、人びとの支持を集めた。ユスフが政府の腐敗を非難して人が集まったのではなく、国家の機能不全が人びとをユスフの下に集めたのである。

この地域の人びとの生活を悪化させているのが、チャド湖の縮小である。国連環境計画（UNEP）によれば、カメルーン、チャド、ニジェール、ナイジェリアに囲まれるチャド湖は、約四千万人の生活を支えている。しかしこの六十年間に、水の過度な利用、旱魃、気候変動の影響により、湖は九〇％の面積を失ったという。(41) この結果、漁業や灌漑農業で生計を立てるカヌリの人びとの生活は大きな打撃を受けてきた。(42) ところが、この危機的状況に対して、連邦政府も州政府も有効な対策をとってこなかった。

教育においても地域差が大きい。ナイジェリアはアフリカの大国であり、国全体が貧しいわけではない。シェカウがボコ・ハラムを過激化させた二〇一〇年当時の識字率を見ると、ボコ・ハラム誕生の地であるボルノ州（もしくは北部）と南部諸州の格差が甚だしいことが分かる。(43) さらには、紛争地であるジョスを抱えるプラトー州、産油地帯であるにもかかわらずその恩恵が受けられないことに反旗を翻したイジョの人びとが暮らすバエルサ州の数値よりも、ボルノ州の数値が格段に低いことにも注目すべきであろう。ナイジェリアの公用語は英語であり、フォーマルセクターで高い収入を得るためには必須の言語である。

表1 若者(15―24歳)の識字率:ボルノ州と北西部諸州、南部諸州(一部のみ)との比較

地域	州	識字率(英語)(%)	識字率(その他の言語*)(%)
北東部	**ボルノ**	**57.3**	**73.3**
北西部	カノ	41.9	76.8
北中部	**プラトー**	**79.0**	**80.8**
南東部	アナンブラ	92.8	92.9
南西部	**ラゴス**	**95.1**	**96.5**
南南部	**バエルサ**	**93.8**	**93.8**

*質問票には「その他の言語」として、フランス語、アラビア語のほかに、ハウサ語、イボ語、ヨルバ語、カヌリ語などが挙げられている。

出典:National Bureau of Statistics, Nigeria, *Report of the National Literacy Survey June, 2010.*

ナイジェリアのチャド湖周辺地域(ボルノ州、アダマワ州、ヨベ州)に関する世界銀行の報告書(二〇二一)によれば、治安状況により世帯調査ができなかったボルノ州を除くこの地域の貧困率は七二%であり、ナイジェリアの他地域の貧困率三八%の倍近い数値となっている。[44] 自爆テロの続いた州都マイドゥグリを含むボルノ州の数値が加われば、貧困率の数値がさらに高くなったであろうことは容易に推測できる。国連開発計画(UNDP)の報告書(二〇二一)でも、ヨベ州の八一%、ボルノ州の六四%、アダマワ州の六〇%(二〇一九年の数値)の人びとが多次元の貧困に苦しんでいることが指摘されている。[45] さらには、紛争により教育システムも深刻な影響を受け、国連児童基金(UNICEF)の報告によれば、二〇一七年にはボルノ州の学校の半分以上か六割以上が閉鎖されている。[46]

(3) 腐敗した国家を支える新植民地主義

ナイジェリアに汚職の手口をもたらしたのはヨーロッパ人であり、二一世紀になっても汚職の相方を務めているのはナイジェリアに「良い統治」を要求する欧米の側である。ナイジェリアの天然資源は先進国(とその協力者)のために存在し、南部の石油産出地域では石油による収入が人びとの生活を潤すどころか、シェルやシェブロンといった石油メジャーの操業により、環境汚染が深刻な状況になっている。

さらには、先進国がもたらす汚職がある。液化天然ガスプロジェクトをめぐるナイジェリアでの贈収賄事件には日本企業も関わり、アメリカ司法省に二社で二百億円を超える和解金を支払った。[47] 南部の産油地帯において、異議申し立てを行なった指導者の違法な処刑に関与したのも欧米の石油メジャーであり、武装闘争を行なった組織を制圧するために民間軍事会社を雇ったのは米国政府であった。「テロリスト」というラベルを貼り付ければ裁判なしに殺害することを認めてもよいと、先進国の指導者たちは考えているように見える。シェカウが率いたボコ・ハラムの引き起こした数々の事件はまったく擁護できない。しかし、先進国がテロの廃絶を求め、そし

てアフリカに「良い統治」を求めるのであれば、法治国家という看板を高く掲げ、裁判なしに市民を殺害してはならないことを自ら示し、「文明国」の矜持を示してはどうだろうか。

おわりに――人びとの日常を守る国家を作るために

アフリカの紛争はなぜかくも長く続くのか？　誰／何によって再生産されているのか？　本稿はこの問いに対し、ナイジェリアのボコ・ハラムの事例を用いて、「政治エリートが権力闘争に勝利するために民族や宗教を利用・操作していること」、「歴史的・構造的要因としての植民地化の遺産が、人びとの不満と疎外感を再生産し、反政府勢力への参加を促していること」、そして「腐敗した国家を支持し維持しているのは、先進国による新植民地主義であること」という三点の仮説を検証した。

ナイジェリア北東部で続く紛争に、今後、収束の見込みはあるだろうか。二〇一六年、その前年に忠誠を誓ったイスラーム国がシェカウをＩＳＷＡＰの知事としなかったため、ボコ・ハラムはシェカウ率いるグループとＩＳＷＡＰに分裂した。ＩＳＷＡＰは、子ども兵を利用し少女に自爆テロを強要するシェカウを非難していた。シェカウは、二〇二一年五月にＩＳＷＡＰとの戦闘で自爆し、チャド湖周辺の主導権はＩＳＷＡＰが握った。

ＩＳＷＡＰに吸収されることを拒んだボコ・ハラムの元戦闘員は二〇二一年九月初めまでに六千人近く投降しており、彼らを共同体に受け入れるかどうかという再統合の問題への対応が州政府と伝統的指導者たちにより議論されている。最も重要なのは、投降した元戦闘員を再び戦場に戻らせないようにすることである。国軍との戦闘が続いており、今後の状況は不透明であるが、すでに二〇一六年以降、シェカウのボコ・ハラムよりもＩＳＷＡＰの攻撃による死者数の方が多くなるほど、ＩＳＷＡＰの活動が活発化している。ＩＳＷＡＰは腐敗したボルノ州政府を批判し、イスラーム教徒への攻撃を否定し、人びとを懐柔し社会に浸透しようとしてきた。元戦闘員の生活が不安定になれば、彼らはＩＳＷＡＰに向かうかもしれない。国民に安定した生活を提供できない国家がイスラーム過激派を育てているという負の連鎖は、断ち切らなければならない。

戦闘員となる若者がいなければ、過激派組織は維持できない。戦闘員の再生産を防ぐには、国民に最低限度の生活を保障することを最優先課題として、国家がテロリズムを再生産する状況から脱却する必要がある。治安も維持できず、国民の生命と安全を保障できない国家は、人びとにとって何の価値があるだろうか。[48]

（1）Ｐ・ルムンバ「妻よ泣かないでほしい　息子よ　コンゴの未来は美しい」『息子よ、未来は美しい』（榊利夫訳）理論社、一九六二年、一三〇―一三二頁。

（2）この文に続いて、ルムンバは「ところが、ベルギーの新植民地主義者とその西方の同盟者たちは、けっしてこれをのぞまなかった。かれらは、国連の一部の高級官僚から直接・間接、公然・隠然の支持をうけてきた。この国連は、ほかでもなく、われわれが援助を要請したとき、それに全幅の信頼をよせていたのだが」と書き記している（ルムンバ、前掲書、一三〇―一三二頁）。ファノンは、ルムンバの失敗は国連を信頼したことにあると述べている。フランツ・ファノン「ルムンバの死」『アフリカ革命に向けて』（北山晴一訳）みすず書房、二〇〇八年、一七九―一八五頁。

（3）U.S. Geological Survey, *Mineral Commodity Summaries 2021* (2021), pp. 50–51, pp. 164–165.

（4）デニ・ムクウェゲ『すべては救済のために』（加藤かおり訳）あすなろ書房、二〇一九年。

（5）本稿では、サハラ以南アフリカをアフリカと呼ぶ。

（6）Stockholm International Peace Research Institute (SIPRI), *SIPRI Yearbook 2021* (Oxford University Press, 2021).

（7）戸田真紀子「アフリカ民族紛争の理論化」『国際政治』一二三号、二〇〇〇年。紙幅の関係で本稿ではアフリカ国家論にまで言及できない。詳しくは、川端正久「アフリカ国家論争を俯瞰する」川端正久・落合雄彦編『アフリカ国家を再考する』晃洋書房、二〇〇六年、一―八一頁を参照のこと。

（8）「道具主義と構築主義をわけて考える研究者もいるが、アイデンティティの理論に関して言えば、これらが同じ類の思想のふたつのパターンとして考えられよう。というのは、構築主義がアイデンティティの議論に応用されるとき、道具主義の色を濃く帯びるからである。」デレジェ・フェイサ「論争を超えて」大阪大学21世紀ＣＥＯプログラム「インターフェイスの人文学」編『トランスナショナリティ研究：場を超える流れ』、二〇〇三年、八六頁。

（9）例えば、R. Lemarchand, *Burundi: Ethnocide as Discourse and Practice* (Cambridge University Press, 1994), pp. 4–7.

（10）二〇〇〇年代の Greed and Grievance（貪欲と憤懣）の議論も手段主義アプローチに含まれる。Paul Collier and Anke Hoeffler, "Greed and Grievance in Civil War," *Oxford Economic Papers* 56 (Oxford University Press, 2004), pp. 563–595.

（11）外務省ＨＰの説明が、ＮＧＯのサイトなどで現在でも引用されている。外務省「わかる！国際情勢 Vol. 19 アフリカにおける紛争の現状と平和構築」、二〇〇八年、www.mofa.go.jp/mofaj/press/pr/wakaru/topics/vol19/index.html（二〇二二年二月一日確認）。

（12）メアリー・カルドー『新戦争論』岩波書店、二〇〇三年、一二七頁。

（13）戸田真紀子『貧困、紛争、ジェンダー：アフリカにとっての比較政治学』晃洋書房、二〇一五年、三九―四六頁を参照のこと。

（14）たとえば、南スーダンで大統領（ディンカ出身）と副大統領（ヌエル出身）が対立したとき、先に「『エスニック・カード』を切った」大統領により、彼らの対立は両者の出身民族同士の紛争に発展したが、この二つの民族が「兄弟民族」であり、「言語的にも文化的にも近縁であり、境界地帯では混住して共存してきた」歴史があることを忘れてはならない。栗本英世「南スーダン、政治問題を民族問題に変換した『悪魔の選択』」『現代ビジネス』、二〇一七年、https://gendai.ismedia.jp/articles/-/51326（二〇二二年五月一三日確認）。これは、旧ユーゴスラビア紛争でも見られたメカニズムである。月村太郎『ユーゴ内戦：政治リーダーと民族主義』東京大学出版会、二〇一六年を参照のこと。

（15）Guardian, "Muslims Hailed for Protecting Christians during Terror Attack on Kenyan Bus" (22 Dec. 2015).

（16）Barnaby Phillips, "Nigeria's Borno State Adopts Sharia," *BBC News Online* (19 Aug. 2000).

（17）「アフリカの植民地支配で用いられた正当性の信念は、『白人の優越性』を基礎とし、統治は優等人種による劣等人種に対するものであること、すなわち『野蛮人』を文明化するためであるというものであった」。小倉充夫『自由のための暴力』東京大学出版会、二〇二一年、二〇六頁。

（18）Ｇ・Ｗ・Ｆ・ヘーゲル『歴史哲学講義（上）』（長谷川宏訳）、岩波書店、一九九四年。

(19) 戸田、前掲書（二〇一五）、八二頁。

(20) 戸田、前掲書（二〇一五）、八一頁、一四二頁。

(21) ジャン＝フランソワ・バイヤール『アフリカにおける国家：腹の政治』（加茂省三訳）、晃洋書房、二〇二二年、第四章。

(22) 小倉、前掲書、二四七頁。

(23) UNDPの報告書は、ボルノ州、アダマワ州、ヨベ州の統計では二〇〇九年以来の死者が三万五千人とされているが、紛争が招いた犠牲者は二〇二〇年末までに三五万人に上ると認めている。Taylor Hanna et al., *Assessing the Impact of Conflict on Development in North-East Nigeria* (Abuja: UNDP 2021).

(24) Amnesty International, "Nigeria: Abducted Women and Girls Forced to Join Boko Haram Attacks" (2015), www.amnesty.org/en/latest/news/2015/04/nigeria-abducted-women-and-girls-forced-to-join-boko-haram-attacks/ (accessed 8 Feb. 2022).

(25) Taylor Hanna et al., *op. cit.*, p. 19. 図2を参照のこと。

(26) Obi Anyadike, "When Peace Comes: Imagining the End of Nigeria's Boko Haram War", *The New Humanitarian* (20 Jan. 2022).

(27) 一八〇四年にジハードを開始し、イスラーム王朝たるソコト帝国を作り上げたイスラーム聖職者のウスマン・ダン・フォディオ（Usman dan Fodio）を始め、ナイジェリア北部の宗教運動からも影響を受けている。

(28) ユスフは車を運転し、携帯電話を使用し、コンピューターも所有していた。支持者にこれらを禁止することもなかった。de Montclos, "Boko Haram and Politics," in de Montclos ed., *op. cit.*, p. 165.

(29) This Day, "Boko Haram: Nigeria, US, France, UK, Cameroon, Chad, Niger Meet in Paris," (2014). ボコ・ハラムと無関係のカヌリの若者が、治安部隊から虐待を受けているという告発もある。Zarma Umar Maryah, "Ethnicity and Radicalisation: Understanding the Kanuri Factor in Boko Haram Insurgency," (2017), medium.com/@Lopmaidx/ethnicity-and-radicalisation-understanding-the-kanuri-factor-in-boko-haram-insurgency-2b5a0d2b6afe (accessed 12 Feb. 2022).

(30) ナイジェリアには、大小あわせて三百を超える民族が住んでいる。北部のハウサ（三〇%）、南西部のヨルバ（一五・五%）、南東部のイボ（一五・二%）の三大民族が全人口の約六割を占めている（二〇一八年推計）。CIA, "Nigeria", *World Factbook* (2022).

(31) 調査は、二〇一五年一二月に行われた。Anneli Botha & Mahdi Abdile, "Understanding Boko Haram in Nigeria: Reality and Perceptions," (2017), p. 5, www.peacemakersnetwork.org/wp-content/uploads/2016/07/Understanding-Boko-Haram-in-Nigeria—Reality-and-perceptions-WEB.pdf (accessed 1 Feb. 2022).

(32) Gérard Chouin, Manuel Reinert and Elodie Apart, "Body Count & Religion in the Boko Haram Crisis," in M. P. de Montclos, ed., *Boko Haram* (Tsehai Publishers, 2015).

(33) 組織結成に関わるさらに詳しい情報は、下記を参照のこと。Musa Adziba Mambula, *Nigeria: Ethno-Religious and Socio-Political Violence and Pacifism in Northern Nigeria* (New York: Page Publishing, 2016); M. P. de Montclos, ed., *ibid.*

(34) ボコ・ハラムが最初に警察を襲撃したのは二〇〇三年一二月と言われているが、この事件はユスフが命じたものではない。Andrew Walker, "What is Boko Haram?", *Special Report*, 308 (United States Instituted of Peace, 2012); Human Rights Watch (HRW), *Spiraling Violence* (2012), p. 31. ユスフが活動していた時期のボルノ州知事は、アリ・モデュ・シェリフ（Ali Modu Sheriff, 在職：二〇〇三―二〇一一）であった。国会議員も務めたシェリフ元知事であるが、ボコ・ハラムのスポンサーであった疑惑が現在でも払拭できていない。二〇〇九年に警察が裁判なしでユスフを殺害したことについて、ユスフと裏取引をしていたシェリフが、口封じでユスフ殺害を命じたのではないかという説がある。シェリフは自らがボコ・ハラムを育てたと言われていることを否定し、無関係を装っているが、二〇〇三年に行われた州知事選挙にユスフが協力し、組織のメンバーが優遇されたことも指摘されている。de Montclos, *op. cit.*, p. 169.

(35) HRW, *ibid.*, pp. 32–37.

(36) シェカウによってボコ・ハラムが過激化したとき、当時のジョナサン大統領（南部出身）が「ジョナサン政権を窮地に陥れるために、北部のイスラーム教徒の政治家たちがボコ・ハラムを組織した」という陰謀論を信じ、軍を送らなかったがために、結果として連邦政府のボコ・ハラム対策が後手に回ってしまうことになったことが指摘されている。Rafu Oriyomi Ajakaye, “100,000 Killed by Boko Haram, Nigerian Governor Says,” *Anadolu Agency Website* (2017).

(37) ボコ・ハラムの暴力に対抗するカヌリの若者の存在を忘れてはならない。ザルマ・ウマルは、無関係のカヌリの若者が治安部隊から虐待を受けていることを告発している。Zarma Umar Maryah, “Ethnicity and Radicalisation: Understanding the Kanuri Factor in Boko Haram Insurgency,” (2017), medium.com/@Lopmaidx/ethnicity-and-radicalisation-understanding-the-kanuri-factor-in-boko-haram-insurgency-2b5a0d2b6afe (accessed 12 Feb. 2022).

(38) Karl Maier, *This House has Fallen* (Penguin Books, 2000).

(39) ナイジェリア北部はイギリスの間接統治政策が完成した土地と言われ、ソコト帝国とカネム・ボルヌ帝国を構成していた各首長国のエミールが、イギリス統治の協力者であった。ボルノ首長国を率いた代々のShehu of Bornoもその一人であり、現在でも北東部で影響力を保持している。

(40) World Bank, “Mortality Rate, under-5 (per 1,000 Live Births)-Nigeria” (2022).

(41) UNEP, “The Tale of a Disappearing Lake” (2018).

(42) Weate Jeremy, “Boko Haram's Roots in Nigeria Long Predate Al-Qaeda Era,” *Aljazeera America* (2014).

(43) UNESCO, “High Level International Round Table on Literacy. Reaching the 2015 Literacy Target: Delivering on the Promise. Action Plan Nigeria. UNESCO, Paris 6–7 September 2012” (2013).

(44) Rogelio Granguillhome et al., *Lake Chad Regional Economic Memorandum: Development for Peace* (Washington, D.C.: World Bank Group, 2021), p. 85.

(45) Taylor Hanna et al., *op. cit.*, p. 24.

(46) UNICEF, “More than Half of All Schools Remain Closed in Borno State” (2017). 二〇〇九年からこの報告がなされるまでに、ナイジェリア北東部では二二九五人以上の教師が殺害され、一四〇〇ほどの学校が破壊された。破壊された学校の多くは再開できずにいるという。この時点で三〇〇万人もの子どもたちが緊急の教育支援を必要としていた。

(47) 戸田、前掲書（二〇一五）、二〇一―二〇二頁。

(48) アセモグルらが主張するように、「収奪的政治制度」ではなく「包括的政治制度」がアフリカの真の繁栄のためには必要である。ダロン・アセモグル、ジェイムズ・A・ロビンソン『国家はなぜ衰退するのか（下）』早川書房、二〇一三年、二四一頁。

（とだ　まきこ　京都女子大学）

日本国際政治学会編『国際政治』第210号「岐路に立つアフリカ」(二〇二三年三月)

岐路に立つ南スーダン共和国
——国家建設支援と国内統治の問題——

山田真弓

はじめに

南スーダン共和国(以下、南スーダン)は、二〇一一年七月九日にスーダンから分離独立し、一九三番目の国連加盟国となった。独立を強く後押ししたのは米国であり、独立直後には、国連安全保障理事会(国連安保理)が国連南スーダン共和国ミッション(以下、UNMISS)を設立し、国際社会全体で後ろ盾となり、南スーダンの自立支援を行なってきた。UNMISSの初期の国連平和活動は、国家建設の代表例の一つであり、すぐれて国際的な活動であったと言える。

しかし、そのわずか二年後の二〇一三年一二月一五日、首都ジュバにて武力紛争が勃発し、南スーダン人が南スーダン人を殺戮する内戦が始まった。独立を達成した南スーダンは、わずか二年余りで紛争国となった。その後も、軍閥エリート間における暴力の応酬を止めることが出来ず、国際社会が大々的に支援を行なってきた南スーダンの国家建設は頓挫した。この内戦以降、国際社会の支援の焦点は事実上、南スーダン国内の武力紛争解決、文民保護、人道支援へとシフトした。その後も国際社会は、武力紛争の再燃・暴力の応酬を止められず、二〇一五年の時点で、南スーダンは国内外避難民二四〇万人以上(国内避難民約一六〇万人)、食料不足に苦しむ六〇〇万人以上の人々を抱え、国も国民も崩壊寸前の状態に陥った[1]。その混乱の中で、紛争当事者の人道支援への関わりや、人道支援の名の下で行われる利益目的の取引(人道支援のビジネス化)も懸念された。この内戦がようやく沈静化の兆しを見せたのは、二〇一八年以降であり、「南スーダン共和国の紛争の解決に関する再合意(R-ARCSS)」が同年九月に締結され、二〇二〇年二月二二日、二度目となる国民統一暫定政府が成立してからと言える。しかし、このように大規模な国際支援があったにもかかわらず、なぜ南スーダンの国家建設は成功していないのであろうか。

本稿が分析の対象としている国家建設、武力紛争解決、人道支援等は、本来、それぞれ異なる目的や異なる次元で進められる国際支援活動の対象（分野）であると理解されてきた。しかし、様々な先行研究は「これらの活動が物理的に同じ場所で同じ時間に入り乱れながら進められるところに、その問題の複雑性がある」と指摘している。(2)そこで本稿では、この国際支援の問題の複雑性（絡んだ要素）を解きほどいて分析することを試み、コンプレキシティー（複雑性）理論に基づいた「適応型の平和構築」の理論を援用する。この理論は、平和を構築するプロセスは動的かつ多面的であり、極めて政治的な活動であるとみなしている。つまり、その複雑性を無視して、従来は優勢であったリベラル平和構築のテンプレートや一般的な公式、画一的な紛争解決方法をどこにでも当てはめようとする思考の転換を促している。また、この適応型の平和構築論は、紛争の影響を受ける人々やコミュニティを包摂し、学習と適応の反復プロセスを用いて、平和が持続するシステムの構築に積極的に関与するアプローチや、複雑性と不確実性が常に存在することを認識している。そのうえで、失敗からのレジリエンス（復元力）を高めることが重要であると説いている。(3)さらに、リベラル平和構築論を批判するハイブリッド国家建設論は、平和構築を支援対象国内に平和をつくることを目的とする紛争解決学のミクロ・アプローチ、そして国家建設を国際秩序の維持を目的とするマクロ・アプローチと定義し、国際社会の介入と現地社会に根ざした取り組みを適切に折衷することが、紛争社会に平和を根付かせる上で効果的であると主張している。(4)つまり、現地の慣習や規範を必ずしも尊重しないと批判されるリベラル平和構築アプローチの再考と、国家建設支援における国際社会と支援対象国、または、介入する側とされる側の関係のあり方を改めて問い直す必要がある。

しかしその一方で、これらの理論や議論にも問題がある。例えば、実際の南スーダン国家建設の文脈において、コミュニティや人々の声よりも、軍閥政府の意向が強く反映されるケースにはどう対処すべきだったのか、そもそも、現地の慣習や規範とは何か、また、それらは国際社会の規範に一致するのか、しないのか、前述のリベラル平和構築論や既存の国家建設研究では十分に検討されていない点も多い。したがって、これらリベラル平和構築論や国家建設論に対する批判や議論を鑑みて、本稿の中に国家性の問題という分析の視座を加える。この国家性の問題とは、実態として権力の一体性を持つ共同体（国家）の問題を指し、この国家性には、「統治機能」（垂直的正当性）と「多様な集団（コミュニティ）」（水平的正当性）という二つの側面がある。その上で、国家性の問題を「ガバナンスを阻害する要因」の観点から捉え直す必要性を先行研究は指摘している。(5)本稿においても、この「ガバナンスを阻害する要因」という角度から、南スーダン政府の統治機能（ガバナンス）を明らかにすることは、大規模な国際社会の支援にもかかわらず、なぜ南スーダンの国家建設は成功していないのかという本稿の問いに答える一助となる。

なお、「国家建設」の意味は多義的であるが、従来の国家建設とは「国際社会の支援を通じて、紛争後の国家を（再）構築し、平和を持続させる」と限定的に定義される傾向が顕著であった。だが、この狭義の国家建設の定義やリベラル平和構築論に基づく国家建設では、現存する武力紛争に対処出来ないことは様々な研究からも明らかになっている。[(6)] また、南スーダンの国家建設に関する先行研究は、国内外の双方の力が交錯して国家が建設され頓挫するプロセスに注目している。[(7)] よって、本稿で論じる国家建設という用語は「国際社会からの支援を享受しながらも、紛争の影響を受けた人々の内発的な力によって機能する国家（政府）と社会（多様なコミュニティ）を築くこと、またそれにより、持続する平和を可能にすること」と定義した上で、南スーダン政府の統治機能という側面に限定した国家建設支援の問題を考える。特に南スーダンにおいて、国連や国際社会が国家建設の一側面である国内の統治機能を重視する支援を行った経緯にも留意する。[(8)]

以上より、本稿では南スーダンにおける国家建設が停滞する要因を検討するため、（一）国家建設支援が頓挫した背景、（二）国内統治をめぐる諸問題、（三）人道支援のビジネス化、（四）第三アクター（第三者）の役割を考察する。その対象期間は、南スーダンにおける国家建設支援、南スーダン政府の統治機能の構築、人道支援、適応型の平和構築の取り組み等、国際社会による支援の複雑性がほぼ一堂に会したプロセス（南スーダンが独立した二〇一一年七月九日から、国民統合暫定政府が再成立した二〇二〇年二月二二日）を中心に設定する。[(9)] 加えて、南スーダン政府の統治機能を論じるために、南部スーダン時代から続く軍エリート間の確執、特にサルバ・キール（Salva Kiir）現南スーダン大統領とリエック・マチャール（Riek Machar）現第一副大統領の権力闘争を始め、民族やコミュニティ間およびその内部における対立や抗争、[(10)] さらには、南スーダンの歴史的文脈の中で構築されてきたパトロン・クライアント関係に基づく構造等、南スーダンの歴史的な文脈にも言及する。[(11)] そして最後に、国連や国際社会の支援のあり方と南スーダン政府の統治機能の問題を議論の中心に、本研究で得られた知見（教訓と課題）をまとめる。

一　国家建設支援の頓挫

(1) 国家建設から文民保護へ

国連平和活動を担うＵＮＭＩＳＳは、二〇一一年七月九日の建国の日から任務を開始し、その主な目的は国家建設（とりわけ統治能力構築）支援であった。しかし、二〇一三年七月、キール大統領は議会を解散し、マチャール副大統領を解任した。その後、同年一二月一五日、首都ジュバにおいて大統領警備隊同士の衝突・発砲から武力紛争が勃発した。このとき衝突した大統領警護隊とは、キール大統領の出身であるディンカ人から編成された私兵警護隊とマチャール副大統領の出身であるヌエル人の国家警護隊であったが、その武力衝突は、南スーダン全土に民族紛争として拡がった。この内戦発生後も、国連を始め国際社会は、その武力紛争・暴力の応酬を食い止めることが出来ずにいた。

この内戦の発生により、UNMISSのマンデートは(1)文民保護(2)人道支援スペースの確保とその運営支援　(3)人権のモニタリング・調査報告　(4)敵対行為の阻止・停止、という四つの新しいマンデートへと急遽変更となった。[12]これらは、内戦勃発後、現場で既に始まっていたUNMISSの緊急オペレーション活動を、国連ニューヨーク本部が追認したものである。重要な変更点は、UNMISSが南スーダン国家建設への支援を事実上、停止したことである。元を正せば、南スーダン共和国は、国家基盤をほとんど持たないまま独立し、対外的な主権を獲得した。新国家の礎となる統治機能や制度は構築されておらず、南部スーダン時代のスーダン人民解放戦線・スーダン人民解放軍（以下、SPLM／A）の軍閥政治をそのまま引き継いだだけであった。[13]そして、建国からわずか二年後に南スーダンで内戦が勃発し、国家建設に関わる支援は事実上、停止となった。しかし、これにより南スーダン政府（SPLM／A政権）が崩壊したわけではない。むしろ国家建設支援という外部からの干渉を受けず、オイルマネーを含む公的資金を私的に使うことが可能になった。事実、南スーダン政府関係者の多くは、ケニア、ウガンダ等、海外に莫大な資産を築いている。[14]

では、UNMISSのマンデートを文民保護に切り替えて良かったのだろうか。国家建設のマンデートを継続する必要もあったのではないだろうか。これには賛否両論あるが、二〇一三年の内戦以前から国家建設支援に対する批判は既に存在しており、その理由として、国際社会による国家建設支援が意図せずに、SPLM／A独自の軍閥・金権政治のガバナンスの確立と強化に寄与し、その腐敗体質を助長したことや、その金権政治体制は南スーダン政府に引き継がれたことが挙げられる。そして、同政府は二〇一三年一二月の武力紛争下で、文民をUNMISSの目の前で攻撃した。当時のUNMISS特別代表ヒルデ・ジョンソン（Hilde Johnson）は、目の前の人々の命を救うため、即時に、UNMISSの敷地内で文民保護を行う決断を下した。しかし、その後も武力紛争は止められず、国連は、国家建設支援を事実上停止し、文民保護を最優先したのが実情であった。

(2) 南スーダン政府と国連の関係

UNMISSのマンデート変更は、南スーダン政府と国連の関係に悪影響を及ぼし、内戦を長期化・複雑化させた一因となったことも注目に値する。UNMISSの新しいマンデートは、武力紛争下で、同政府に敵対的である民族を含む文民を同時に保護、人道支援スペースを確保し、同政府には人権の遵守を求めた。UNMISSは人権モニタリング報告を独立して国連安保理に行うことが優先事項となった。同時に、政府軍に追われた数十万人の国内避難民を保護し、UNMISSは国連敷地内で、NGO等外部アクターと連携し、人道支援活動を支援した。これは、人道支援が必ずしも政府の指揮下に属さないこと、また、人道支援が国家建設支援から切り離されたことを示すものであった。

政府の懸念は、国連の監視下にある人道支援活動と、国際社会からの外部リソース（資金）であった。また、スフィア基準（人道憲章と人道支援の必須基準）を遵守する国連の人道支援スペースは、南スーダン全州にあるＵＮＭＩＳＳの敷地内や隣接地域に拡大され、そこへのアクセスが制限されたことも政府関係者の不満を招いた。その結果、ＵＮＭＩＳＳが文民保護区で、反政府勢力や政敵をかくまい、武器を提供しているという噂が流れた。国連人道支援スペースへのアクセスの制限を巡り、政府はＵＮＭＩＳＳが南スーダンの領土主権を侵害していると非難する声明を発表し、ＵＮＭＩＳＳの退去を求めるデモ行進や署名活動が行われるなど、政府とＵＮＭＩＳＳの関係は悪化の一途をたどった。さらに、ＵＮＭＩＳＳの軍用コンテナが州政府のチェックポイントで止められ、そこから反政府軍への武器供与を行なったというプロパガンダが全土に拡散し、人々のＵＮＭＩＳＳへの信頼も失墜した[15]。

国連への信頼が損なわれるにつれ、国連機関への敵対攻撃の可能性は高まった。また、それに伴い文民保護区域を含む国内の治安情勢も急速に悪化した。ＵＮＭＩＳＳは、政府と避難民を取り持つ中立的な関係を保つべきだが、相互の信頼関係が崩れるにつれ、それが難しくなった。南スーダン政府と国連の関係悪化は、紛争解決を一層困難にし、停戦合意の度重なる不履行にもつながった。その結果、建国以前から、南スーダン政府・軍エリートメンバーをよく知り、その独立にも尽力したジョンソンも、任期を延長せず辞任を決意し、南スーダンを去った。これは、ＵＮＭＩＳＳが、単に国家建設支援に失敗したことだけではなく、そもそもＳＰＬＭ／Ａが、統治の中心的な主体として、または政党として、現南スーダン政府の統治を担うことが可能であったのか、その資質に対する疑念を示唆したものであろう。

(3) 武力紛争終結の失敗

政府間開発機構（ＩＧＡＤ）、アフリカ連合（ＡＵ）、国連、トロイカ（米・英・ノルウェー）で構成されたＩＧＡＤプラスメンバーは、政治的圧力を行使し、二〇一五年八月、「南スーダン共和国の紛争の解決に関する合意（ARCSS）」を成立させ[16]、二〇一六年四月、国民統一暫定政府が発足した。しかし、そのわずか三カ月後、首都ジュバで、キール大統領派とマチャール副大統領派の武力衝突が再燃し、その暫定政府は完全に崩壊した。武力紛争終結が失敗した理由の一つには、ＩＧＡＤ主要メンバーの政治的関与、つまり、その仲介がネガティブに働いたことにある。二〇一五年八月一七日、キール大統領はARCSSの調印を一旦拒否したが、その一〇日後に、自分の意思に反して署名をし、これは押し付けられた平和であると声明を出した[17]。この背景には、二〇一五年七月にバラク・オバマ元米国大統領がアディスアベバを訪問した際、ＩＧＡＤの主要メンバーであるウガンダ、エチオピア、ケニア、スーダンの指導者と会談し、南スーダン和平合意の推進戦略について合意し、南スーダン政府に和平協定への署名を促したことが挙げられる。さらに、ＩＧＡＤは、和平協定調印の最終期限を設定し、和平合意を迅速に成立させるため、国連、ＡＵ、トロイカと共に政治的な圧力を行使して、キール大統領に署名を迫った。ウガンダのムセベニ大統領も、二〇一三年一二月の内戦以降、キール大統領の要請により南スーダンに派遣しているウガンダ政府軍の撤退方針を通告し、キール大統領に ARCSS の締結を勧告した。このように、キール大統領は、周辺国の政治的圧力により、ARCSS に署名することを余儀なくされたのである。[18]

無論、このような紛争当事者の真の同意のない和平は持続せず、署名をしたわずか一一カ月後、暫定政府成立からはわずか三カ月後に武力紛争が再燃し、ARCSS は御破産となった。さらにこの国際社会の仲介の失敗によって、武力紛争の再発および人道支援関係者を巻き込んだ犠牲者や国内外避難民が激増した。これを受けて、二〇一六年八月、国連安保理は遂に四千人のRPF（Regional Protection Force）を送り、UNMISSの軍事部隊を一万七千人まで増強する事を決定した。[19] 皮肉にも、南スーダン国家建設支援を始めた国際社会は、最終的には武力を持って、その支援国内の暴力の応酬を終結させようと試みたのであった。しかし事態は改善せず、二〇一七年、キール大統領率いる政府軍とマチャール前第一副大統領派との間で再び大規模な武力衝突が発生した。この状況を打開するため、再びIGADプラスは政治的な解決を目指したが、交渉は何度も失敗し、その後も武力衝突は頻発し死者数も増え続けた。[20]

(4) 権力分有の失敗

南スーダンにおいて、権力の分有は、南スーダンの和平合意の礎である。二〇一五年の ARCSS、二〇一八年の R-ARCSS（南スーダン共和国の紛争の解決に関する再合意）の双方において、権力分有は、それら合意文書の第一章に掲げられている。国際社会のこれまでの仲介も、その権力分有を基軸として進められた。それ故、南スーダンの和平合意は別名、権力分有合意協定と呼ばれる。[21] しかし、権力分有を中心とする和平合意には問題があった。まず、実際の武力紛争は止まらなかったことである。国際社会が提示する条件に、全ての紛争当事者からの同意を得ることは困難を極めた。また、権力分有は紛争解決の重要な一手であると認識されているため、国際社会はその合意の締結や履行に躍起となった。政治的圧力を行使し、紛争当事者らに同意するまでの期間と期限を与え、とにかく解決することを試みた。しかし、既存の研究では、時間制限という圧力が与えられて成立した和平合意は持続しないと指摘されている。[22] その上、権力分有を基軸とする和平合意は、新たな武力勢力やアクターを呼び込む可能性が高く、権力や利権を求める勢力がさらに結集することで、新たな紛争を生み出す可能性がある。国際社会が仲介する和平合意の機会でさえも、軍事交渉の延長線にあるものとみなされ、武力紛争の継続を選択する可能性もある。[23]

これらを考慮すると、キール大統領の自らの意志に反して署名した和平合意書には明らかに実現性がなかった。結局、その国民統一暫定政府も約三カ月で崩壊し、国連安保理がRPFを送るほどに、国内各地で武力紛争が激化した。その後の停戦・和平合意も繰り返し不履行となったことは、国際社会側が政治的な圧力で権力分有を行ったことへの反発でもあり、この進め方に問題があった証左といえよう。しかしその一方で、武力紛争が長期化・複雑化したのは、全てが国際社会側の問題に起因するのだろうかという疑問は残る。そこで次章では、国際社会側の問題に加えて、南スーダンの権力構造と統治機能に触れながら、南スーダン政府側の問題を明らかにする。

二　南スーダン国内統治の問題

(1) オイルマネーが流れる構造

南スーダン共和国はオイルレンティア国家である。このオイルの流れと南スーダンの政府の統治構造と制度構築の問題には深い関係がある。南スーダンにおける一日当たりの石油産出量は約一五から一七万バレル（二〇一二年二月現在一バレル八三米ドル）であり、そのうち約六十パーセントは外国資本、特に中国とマレーシアの石油生産会社に流れ、残りの約四〇パーセントの石油は南スーダン政府の配分となる。そのうち一日あたり約二万八千バレルの石油は、スーダン所有の石油パイプライン使用料として、スーダン政府に支払われる。またそれとは別に、スーダン政府にこれまでの債務延滞料も返済しているが、その正確な額は不明である。この他にも、オイルマネーは、南スーダン国営石油会社ナイルペット（ＮＩＬＥＰＥＴ）や、石油を産出している州政府及び地域住民への利益報酬の支払（法定では五パーセント）、石油を担保とした借入金の返済、さらに大統領が直轄する特別プロジェクトへ流れる構造となっている[24]。ナイルペットにも利益が流れているが、その正確な金額は不明である。五パーセントの利益報酬が州政府や地域住民に支払われたという記録もない。大統領が直轄する特別プロジェクトファンドは、道路建設等インフラ整備を使途として、一日あたり約一万から三万バレルのオイル収入があるが、その支出内訳についての情報公開もない[25]。

このように、オイルマネーの自由で私的な利用を許す体制が構築されており、これが武力紛争の資金源でもあることは深刻な問題である。このオイルマネーの流れを是正・透明化し、南スーダン政府の統治構造を改革する必要がある。また、こうしたアカウンタビリティを有する統治機能を制度化することなくして、南スーダンの国家建設が成し得ない事を、南スーダン政府は理解する必要がある。

(2) 軍政マーケットプレイス

このオイルマネーの流れと共に、南スーダンが武力紛争を辞さない理由とその策略を理解するには、デ・ワール（de Waar）の「ポリティカル・マーケットプレイス」という概念が有効である[26]。ポリティカル・マーケットプレイスでは、政治家がビジネスパーソンのように、人や人の忠誠心を金銭等で取引する。南スーダンの場合、政治家は、軍・ゲリラ兵士でもあるから、軍事・政治（軍政）マーケットプレイスでの取引となる。また、民間人も小火器等で武装している[27]。この軍政マーケット・プレイスでは、より良い報酬を払う相手に忠誠心や軍事力を提供するという売買交渉が行われる。実際、キール大統領（ＳＰＬＭ／Ａ）は、オイルマネーを使い、南スーダンの独立への協力を求め、政治指導者や軍エリートを大量に買収した[28]。独立をスーダンから勝ち取るために必要な政治・軍事力を確保するために、過大な忠誠（ロイヤルティー）料が支払われ、ＳＰ

ＬＭ／Ａは巨大な組織となった。[29]金銭などの利権を既に享受する者は、それらの価格をさらにつり上げ、対価が上がらない場合には戦利品を求めて暴力で対抗した。また、民族間の紛争や地域紛争の発生が増え、暴力が多様化するほど、利権を得ようとするアクターの数は増えたと考えられる。[30]

デ・ワールは、オイルマネーとこの軍政マーケットに関して、二〇一二年一月から二〇一三年四月まで、南スーダン政府の石油生産が停止したため、この金権パトロネージュが崩壊し、その結果、南スーダンの内戦が引き起こされたと指摘した。[31]しかし、ジョンソンは、自身の回顧録で、内戦中でも武装勢力・軍閥がオイルマネー以外の別ルートで資金を確保し提供していたことや、中国が供与するＯＤＡによるインフラプロジェクト等から、そのロイヤルティーやセキュリティー料を支払い続けたことを示唆し、石油危機による緊縮財政や、石油パトロネージュの崩壊が内戦を引き起こしたとするデ・ワールの見解を否定している。だが、ジョンソンはこの軍政マーケットの存在自体は否定していない。[32]

また、武力紛争で利益を享受する者にとって、この軍政マーケットプレイスは魅力的であり、武力紛争を止めさせるどころか、より多くの紛争アクターを惹きつけてきた。デ・ワールは、これらの現象は単なる汚職ではなく、むしろシステムであると指摘し、南スーダンの政治を金権政治と呼ぶ。[33]つまり、南スーダン政府が武力紛争を容易に辞さないのは、この独特の軍政マーケットプレイスを有効活用しているからであり、金や利権、高い政治ポストを得るためならば、暴力も商品であり、武力で紛争解決することも厭わないからである。[34]南スーダンの場合、この軍政マーケット・プレイスの方が、公的資金運用について議論する国会よりも、はるかに（都合）良く機能していると考えられる。[35]

三　人道支援のビジネス化

(1)　国内外における避難民の実態

国家建設が進まず、武力紛争も長期化した結果、二〇二〇年二月、国民統一暫定政権が発足した時点の南スーダンでは、既に四〇万人以上の人々が死亡した。[36]加えて、約二二〇万人以上の人々が周辺諸国へと逃れ、数十万人の国内避難民が全州の国連の敷地内に保護されるという前代未聞の事態となった。しかし、全ての避難民がＵＮＭＩＳＳに保護されたわけではなく、自力で身を隠して生きている者の数は計り知れなかった。[37]武力紛争下において、避難民を保護するキャンプや居住区を国内外に設置し、人命を救助することは重要である。しかし、国連の文民保護区内でさえ、女性や子どもへのレイプ、抗争、麻薬取引、金品略奪も発生し、警察に特定の犯罪者（政府が敵対視する避難民）を引き渡すことも難しい状況の中で、基本的人権や生存権の侵害が常態化していることは深刻な問題であった。[38]

ウガンダ、エチオピア、ケニア、コンゴ民主共和国、スーダンは、南スーダン難民及び庇護申請者を比較的寛大に受け入れている。これら近隣諸国による避難民の受け入れは、人道・平和・安全保障上の観点から重要であり、ホスト国に財政支援するドナー国から歓迎された。しかしその反面、ドナー国が自国への移民（難民）を削減する目的で開発資金を途上国に供与することや、難民の受入国における汚職問題が度重なることは[39]、人道支援の名を借りたビジネスであると批判された[40]。

(2) 人道支援のパラドックス

二〇一六年には、南スーダンへの人道支援の予算は既に不足し、国際社会の責任が厳しく問われたが、欧米諸国、特にトロイカは、和平合意の持続と実現に懐疑的であり、支援を差し控えた。なぜなら、武力紛争が長引くほど国内外避難民も増加し、その人道支援にかかる要求が増えるのは、紛争当事者らがオイルマネーだけでなく、人道支援のリソースも軍事利用していると考えたからである。避難民キャンプの近くには軍の基地・宿営地もあり、紛争国・当事者らは援助物資を流用できる。過去には、彼らは自らの家族や兵士を養うため、または支援物資を集めるために避難民キャンプを設置している。避難民への食料や物資もキャンプ地から略奪している[41]。南スーダンにおいて、これら人道支援物資等の横領や略奪は、単なる人間の欲望やモラルの欠如、道徳や倫理感の希薄さという視点で説明することはナイーブである。SPLA／Mは、南部スーダン時代から既に人道支援活動から私的な利権を得ており[42]、独立後も、SPLA／Mが新しい国の与党と軍になり、国の権力をほぼ独占したことから、人道支援を国家建設プロセスの一環として、政府（SPLM／A）の歳入に組み入れた。つまり、政府はオイルマネー以外にも、人道支援リソースを第二のレントとして確保し、これを武力紛争に流したことが問題なのである。また、この第二のレントをめぐって、SPLM／Aのメンバー間でも頻繁に紛争が起きていた上に、二〇一三年の内戦勃発以降は、UNMISSが人道支援リソースを管理したことから、国連職員を含む人道支援関係者への攻撃も増加した[43]。

国際社会も、南スーダンから国庫金を海外へ持ち出した政治・軍事エリートと、彼らの海外個人口座や資産を黙認してきた。南スーダンで私腹を肥やした高官は、単独ではそのような事は出来なかったはずである。国際的な銀行、企業、武器ブローカー、不動産会社、弁護士など、国家にとって重要な各分野のアクターの組織的な関与が伺える[44]。南スーダンでの武力紛争が続き、文民の死傷者や避難民が激増したにもかかわらず、国連安保理でも、南スーダンへの武器輸出を禁止する決議の採択に長い時間を要した[45]。こうした不条理なシステムや取引が横行しているため、国際援助は人道支援の名を借りたビジネスであると批判されるようになった。無論、この腐敗した独自のシステムや慣行も、南スーダン政府の統治機能を阻害し、その国家建設を頓挫させた要因である。

金と権力で人や物を動かし、私利私欲を優先する金権政治は、スーダンからの分離独立を果たすための策略としてよく機能し、異なる軍隊・軍閥や武装勢力の結束を図ることにも成功した。そして独立後も、この軍政マーケットプレイスは存続し、軍閥・金権に基づく統治が南スーダン国内における内的規範として根付いてきた。しかし、この南スーダン独自の内的規範は、公正、平等、透明性、説明責任制度を基盤とする民主的ガバナンスという規範、つまり、欧米諸国など国際社会が求める外的規範とは明らかに相容れないものである。しかも、国際社会が求める外的規範は、南スーダン政府にとっては援助資源を受け取るための要件に過ぎず、内的規範に取って代わるものではなかった。南スーダンが国際社会から二つの顔を持ち、使い分けていると批判されるのは、こうした内的規範と（対）外的規範が併存しているからである。

四　第三アクターの役割

(1)　和平再合意プロセスと適応型の平和構築アプローチ

最終的には、二〇一八年九月の和平再合意（R-ARCSS）により、二度目の国民統一暫定政府が二〇二〇年二月に成立した。IGADプラスと国際社会は暫定政権設立までの期限を二度延長することを認め、暫定政府の再設立にはより長い時間がかけられた。本節ではこの和平再合意の過程を、適応型の平和構築アプローチに鑑みて、包摂性の問題や、紛争当事者間に介入する第三アクターの役割、その多様なアクターの関与を分析することを試みる。

まず、和平再合意（R-ARCSS）に不参加の軍閥や派閥などの集団は、南スーダンの内戦が始まった二〇一三年から二〇一八年にかけて、SPLM／A-IO（マチャールを中心とする反政府勢力）を中心に少なくとも一四まで増加していた。これには、最初の和平合意（ARCSS）の権力分有に不満を持つ者が結成した勢力・派閥も含まれる。[46] IGADは、これら和平に参加する意思のない、または和平合意を遵守する意思のない紛争当事者らを含め、R-ARCSSへの参加を拒否した反政府勢力を「スポイラー（妨害者）」であるとみなし、彼らに対して懲罰的な措置を講じると発表した。[47] これは、暫定政府の樹立に向けて南スーダン政府と協力するよう、IGAD加盟国が一枚岩となり、和平再合意の必要性を全ての紛争当事者らに呼びかけたと同時に、スポイラーの武力行使を強く牽制する狙いもあった。

一方で、ウガンダの市民活動団体は、キール大統領に「平和スポイラー賞」を与えることを発表し、南スーダン政府の戦闘員が数千人を殺害した残虐行為や、キール大統領が連立政権樹立の問題解決に早期に妥協せず、武力紛争を長期化させたことを厳しく批判した。[48] 南スーダン政府こそが平和のスポイラーであると指摘したのである。この指摘は、南スーダンの人々と政府との関係をうまく示唆している。SPLA／Mは、主にディンカ人とヌエル人により構成されたが、同国には他にも多様な民族が存在する。例えば、首都に比較的近い東エクアトリア州に暮らすパリ人にとって、政府は軍隊（SPLA／M）であり「遠ざけておきたい存在」であった。[49] また、首都から離れ、雨季にはアクセスが閉ざされるジョングレイ州では、ボル・ディンカ人、ロウ・ヌエル人、ムルレ人らも、自らの地域における民族間・民族内の諸問題に対して南スーダン政府や首都ジュバの政治家が関与することを望んでいない。[50]

国連と国際社会は、このようにスポイラーと呼ばれる者同士、つまり南スーダン政府や反政府勢力との間で、また、政府と折り合わない多様な民族にも、粘り強くR-ARCSSへの合意の必要性を説き、国民統一暫定政府再設立に向けて、和平交渉を続けた。さらに、ローマ教皇やカトリックコミュニティであるサンディディジオが第三アクターとして加わり、ローマ・バチカンにおいて、紛争当事者らの身柄が安全となる場所をまず提供した。そして、全ての紛争当事者間、および紛争当事者と紛争の影響を受けたコミュニティの間での対話を呼びかけた。この成果は、まず「ローマ宣言」（二〇二〇年一月）にまとめられ、ホールドアウト派（和平合意に不参加の者）と南スーダン政府が合意・署名した。[51] サンディディジオは、紛争関係者らが、暫定政権成立後も、R-ARCSSに参加出来るように、非公式の対話を継続的に支援している。また、積み重ねられた対話の成果を一連の文書としてまとめ、紛争当事者間で広く共有し、ホールドアウト派のそれぞれの意見（書）が考慮される機会を設けた。カトリック・コミュニティの重要な役割は、全ての紛争関係者らの間で、まず対話による和解と信頼醸成を支援することであった。[52] これにより、ホールドアウト派もR-ARCSSへの理解を深め、和平再合意の実施に参加し始めた。

また、現地の慣習を和解の方策に活かした事例にはローカルな和平会議がある。[53] 例えば、ジョングレイ州は、ボル・ディンカ人、ロウ・ヌエル人、ムルレ人が暮らす地域であり、武力抗争が頻繁に発生していたため、この草の根の和平会議は一九九〇年代から既に何度も開かれている。[54] 二〇二〇年に入り、ピボール、アコボ、ボル、ピエリ地域で、これら武力紛争の影響を受けたコミュニティにおいて、和平会議の準備が行なわれた。ピエリの会議では、ロウ・ヌエルの伝統首長が若者武装集団、ホワイト・アーミーの若者のリーダーを連れて、同様に、ムルレの伝統首長がムルレの武装集団を率いる若者のリーダーを連れて、これら若者同士の対話を行う機会と場所を設けた。この成果は、双方の若者リーダーが和平への積極的な関与を約束し、ロウ・ヌエルの若者とムルレの若者が交流することを優先事項として合意した。また、国境地帯に白旗（戦意がない意志の表明）を立てることに合意した。その合意の意思は、代表者全員が生贄にされた白い牛の上を歩き、一本の槍に手をかけて合意への宣誓をするという伝統的な儀式によって確認された。[55] これは、次世代に遺恨を残さない、つまり暴力の連鎖を次世代の指導者が断ち切るという重要な役割を、伝統的な首長がその立ち合いのもと、次世代のリーダーに託したと考えられる。

先行研究では、アクターが増えれば交渉が難航するなど、包括性の問題が指摘されており、[56] その問題を克服する方策として、南スーダンの場合、国際社会が外的規範をもって、トップダウン的に解決策（例えばR-ARCSS）を提示し、国内の多様で意見も異なるアクター全員から一挙に合意を得ようとした。だが、南スーダンには約六四の民族が存在する。[57] この「民族」という区分自体が政治的に操作された可能性があることも指摘されている。[58] この多様性かつ複雑性を顧みれば、紛争解決や和平実現の方法は一つである必要はない。アクターの数だけそれぞれの方法があるならば、また、地域に根ざす慣習等を活かすならば、和平実現の選択肢や紛争解決策は一つである必要はないだろう。以上より、南スーダンの現状から学べることは何か、次節で整理を試みたい。

(2) 南スーダンの教訓と課題

国際社会の仲介だけでは、二〇一三年に発生した南スーダンの内戦を沈静化し、二度目の和平合意と国民統一暫定政府を成立させることは出来なかっただろう。しかし、第三アクターであるカトリック・コミュニティが加わり、軍閥エリート間の和平合意のプロセス、特に、遺恨と和解、信頼醸成のプロセスに介入したことは有効であった。また、民族間・民族内の武力紛争解決には、そのコミュニティや地域の慣習や規範の良い面（例えば慣習法に基づく紛争調停、草の根レベルでの和解会議等）が有効なケースもあり、伝統的な首長が次世代の若者のリーダーに和平に関与させ、遺恨や暴力の連鎖を断ち切る役割を与える意義は大きい。

和解と信頼醸成のプロセスには、多くの時間と忍耐力が必要とされる。相手側の内情に理解を示し、柔軟に物事を対処する紛争解決能力が求められる。一方で、武力紛争下の過酷な環境にさらされる人々の状態から、国際社会はそのような猶予はないと考えた。だが、早急かつ強引に推し進めた国連や国際社会の武力紛争への介入の方法には明らかに限界があり、少なくとも南スーダンには不適切だった。苦難の末に成立した和平再合意（R-ARCSS）であるが、課題は、その設計図通りに、和平を実現できるかどうかである。まず、国民総選挙は、現在の暫定政府が発足してから三年以内（二〇二三年）に行われる必要があった。しかし、他国の統治制度や法的支配のモデルをそのまま南スーダンに適用しても失敗し、武力紛争が再燃する可能性が高い。そのため、これまでの教訓から学ぶならば、多様なアクターが関与し、数多くの方策を試すことも有効であろう。但し、互いの違いや利権が武力紛争にエスカレートしないように、これら多様なアクターを、紛争を予防するシステムづくりにも参加させるべきである。

おわりに

南スーダンの国家建設はまだ黎明期であり、この国にとって重要な課題であることに変わりはない。しかし、国際社会が、その支援問題の複雑性、さらには南スーダン政府の統治機能の問題にナイーブであり続けることは、武力紛争を誘発し、南スーダンの軍閥ＳＰＬＭ／Ａの現地に根付いた統治機能や体制をそのまま支援することになりかねず、正当性のある国家建設とはならない。なぜなら、和平合意をしても、南スーダンを実際に動かしているのは軍政エリートである。また、軍政マーケットプレイスの存在や、それに基づき発展してきた独自の慣行・内的規範は、国際社会の求める規範とは相反する。これらを理解しなければ、どれだけ大規模な国際支援であろうとも、南スーダンの国家建設はうまく進まないのである。

加えて、南スーダンは内戦が長期化・複雑化するメカニズムを抱えている。第一に、オイルレンティア国家であり、軍政マーケットプレイスが非常に発達し、機能している。軍政は国会より影響力がある。文民統制が欠如し、少数の政治エリートと軍幹部が統治の実権を握っている。独立以来、政権交代もまだ一度も行われていない。第二に、南部スーダン時代から築かれてきた独自の統治機能・制度の構築は、その軍政マーケットプレイスで行われる取引や、それに参加するアクターの策略によって発展した。さらに、紛争当事者らは、国家建設支援という文脈を利用し、オイルマネーだけでなく、人道支援を第二のレントとして、独自の内的規範に基づく統治制度に組み込んで武力紛争に流用した。これは国際社会側の国家建設支援の死角であった。第三に、その負の遺産として、この独自の内的規範と（対）外的規範が併存し、現在の南スーダンの統治機能や制度としてそのまま受け継がれている。そして、南スーダンで武力紛争が継続するのは、これら三つの要因に加えて、この内的規範に関わる根本的な問題、特に人々の抱える遺恨も原因として挙げられよう。前述のピエリ地域の首長やカトリック・コミュニティが諭すように、この遺恨を理解して和解しない限り、紛争の解決も、政府の統治機能を築くという意味での国家建設も不可能である。

　これらを理解し、次への教訓とすることは、今後の南スーダンの国家建設を探る上で重要である。特に、その構造改革がまだ内側から十分に行われない中で、国際社会が権力分有を中心にR-ARCSSを急進することにも注意を要する。国際社会の武力紛争介入や人道支援も、この構造を助長するものであってはならない。しかしそれでも、失敗に学び適応しながら国家建設に挑戦するという選択肢はまだ残されている。武力紛争の影響を受けた社会を再構築し、信頼できる政府を樹立するプロセスは、南スーダン共和国にとって重要であることに変わりはない。これまで紛争当事者やその影響を受けた全ての人々が、国家建設のために再び結束できるかどうかにかかっている。但し、彼らがスーダン政府から独立のために団結し戦ったことと、国家建設のため協働することとでは、異なる能力が求められる。それは、特定の民族やグループではなく、一人一人の人権を尊重し、全ての人々を国民として包摂し、その全ての国民に開かれた国家建設を行う決意と実行力である。武力紛争に逆戻りする道を選ぶのか、それとも、適応型の平和構築アプローチを模索しながら、もう一度、国家建設に取り組む道を選ぶのか。その選択の権利は南スーダンの人々の手中にある。第三アクターとしての国際社会は、後者を選択できるように、支援のあり方を再考する必要があるだろう。国家建設の道のりは長く、南スーダンは今、その岐路に立たされている。

（1）Africa Center for Strategic Studies, *South Sudan Peace Negotiations and Violence* (2017), https://africacenter.org/spotlight/timeline-of-south-sudan-peace-agreements-and-violence（二〇二〇年一〇月四日）。

（2）篠田英朗「国際社会の歴史的展開の視点から見た平和構築と国家建設」『国際政治』一七四号、二〇一三年、一三―二六頁。篠田英朗『平和構築入門 その思想と方法を問い直す』筑摩書房、二〇一三年、二一六―二三九頁。

（3）C. de Coning, "Adaptive peacebuilding," *International Affairs*, 94-2 (2018), pp. 301–317.

（4）上杉勇司「国家建設と平和構築をつなぐハイブリッド論」藤重博美他編『ハイブリッドな国家建設：自由主義と現地重視の狭間で』

ナカニシヤ出版、二〇一九年、八一—一〇四頁。
（5）西川由紀子「紛争後の国家建設の死角と国際社会の課題」『国際政治』一七四号、二〇一三年、二七—四〇頁。
（6）武内進一「序論　紛争後の国家建設」『国際政治』一七四号、二〇一三年、一—一二頁。
（7）S. de Simone, *State-Building South Sudan: International Intervention and the Formation of a Fragmented State* (Brill, 2022), pp. 1–12.
（8）長谷川祐弘『国連平和構築』日本評論社、二〇一八年、九〇—九三頁。
（9）井上実佳「国際平和活動の理論と実践」井上実佳他編『国際平和活動の理論と実践——南スーダンにおける試練』法律文化社、二〇二〇年、一—一六頁。
（10）栗本英世『民族紛争を生きる人びと——現代アフリカの国家とマイノリティ』世界思想社、一九九六年、八五—一五三頁。
（11）A. de Waal, *The Real Politics of the Horn of Africa: Money, War and the Business of Power* (Polity, 2015), pp. 128–153.
（12）UN, *S/RES/2132 (2013)*, *https://digitallibrary.un.org/record/762863*,（二〇二三年一二月一日）。
（13）J. Brosché and K. Höglund, "Crisis of Governance in South Sudan: Electoral Politics and Violence in the World's Newest Nation," *The Journal of Modern African Studies*, 54-1 (2016), pp. 67–90.
（14）G. Clooney and J. Prendergast, *War Crimes Shouldn't Pay* (The Sentry, 2016), pp. 4–48, https://cdn.thesentry.org/wp-content/uploads/2016/09/Sentry_WCSP_Finalx.pdf（二〇二三年一二月一日）。
（15）H. F. Johnson, *South Sudan: The Untold Story from Independence to the Civil War* (Bloomsbury Publishing, 2016), pp. 179–223.
（16）IGAD, Agreement of the Resolution on the Conflict in Republic of South Sudan, (Addis Ababa, 17 August 2015), https://unmiss.unmissions.org/sites/default/files/final_proposed_compromise_agreement_for_south_sudan_conflict.pdf（二〇二〇年一〇月四日）。
（17）Government of the Republic of South Sudan, *Statement of H.E. President Salva Kiir Mayardit to the Nation of the Agreement of the Resolution of the Conflict in the Republic of South Sudan* (GRSS, 2015), https://carleton.ca/africanstudies/wp-content/uploads/GRSS-reservations.pdf（二〇二〇年一〇月四日）。
（18）松波康男「南スーダンにおける紛争解決合意（ARCSS）署名を巡るIGAD加盟国の関与」『アフリカレポート』五七巻、二〇一九年、一—一二頁。
（19）UN, *S/RES/2304 (2016)*, https://digitallibrary.un.org/record/837067,（二〇二三年一二月一日）。
（20）Africa Center for Strategic Studies, *op.cit.*
（21）S. A. Onapa, "South Sudan Power-Sharing Agreement R-ARCSS: the Same Thing Expecting Different Results," *African Security Review*, 28-2 (2019), pp. 75–94.
（22）M. Pinfari, *Peace Negotiations and Time: Deadline Diplomacy in Territorial Disputes* (Routledge, 2013), pp. 15–37.
（23）L. de Vries and S. Mareike, "South Sudan's Civil War Will Not End with a Peace Deal," *Peace Review*, 29-3 (2017), pp. 333–340.
（24）ICG, *Oil or Nothing: Dealing with South Sudan's Bleeding Finances, Africa Report No. 305* (ICG, 2021), pp. 3–28, https://icg-prod.s3.amazonaws.com/305-south-sudan-oil_0.pdf（二〇二三年一二月一日）。
（25）*Ibid.*, pp. 6–10.
（26）A. de Waal, "When kleptocracy becomes insolvent: Brute

causes of the civil war in South Sudan," *African Affairs*, 113-452 (2014), pp. 347–369.

（27）Saferworld, *Civilian disarmament in South Sudan: A legacy of Struggle* (2012), pp. 4–14, https://www.files.ethz.ch/isn/140727/South%20Sudan%20civilian%20disarmament.pdf（二〇二二年一二月一日）。

（28）M. Mores, *Overview of corruption and anti-corruption in South Sudan (2013)*, https://www.u4.no/publications/south-sudan-overview-of-corruption-and-anti-corruption.pdf（二〇二〇年一〇月四日）。

（29）Johnson, *op.cit.*, pp. 16–56.

（30）de Waal, (2015). *op.cit.*, pp. 25–50.

（31）de Waal, (2014). *op.cit.*, pp. 347–369.

（32）Johnson, *op.cit.*, pp. 57–96.

（33）de Waal, (2014). *op.cit.*, p. 348.

（34）R. Twijnstra, "Recycling Oil Money: Procurement Politics and (Un)productive Entrepreneurship in South Sudan," *Journal of Eastern African Studies*, 9-4 (2015), pp. 685–703.

（35）Ø. H. Rolandsen, "Another Civil War in South Sudan: the Failure of Guerrilla Government?," *Journal of Eastern African Studies*, 9-4 (2015), pp. 163–174.

（36）Africa Center for Strategic Studies, *op.cit.*

（37）UNHCR, *South Sudan Regional Refugee Response Plan*, pp. 6–13, https://reporting.unhcr.org/sites/default/files/South%20Sudan%20Regional%20Refugee%20Response%20Plan%20-%20March%202021.pdf（二〇二二年一二月一日）。

（38）F. Rivelli, *South Sudan Gender Based Violence Research on Sexual Assault: Doro Yusuf, Batil, Kaya, and Gendrassa Refugee Camps in Maban* (DRC, 2015), p. 12, https://reliefweb.int/attachments/f8613b8a-d0d6-3b25-96b0-862f5161fa97/GBV%20Report%20Maban%20County%20Aug%202015%20funded%20by%20BPRM.pdf（二〇二二年一二月一日）。

（39）村橋勲『南スーダンの独立・内戦・難民——希望と絶望のあいだ』昭和堂、二〇二〇年。

（40）T. G. Weiss, *Humanitarian Business* (Polity, 2013), pp. 129–146.

（41）Norwegian Refugee Council, *South Sudan: Food Aid for Food Victims Looted in Attacks on NRC Warehouses* (NRC, 2022), https://www.nrc.no/news/2022/february/south-sudan-food-aid-for-flood-victims-looted-in-attacks-on-nrc-warehouses（二〇二二年一二月一日）。

（42）小林綾子「アフリカの内戦における人道アクセス問題と反乱軍」『国際政治』一八六号、二〇一七年、八〇—九六頁。

（43）UN, *Statement by Ms. Sara Beysolow Nyanti, Humanitarian Coordinator in South Sudan on attacks on civilians and aid workers,* https://www.unocha.org/south-sudan（二〇二二年二月二二日）。

（44）Clooney and Prendergast, *op.cit.*, pp. 47–52.

（45）Amnesty International, *Republic of South Sudan: Arms embargo, sanctions fail at UN Security Council* (2016), https://www.amnesty.or.jp/en/news/2016/1228_6574.html（二〇二〇年一〇月四日）。

（46）A. Day *et al.*, *UNMISS Renewal: Risks and Opportunities in an Uncertain Peace Process* (NIIA, 2021), pp. 13–14, https://effectivepeaceops.net/wp-content/uploads/2022/01/EPON-UNMISS-Mandate-Renewal-2022.pdf（二〇二二年一二月一日）。

（47）Sudan Tribune, *IGAD threatens to label non-signatories as spoilers of peace* (November 16, 2018), https://sudantribune.com/

article64760（二〇二〇年一〇月四日）。

（48）R. Muhumuza, *South Sudan's Leader Wins Dubious Spoiler of Peace Award* (*Associated Press*, February 20, 2020), https://www.voanews.com/a/africa_south-sudans-leader-wins-dubious-spoiler-peace-award/6184003.html（二〇二〇年一〇月四日）。

（49）栗本英世「南スーダン共和国のゆくえ」冨山一郎他編『コンフリクトから問う――その方法論的検討』大阪大学出版会、二〇一二年、三五―七〇頁。

（50）South Sudan Peacebuilding Opportunities Fund (SSPOF), *Adaptive Peacebuilding in Greater Jonglei* (CSRF South Sudan, 2021), https://www.csrf-southsudan.org/repository/adaptive-peacebuilding-in-greater-jonglei（二〇二二年一二月一日）。

（51）Sant' Egidio, *Rome Declaration on the peace process in South Sudan* (January 12, 2020), https://www.santegidio.org/downloads/Rome-Declaration-on-the-peace-process-in-South-Sudan.pdf（二〇二二年一二月一日）

（52）C. Zucconi, "Beyond Official Negotiations: the Experience of the Community of Sant'Egidio," in M. Leiner and C. Schliesser, eds., *Alternative Approaches in Conflict Resolution* (Palgrave Macmillan, 2018), pp. 37–46.

（53）栗本英世「南スーダンにおける草の根平和構築の限界と可能性」小田博志他編『平和の人類学』法律文化社、二〇一四年、二一七―四八頁。

（54）栗本、前掲書、二一七―四八頁。

（55）SSPOF, *op.cit.*, p3.

（56）de Vries and Mareike, *op.cit.*, pp. 338–339.

（57）Johnson, *op.cit.*, pp. 16–56.

（58）橋本英莉「実態と虚構のはざまを生きる」児玉谷他編『地域研究へのアプローチ――グローバル・サウスから読み解く世界情勢』ミネルヴァ書房、二〇二一年、二一七―四八頁。

〔付記〕本稿は科学研究費基金（19K23184）の研究成果の一部である。二名の査読者、編集者、井手歩氏（協力）に感謝の意を表する。

（やまだ　まゆみ　立命館大学）

日本国際政治学会編『国際政治』第210号「岐路に立つアフリカ」（二〇二三年三月）

アフリカにおける政治体制変動の評価をめぐって
――「新自由主義的専制体制」の生成メカニズム――

遠藤　貢

はじめに

今日世界各地においてリベラル・デモクラシー（1）とされる政治体制のあり方が様々な挑戦にさらされていることに異論を差し挟む余地はほとんどない。二〇二一年版のフリーダムハウスの報告書は「反民主主義的転回（Antidemocratic Turn）」というタイトルを冠し、さらに最新の二〇二二年版のフリーダムハウスの報告書では、「権威主義的支配のグローバルな拡大（Global Expansion of Authoritarian Rule）」というタイトルが採用されている。二〇二二年版では、フリーダムハウスのデータ上は、過去一六年にわたり、後退（Declined）した国の数が改善（Improved）した数を大幅に凌駕していると指摘されている。ただし、リベラル・デモクラシーが具体的にどのような課題に直面しているのかについては、改めて精査が必要であろうし、そこには地域的な相違や特徴があることにも一定の考慮が必要である。加えて、「民主主義の後退」（Democratic Recession）という現象をめぐっては、国際的なデータスコアを用い、その平均値の変化がほとんどないことから、二〇〇〇年代において民主主義が全体としては安定傾向を示しているとみる議論も存在し、実際に生起しているのは権威主義の強化だとする主張が行われてもいる（2）。二〇〇〇年代と今日には時期的なズレこそあるものの、「民主主義の後退」とされる現象についてより慎重な学術的な検討が求められる。

また、近年の議論においても、こうした様々な挑戦の現状をとらえる際の概念化は極めて多様である。例えば、フリーダムハウスの二〇一九年版の報告書では「民主主義の後退、あるいは退行（Democracy in Retreat）」という標題が掲げられているものの、本文には「民主化の巻戻し」（Democratization Rollback）、あるいは従来から用いられているバックスライディング（Backsliding）、「民主主義の溶解」（Democratic Erosion）などの概念が併用されている。また、アメリカの文脈では「溶解」の他に民主主義への「攻撃」（Attack）といった概念化の下での評価がなされており、現状において民主主義が様々な試練に立たされているという認識が伝わってくる。社会の二極化によってもたらされた内側からの「合法的な独裁体制」の構築に対する危機意識から「民主主義の死」という表現まで現れてきたことにもこうした認識は共有されている(3)。しかし、このように同時に多くの概念が現れていることで、多様な問題の広がりを十分に分析的に整理しきれておらず、世界的に生じている多様な現象に関わる評価をめぐって混乱を来しているようにも見受けられる。

そこで本稿では、改めて現在のリベラル・デモクラシーを取り巻く諸課題について、錯綜する概念群を整理・確認する予備的な作業を行った上で、サハラ以南アフリカ（以下アフリカ）における政治体制の変容を取り上げ、その地域的特徴と、その特徴が現れる要因の検討を試みたい。とりわけ以下で行う概念整理の中における専制化（autocratization）をその特徴として検討し、その中でも「新自由主義的専制体制」（neoliberal autocracy）あるいは「新自由主義的権威主義」（neoliberal authoritarianism）ととらえられる政治体制のあり方を提示し(4)、その生成メカニズムを考察する。

一　民主主義体制への挑戦への概念化と現状への評価

本稿で主に対象とするアフリカに関しても「民主主義の後退」現象は近年論じられてきたが、それ以上に世界各地における（既存の）民主主義体制をめぐって生じる様々な課題についていろいろな概念化が行われてきた。以下、確認もかねて関連する概念を整理する作業を行っておきたい。

(1) リベラル・デモクラシーと「脱定着化」（democratic deconsolidation）

まずは、リベラル・デモクラシーとして提起されている体制をどのように考えることから出発すべきであろう。ここでは、ロバート・ダール（Robert Dahl）のポリアーキーを参照したヤシャ・モンク（Yascha Mounk）の提示する以下のようなシンプルな定義から始めたい。

・民主主義とは人々の考えや見解（popular views）を効果的に公共政策に翻訳する拘束的な選挙制度群（a set of binding electoral institutions）である（なお、モンクはここに「自由で公正な選挙」を明記していないが、制度の中には含意されていることに注記では触れている）。

・リベラルな制度とは、効果的に法の支配を守るとともに、表現、信仰、結社などの自由を（民族的、宗教的マイノリティを含む）すべての市民に保証するものである。・リベラル・デモクラシーは、シンプルに、リベラルであるとともに民主主義的な政治システム、つまり個人の権利を保護するとともに人々の考えや見解を公共政策に翻訳する政治システムである。[5]

このような定義を与えることにより、モンクは一定の概念操作の可能性を示唆する。つまり、リベラル・デモクラシーは、リベラルではない民主主義（illiberal democracy）、あるいはリベラルだが民主主義的ではない体制（undemocratic liberalism）に変質しうるという方向性を見いだそうとする。前者は、多くの支持者が独立した制度を執政者の意にかなう従属的な位置づけにすることを支持したり、少数者の権利を阻害することに与したりする状況にある場合に起こりうる。また、後者は、特定の政治エリートの利益を利するように政治システムがゆがめられ、選挙を実施しても人々の考えが公共政策に反映されることがまれな状況では生じうる。モンクは前者を「諸権利なき民主主義」（Democracy without Rights）、後者を「民主主義なき諸権利」（Rights without Democracy）とも呼んでいる。こうした概念化を通じて、民主主義とリベラルな制度を組み合わせてきたリベラル・デモクラシーが分解（分裂）するユニークな動きが、二一世紀の歴史の一つの特徴となると考えている。[6]

また、モンクら[7]は、こうした動きに関して、従来の民主化の「移行」「定着」論に重ねる形で、民主化は「町の唯一のゲームとなる」方向に進む一方向的な動きではなく、「定着」の逆転（反転）としての「脱定着化」という概念化を行い、こうした動きが起こりうることに改めて研究上の注意喚起を行っている。ただし、特にモンクは、欧米を中心とした先進諸国を念頭に議論を行っており[8]、リベラル・デモクラシーを構成する二つの制度がことごとく劣化、あるいは後退する体制に至ることまでは想定されていないようにも読め（事例としては両者がすでにうまく機能していない「独裁体制」としてロシアが例示されているが）、この点は他の概念化の検討も踏まえたうえで改めて検討の余地があろう。

(2)　民主主義体制のバックスライディング

民主主義体制の後退現象については、上述のような概念化が行われてきたが、ここで概ね共通して捉えられているのは、その現象が軍事クーデタなどにより、目に見える形で劇的に起こる「崩壊」（breakdown）現象ではなく、より漸進的、そしてよりひっそりと（clandestine）展開する点に特徴があることである。ラテンアメリカ、中東や東欧で観察される現象をめぐって、民主主義体制のバックスライディングととらえる概念化の検討を行ったベルメオ（Nancy Bermeo）も、この点に関して、「現存する民主主義を支える何らかの政治制度を国家主導で弱体化させたり廃止したりする」ことを含意していることに言及している。[9] 無論、概念上バックスライディングは、急激な民主主義体制の変革を含むことを考慮しつつ、特に冷戦後、ベルメオの設定する六つの構成要素のうち三つの要素において、その役割が後退しているとしている。[10] その三つとは、古典的な（軍人や他の政治エリート主導の）クーデタ、執政者のクーデタ（自己クーデタ）、選挙日当日の不正である。自己クーデタとは、自由で公正な選挙で選ばれた執政者が権力強化を目的として憲法停止などを行う場合である。また、選挙日当日の不正は、開票集計の不正や投票箱に関する不正などであり、アフリカ諸国での国際的な選挙監視の導入などの影響がその後退の背景にあると考えられている。[11]

しかし、残る三つの要因が依然としてバックスライディングを引き起こしている。[12]第一は、民主的な適法性を擁護し、（可能な限り早いタイミングでの）選挙の実施と民主主義の回復をあらかじめ約束した形で、選挙で選出されている政権の追放を行う、「約束の上でのクーデタ」（promissory coups）とでも呼べる現象である。第二は、執政者の強権化（executive aggrandizement）である。これは、選挙で選出された執政者が執政権への抑制を弱体化させるために、様々な制度変更や反対勢力の力を阻害する企てであり、時間をかけて行う点に特徴がある。そして、第三に、戦略的選挙操作（strategic election manipulation）である。これは、選挙当日ではなく、選挙に関わる一連の過程において現職に有利なようにその過程を操作するものであり、「競争的権威主義」（Competitive Authoritarianism）における議論での不公平なプレイイング・フィールドとして評価された点と重なっている。ここに示されているのは、民主主義体制のバックスライディングは、短期的にそして劇的に展開する現象から、極めて漸進的に進む現象に変化してきているという点であり、そうした「忍び寄る」挑戦を学術的にも精査する必要が出てきていることを示唆するものである。

また、ベルメオの指摘で興味深い点は、上述のバックスライディングの傾向が、冷戦後に進められてきた国際的な民主化促進の動きへの「合理的な」対応様式を示していることである。[13]少なくとも正統な政権の樹立のために選挙という手続を経ることに一定の合意が得られる状況になってきていることは、実質的にはその制約が弱まる傾向が「選挙権威主義」（Electoral Authoritarianism）や「競争的権威主義」といった体制評価に現れてきたものの、それは一方で民主化を進めようとする取り組みが部分的に成功してきたことを示す皮肉な証明になっているというのである。もし、選挙が「町の唯一のゲーム」でないという考え方が広まっていたとすれば、戦略的選挙操作といった、より多くの資源を使わなければならない手法をあえて用いる必要はないという点にも、民主化促進の影響が現れているとする解釈が示されている。

ここに示されているバックスライディングの傾向を、モンクの提起した民主主義とリベラルな制度のそれぞれの後退現象と重ねて考えると、次のように考えられる。形式的には選挙実施という民主主義制度の維持を見せかけながら、実質的に民主主義のプレイイング・フィールドの操作を行うとともに、リベラルな制度をも浸食する形で、両者の機能を後退させる傾向が観察できる状況が生じているということである。そして、その後退が、民主主義やリベラルな制度のなんらかの「閾値」を越えて進んでいるのかを改めて検討する必要がある。

(3) 専制化（autocratization）

これまでの民主主義の後退に関わるいくつかの概念化を踏まえ、上述の「閾値」の問題にも関わる専制化という形での概念化を行っているのがV-Dem研究所のリューマン（Anna Lührmann）らである(14)。ここでは、「崩壊」、バックスライディング、専制化についての一定の考察が加えられており、特にバックスライディングについては、上述のベルメオなどの議論を検討し、それが以下の三つの点で問題を有した概念と評価している。第一に、バックスライディングはあくまでも民主主義体制という範疇の中での変動であり、すでに専制体制にある場合には民主主義体制のバックスライディングという形での評価は出来ないということである。この点はモンクの議論におけるロシアの事例が「脱定着化」の枠組みには入らないことと整合的な論点である。第二に、バックスライドした先は、それが何らかの新たな方向に向かっている可能性があるにもかかわらず、その体制がかつてあったどこかの歴史的時点での体制という含みを有している点である。そして第三に、バックスライディングが、非自発的で非自覚的な過程のいうニュアンスを持ち、現実の過程との齟齬を生んでいるという評価である。こうした点を踏まえて提示した概念の図式が以下のようなものである。

リューマンとリンドバーグは、専制化という動態を示すために、ここでは、民主主義の後退（democratic recession）を、民主主義体制という体制を維持する中で生起する専制化の現象として捉え、民主主義体制が専制体制にまで体制変動する場合を民主主義体制の崩壊という形で評価する（ただし、あくまでも概念的な議論でもあり、図の上では明示的に線引きされている専制体制と民主主義体制を分ける分岐点、「閾値」は何か、ここでの議論でもそれほど明確ではない）。そして専制体制下でより民主的な要素が弱体化していく現象を専制体制の定着として定義している(15)。

リューマンらは、上記の定式化を行ったあとでV-Demのデータを用いた計量分析を行い、現状において「専制化の第三の波」が一九九四年頃から始まっており、しかもその動きが新奇な特性を備えているという評価を行っている。その特徴としてあげているのが、ベルメオも指摘したように、古典的なクーデタの減少傾向の

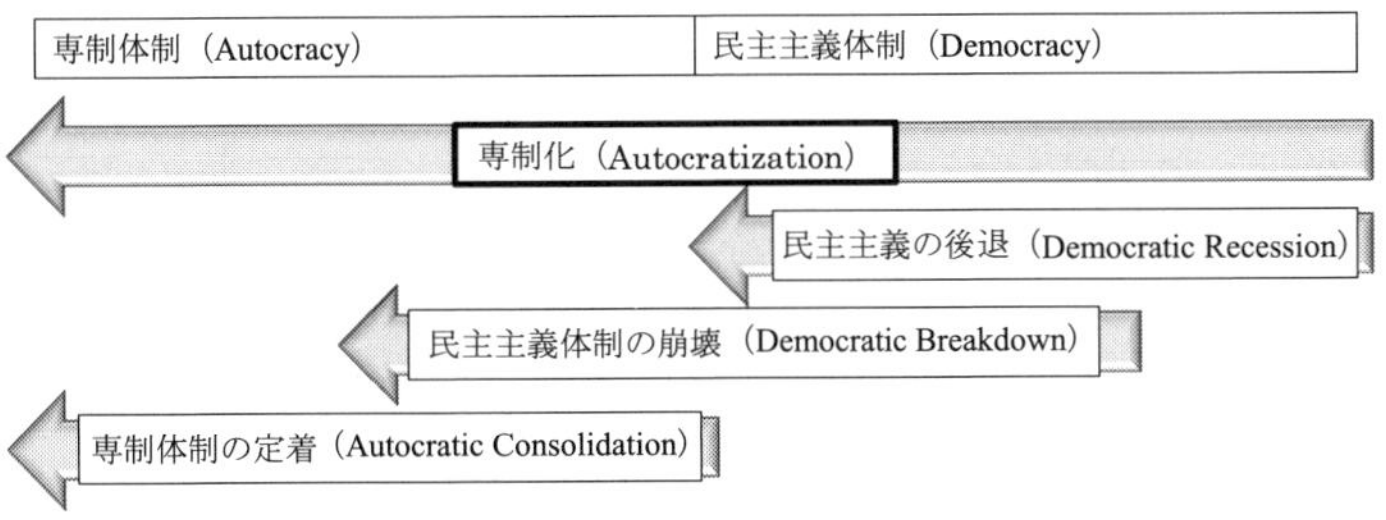

図1　民主化に逆行する専制化

出典：Lührmann, Anna and Staffan I. Lindberg, “A third wave of autocratization is here: what is new about it?,” *Democratization*, 26-7 (2019), p. 1110.

一方で、民主的な制度を廃止することなく、執政者が法的に、しかも漸進的に、しかし実質的に民主主義的な規範を損ねるような動きを示している点である。そして、民主主義体制内で生じている専制化の約六八パーセントは民主的な選挙で選出された現政権によって始められているという一つの結論が導き出されている（「専制化の第三の波」以前の専制化が軍事クーデタなどの手続で行われていた点は極めて対照的である）。さらに、ここで用いられている専制化率という指標（民主主義体制の質がどの程度の早さで失われているのかを量ろうとする指標）によれば、前の専制化に比べて極めて緩やかな速度で進んでいるという別の結論も得られている。

これまでの議論から明らかになるのは、「民主主義の後退」と捉えられる現象は、軍事クーデタなどにみられる「崩壊」現象のように目に見える形で生起するのではなく、内部からの緩やかな民主主義を支える政治制度の溶解を通じて現象化している面を持つケースが多く見られるということである。しかし、果たしてこうした傾向が今後も長きにわたり続き、多くの民主主義体制がその最小「閾値」を越え、民主主義の「終わり」や「死」といった状態に直ちに向かうのかについては、引きつづき検討が必要であろう。

二　アフリカにおける民主主義体制？

アフリカの政治体制は、冷戦終焉以降の約三〇年の時間の経過の中で検討する必要がある。冷戦終焉の当初は、複数政党制の下での自由で公正な選挙の実施を強く求める、いわゆる政治的コンディショナリティーという政治改革に関わる援助の条件付けを伴った西側諸国を中心とした国際的な民主化支援が実施された。こうした外からの民主化圧力の下で進んだアフリカ諸国の政治改革で生まれた、一九九〇年代のアフリカの政治体制は「選択肢なき民主主義」(Choiceless Democracy) という見方もなされた(16)。この動きは極めて短期間に、しかも表層的に複数政党制と選挙を導入するといった「改革」の下で進められた十分な制度化を伴わない体制変革という側面も有していた。

しかも、その後の国際援助の指向性が、必ずしも政治的な民主化ではなく、経済成長（あるいは「開発」）を重視する「ガバナンス」を重視するドナー側に姿勢にシフトしたり、さらには「対テロ戦争」という新たなアジェンダが加わったりした結果(17)、アフリカの政治体制の民主化は「停滞」状況にあるとの評価もなされてきた(18)。従って、アフリカにおける政治体制変動を検討する上での基本的な視座としては、「民主主義の後退論」が想定するような形で自由民主主義体制を起点として論ずることが出来る事例は、近年のベナンやセネガルなどの事例を除けば、必ずしも多くはないことである。言い換えると、上記の議論における、専制体制の定着として評価できる現象が多く存在する可能性に着目し、その要因を検討することがより重要である可能性を排除できないことでもある。

(1)　アフリカにおける政治制度

現代世界における民主主義体制への挑戦を考える過程で、新興民主主義国画素の多くを占めると考えられるアフリカに着目した場合、避けて通れない課題がある。これまで触れた研究群においては、いわゆる政治制度が基本的にはその役割としての拘束性を実現するということが前提としておかれている。しかし、アフリカの政治研究におけるより支配的な視座は、新家産主義概念に代表的に示されるように、フォーマルな制度の拘束力が極めて限定的であるというという前提に立ってきた点にある。

アフリカではむしろ、制度の拘束性を度外視する研究の視座（institution-less school）が従来支配的であった。ここではこの点について詳述はしないが、一九六〇年代後半以降のアフリカ政治研究の系譜の中に見いだしうる一つの特徴でもあった。チーズマン（Nic Cheeseman）は、一九六〇年代以降の系譜を提示し、その中核的概念として新家産主義が位置づけられたと指摘する。[19] そして一九九〇年代に入ると、（特に仏語圏における）フォーマルな制度を欠いた中での政治動態を描くシャバル（Patrick Chabal）らによる研究[20]が広く受け入れられたほか、ほとんどその制度的な様態に触れず、歴史的な背景を持つインフォーマルな制度群からなる産物として描かれたバヤール（J-F. Bayart）国家論[21]も同様の注目を集めた。

民主化の移行期に関わる初期の体系的な政治制度分析の事例としてあげることの出来るブラットン（Michael Bratton）らの研究[22]においても、制度の拘束性に関心を寄せながらも、アフリカの政治の中核的特徴としての新家産主義を扱わざるを得ない点に、その特徴を見いだすことが出来る。ここでは、新家産主義について、次の三つの属性によって規定される体制であるという見方が示されている。第一に大統領一極主義（presidentialism）である。これは、一個人の手に政治権力が体系的に集中している点を指し、他の国家機構が弱体化している側面である。第二に、体系化されたクライエンティリズム（systemic clientelism）である。これは政治的な支持を動員するクライエントとそれに対する物質的な報酬を提供するパトロンとの間に成立している互酬的関係であり、結果的に、パトロンたる政治的指導者による公的資源が私物化されるほか、レント（rent）を得るために経済への介入が見られる傾向を示している。第三に、国家資源の流用（use of state resources）であり、これによって体制の正統性を確保することを試みようとする特徴とされる。こうした特徴への関心から、アフリカにける政治研究においても、クライエンティリズムやエスニシティといったインフォーマルな制度への関心が強まる傾向が見られてきた。

とすれば、新家産主義体制が支配的な状況下において、果たしてそのあり方を制度的に保障するリベラル・デモクラシー、あるいは民主主義体制がそもそも「生まれるのか」「生まれてきたのか」ということも問題になる。リベラル・デモクラシーや民主主義体制がそれを保障する政治制度の上に成り立っており、その政治制度が溶解したり、浸食されたりする状況が民主主義の後退などと表現されるとすれば、そもそもアフリカのようにその制度化自体が不十分であり、インフォーマルな制度が政治動態を支配しているとすれば、そもそも起点としての民主主義が実現されておらず、民主主義の後退といった議論そのものがアフリカの文脈においては成り立たなくなってしまう。こうした傾向は、比較政治学において、フォーマルな制度の拘束力を前提としつつもよりインフォーマルな制度への着目が求められるとする発想[23]と対置される。アフリカ政治研究ではむしろ、制度を度外視する研究の視座が従来支配的であったことを再検討し、よりフォーマルな制度の影響（あるいはインフォーマルな制度との関係性[24]）を検討すべきであるとする議論がようやく現れてきた段階である。

こうした新たな潮流の中に、よりフォーマルな制度が一定の効果を示すとみる研究が表れてきていることも確かである。特に選挙と政党制に着目する形で、新家産主義体制の礎とも考えられてきたエケー（Peter Ekeh）の「二つの公共領域論」[25]への批判的な視座を示したチーズマンらの最近の研究では、「モラル」が欠如した公共領域として描かれる独立後のアフリカにおける国家の中にも、特定の民族などにのみ政策的な便宜を図ることのみを志向しない制度手続きを重視した政治家が観察されるようになっていることが指摘されている[26]。ここでは、ガーナ、ウガンダ、ケニアの比較分析が行われているが、特にガーナにおいて、特定の民族利益を超える統治に関わる価値意識（civic virtue）を有した政治家の登場に焦点が当てられている。無論、こうした現象が広くアフリカで観察されている訳ではなく、制度化に一定の着目をした分析を行うことは、新たな課題の段階であることは論を待たない。

(2) 新家産主義制の問題とV-Demでの指標化

上述した新家産主義体制と民主主義の関係性の問題に関わる懸念を幾分払拭するような検討も近年行われている。これまでインフォーマルな制度としてその実態を質的にすら確実に捉えられていない部分の多い新家産主義体制を、量的なデータを用いてとらえ、その民主主義への影響を検討する試みがV-Dem研究所で行われている[27]。ここでは、新家産主義体制を、ブラットンらの研究の定義であげられている三構成要素（大統領一極主義、クライエンティリズム、国家資源の流用＝「汚職」）として捉え、それぞれに関わる一六項目のデータからそれぞれ三構成要素の指標を作るとともに、一六項目のデータを合わせた形で、「新家産主義」指標を作成している[28]。その上で、果たして新家産主義は、民主主義を制約するのか、あるいは民主主義を実現する上での障害になるのかということが問われている。ここでは「新家産主義的民主主義」（neopatrimonial democracy）という、これまでの研究系譜に照らせば語義矛盾を含んでいるようにもとれる概念化が行われているが、以下で述べるように、新家産主義的な要素を一部含んだ民主主義体制が不可能ではないという認識を示している点では、興味深い。

ここで示されている分析結果をあげておきたい。一般的には、新家産主義体制については、三つの構成要素を不可分の形で想定する議論が従来一般的であったが、ここであえて要素分解する形での指標化を行ったことにより、見えにくかった問題が浮き彫りになっている。まず、アフリカにおける新家産主義体制に関してである。新家産主義指標を用いた分析においては、他の途上地域と比べて、アフリカの政治体制だけが取り立てて新家産主義的であったといいきることは出来ないということが指摘される。無論、アフリカにおいては新家産主義体制という属性を維持し続けてきたことは確かなことではある。

しかし、民主主義との兼ね合いでいえば、特に大統領一極主義という要素が民主主義の持続や向上に関しては統計上有意な負の相関関係がある（ただし、民主主義的ではない体制では、大統領一極主義の影響はやや曖昧な傾向がある）という結果である。また、新家産主義体制を構成している他の二つの要素（クライエンティリズム、国家資源の流用＝「汚職」）は、民主主義体制の導入後、その体制を維持出来るか否か、あるいは民主化向上に関しては曖昧であるとの結論が導き出されている。

従って、一般的に三つの要素を合わせて考える場合の新家産主義と民主主義の関係は、これまで無自覚に負の影響を与えると想定してきた前提ほど明確ではないという結論が導きだされている。むしろ、アフリカにおける民主主義の後退や専制体制の強化といった現象においてより注目すべき課題として、大統領一極主義という権力集中がより重要な課題である可能性が示唆されているともいえる。[29]

だとすれば、アフリカにおいて大統領一極主義をより強化する変化が観察されるのか、そしてそれはどのような要因によって生じているのかを問うことが、アフリカにおける民主主義の後退現象やそこに関連するアフリカにおける政治体制の特徴を精査する上での一つのヒントになるテーマとなると考えられる。

三　新たな視座

(1)「新自由主義的専制体制」

リベラル・デモクラシーの実現とは一線を画す形での展開ではあるものの、ベルメオが指摘したような形で、国際的な民主化促進の動きへの「合理的な」対応様式を示すとともに、経済的な新自由主義時代の改革要請にも適応した形で、新たな政治体制が構築されている現状があると考えられる。こうした政治体制は、政府の介入主義的開発政策と高い経済成長と特徴付けられた開発主義と結びついた権威主義体制としての「開発権威主義（Developmental Authoritarianism）」という概念のもとで検討されてきた体制でもあるが、[30]他方「外」からの強い要請への適合という関係性の中に構築されてきた点に鑑みると、新たな体制評価の可能性が出てくると考えられる。そこで、以下においては、今日的な援助の潮流の中で許容される「新自由主義的専制体制」という新たな政治体制カテゴリーとして評価可能との概念提示を行い、こうした体制の出現のメカニズムを検討したい。

アメリカの政治哲学者であるブラウン（Wendy Brown）はこうした評価にも関わる問題について、「民主主義だけではなく、正義の性質そのものについての論争もまた、グッド・ガバナンスの今日的規範によって、そしてガバナンスを問題解決と連携させる動きによって、とってかわられる」とし、新自由主義時代におけるガバナンス概念によって、民主主義が純粋に手続き的なものに再定式化されていくことへの注意を喚起している[31]。そして、「ガバナンスによって再定式化された民主主義は、参加者がベンチマーキング、合意形成、政策作成と実施のプロセスに統合されることを意味する。市民参加は『同意』に還元される[32]」。

こうした観点に立ち、アフリカを取り巻く近年の援助潮流を考慮すれば、新自由主義時代に適合したガバナンスに担保され、国際社会において必ずしも民主主義の追求を求められない新たな政治体制のモデルとして「新自由主義的専制体制」を考えることが可能である[33]。ここにおいては、これまでのモデルであったリベラル・デモクラシーという政治体制の中で求められたリベラルな制度としての様々な自由は、経済成長やそのための政府の施策の効率性や正統性に置き換えられ、その実現は求められない。加えて、人々の考えや見解を公共政策に翻訳する政治システムとしての民主主義も実質的には求められず、あくまでも選挙実施などの形式的対応で代替可能となる。こうした概念化は近年の論文集で用いられている事例がないわけではない[34]。ただし、本稿で検討しようとする体制評価とは明らかに異なる緩やかな概念化と考えられ、新自由主義の時代に誕生した権威主義と言った意味を超えるものではない上に、権威主義的新自由主義（Authoritarian Neoliberalism）といった概念と相互互換的にも用いられるなど、精緻化は試みられていない。

むしろ本稿の問題意識と類似した問題提起は、アフリカにおける援助と権威主義という問題を検討したハグマン（Tobias Hagmann）らの議論に現れている。彼らの関心は、民主主義体制の後退といった詳細な体制評価そのものの焦点を当てているわけではないが、この問題点に関わる指摘を引用しておく。

「我々が目撃しているのは、被援助国（recipient countries）における非自由主義的な専制政治的近代（illiberal autocratic modernities）である。ここでは、政治エリートが権威主義的な政治と効率、効果、実績を強調する（新）自由主義の言説を効果的に融合している。・・（中略）従って、海外からの援助は、専制的な統治とリベラル・デモクラシーの装いを結合させた現代アフリカにおける非自由主義的な体制を生み出し、維持し、正統化することを手助けする役割を担っている[35]」。

ここで取り上げたアフリカにおける「新自由主義的専制体制」は、国際社会からの様々な支援という文脈を外しては考えることが出来ない。しかも、これらは極めて自立的に、そして専制的なアフリカの指導者によって能動的に形成されているということでもある。

そして、こうした体制の登場と不可避に結びつけられる、アフリカをめぐる政治研究における重要な視座が、外向性・外翻（extraversion）である[36]。この概念は、アフリカ社会（特にそのエリート）が（多くの場合不平等な）外的な環境から資源を動員する戦略としてとらえており、その資源を自らの政治的基盤の構築や経済的資源に転化することに、その意味を見いだしている。換言すれば、ある種の従属的な環境の中にあっても、アフリカの主体性を見いだそうとする点に、この概念の特徴がある[37]。たとえば、その実践者としてのウガンダ大統領ムセヴェニ（Yoweri Kaguta Museveni）について、チーズマンは、「ドナー等諸外国政府を巧みに操作することが『スポーツ』であったならば、ムセヴェニは、世界選手権とオリンピックのチャンピオンになれる」という指摘を行っている[38]。こうした現象がより顕著となるのは、二一世紀に入り、西側の対アフリカ援助の狙いの中には、一九九〇年代には主流であった民主化支援とは明らかに異なる条件が含まれるようになっていることを背景としている。こうした、視座にたち、アフリカにおける政治体制を改めて検討したい。

(2) 大統領一極主義からみた特徴的な政治体制の事例

シグマン（Rachel Sigman）らは、新家産主義を構成する三要素の相関関係についても検討を行っている[39]。概ね、三要素の間には相関関係を認めるとしているが、アフリカにおける政治体制の特徴を精査する上で着目すべきとして指摘した、大統領一極主義との他の二要素の関係において、外れ値の特徴を示している事例がある。大統領一極主義の値が相対的に高い中で、特徴的な国として、ルワンダ、エチオピア、エリトリアである。このなかでエリトリアは、憲法が停止されているアフリカにおいても極めて独裁的な体制であることから、ここでは検討する対象に含めない。しかし、ルワンダとエチオピアは、外れ値として非常に興味深い経験を有している国であるとともに、従来からも「開発主義的権威主義体制」として比較分析の対象となってきた国々である[40]。

近年においても、例えば、世界銀行が刊行している二〇一九年版「アフリカの鼓動」（Africa's Pulse）において、ルワンダとエチオピアは、ともに一九九〇年代までに経験した紛争とも関連する「脆弱性」（fragility）からの移行に成功した事例として位置づけられ、強化された制度、政策環境、サービス提供能力によって特徴付けられる[41]。そして、こうした取り組みの結果、民間企業にとってより投資しやすい環境が整備されてきたとの評価が行われ[42]、それが経済成長につながったとされる。両国に特徴的な傾向としては、農業と製造業の成長という点に見いだすことが出来る。さらには、紛争期の武装勢力をその組織的基盤とする指導者が、紛争後の政治体制構築を行ってきた共通項を有してもいる[43]。

ハグマンらが指摘するように、二〇一三年の段階でアフリカの被援助国のトップ一〇の中には、事実上の一党体制の下で民主的な政治参加の制限が大きく、政治的な反対勢力への抑圧的対応を行っているエチオピアとルワンダ（そしてモザンビークとウガンダ）が含まれており、西側の対アフリカ援助の狙いの中には、明らかに民主化支援とは異なる条件が含まれるようになっている。特に、エチオピアとルワンダは権威主義体制であるにもかかわらず、ドナーの視点からは「お気に入り」（donor darlings）となる共通要素を備えている。両国は、ガバナンスが「テクノクラティック」であり「開発主義」的であり、政治や権利に直接関わらないという論理でドナーを説得するとともに、時間の経過とともにより独裁的になる中でも援助額を増やすことに成功してきた「実績」を持つ。両国ともに、国家主導の開発の実現を指向するほか、地政学的にも（特に対テロ対策との関係において）アメリカや英国はルワンダ、そして特にエチオピアを重視する姿勢を示してきた[44]。

(3) ルワンダの事例

ここでは紙幅の制約から、上記の視座からルワンダを取り上げておきたい。

一九九四年のジェノサイド後に、軍事的に勝利して政権を樹立し、二〇〇〇年に大統領に就任したカガメ（Paul Kagame）を中心としたルワンダ愛国戦線（ＲＰＦ）は、国際社会からの支援も利用しつつ、自立的に開発を進める形で、紛争後の国家建設にあたってきた。この過程でその政策実施の主体性を担保するために用いてきたのが、いわゆるジェノサイド・クレジットとも言われる論理である。これは、ルワンダにおいてジェノサイドが起こったにもかかわらず、国際社会が関与しなかったことを利用して、ジェノサイド後の国際社会のルワンダの国内政治への関与の正統性を否定する論理である。ルワンダは、軍事的な政治構造と極めて強い個人的な政治手法をカガメ一人に集中したという意味での「専制体制」（autocracy）であり、モンクの定義に戻れば、リベラルな制度も整えられておらず多くの自由への制約がある上に、民主主義的な体制では全くない。

しかし、ドナーからの要求からも自立し、またルワンダ国内における抵抗勢力は極めて低いことに示されているように、カガメへの政治権力の集中は際だった特徴を示している[45]。そして、二〇一五年一二月一八日の実施された国民投票の結果、新たな大統領の任期を定めた憲法改正が、九八・三パーセントの支持率で成立した。この結果、二〇一七年実施の大統領選挙では暫定的な（誰でもが立候補可能な）移行期間として七年の任期を争い、さらに二〇二四年から五年任期・最大二期の新制度を導入することとなり、カガメ大統領は制度上二〇三四年まで大統領を務めることが可能になった[46]。

その一方において、堅調な経済成長と、良好な「ガバナンス」に支えられる形で、援助関係者の間で高い評価を得ている国の一つに数えられるルワンダは、「アフリカの奇跡」とも表される良好な経済運営が行われている。一人あたりの名目ＧＤＰは、一九九九年の二六三米ドルから、二〇一六年には七二九米ドルにまで上昇しているほか、貧困層の割合も今世紀初頭から約一〇年間の間に五八・九パーセントから四四・八パーセントに約一四パーセントもの減少がみられた。ただし、この間経済格差は拡大傾向を示しており、二〇〇〇年に四六・八パーセントだったジニ係数は二〇一三年には五〇・八パーセントに上昇した。

特記すべきは、世界銀行が国際開発協会（ＩＤＡ）対象国に関して行っている国別政策・制度評価（ＣＰＩＡ）評価[47]は、対象国中最高の四の評価を維持し続けていることである。さらに世界銀行のガバナンス指標（ＷＧＩ）においても、政治的安定性と暴力の不在、政府の有効性、規制の質、法の支配、そして汚職の統制に関しては、おおむね改善傾向がみられるほか、他の途上国に比べても一定の水準を達成している。この指標上唯一低いレベルにとどまってい

表 1　ルワンダに関するいくつかの指標

	2013	2014	2015	2016	2017	2018	2019	2020	2021	2022
GFS　PR					8/40	9/40	9/40	8/40	8/40	8/40
FH　PR	6	6	6	6						
GFS　CL					16/60	15/60	14/60	14/60	13/60	14/60
FH　CL	5	6	6	6						
CPIA	3.9	4.0	4.0	4.0	4.0	4.0	4.0	4.0	4.0	4.0

出典：各種データから筆者作成。

るのが、いわゆる民主化と関わる国民の「声と説明責任」にかかわる指標であり、国民の政治参加（自由かつ公正な選挙など）、結社の自由、報道の自由があるかどうかを計る指標である。他の民主主義の実現にかかる指標では、例えばフリーダムハウス（ＦＨ）では、二〇一六年までは政治的自由（ＰＲ）も市民的自由（ＣＬ）も六にとどまり、二〇一七年より導入されているグローバル・フリーダム・スコア（ＧＦＳ）でも、総合で最高一〇〇に対し二〇をわずかに超える水準で、ノット・フリーな状況は続き、ほぼ改善していない。

このようにルワンダは、グッド・ガバナンスや開発という観点からは非常に高く評価される体制である一方において、リベラルな制度の実現や民主主義という観点からは多くの課題を抱えている体制であり、大統領一極主義の典型例である。従って、ルワンダの事例は、起点が専制体制であることもあり、専制体制が「新自由主義的専制体制」という形で定着している事例と考えることができる。

おわりに

本稿では、世界における「民主主義の後退」や権威主義の強化の中におけるアフリカでの政治体制の地域的な特徴として、「新自由主義的専制体制」としてとらえる一つの可能性を提起する議論を行った。ここで観察されるのは、冷戦後の国際的な民主化促進への対応様式という面を持ちながらも、大統領一極主義的な政治体制を強化し、他方で経済的な新自由主義時代の改革要請にもうまく適応する、いわば外向性・外翻の論理に特徴付けられた新たなカテゴリーの政治体制の登場であった。その意味では、今後もアフリカ諸国は流動的な国際情勢の変化を折り込みながら、その局面にあわせた政治体制のあり方を再構成していく可能性を排除できない。

そして、「権威主義的支配のグローバルな拡大」を新たな潮流とする可能性のある世界においては、民主化に向かうよりも、民主主義からの後退や、専制体制の定着へと向かう可能性を示唆する今日的状況にあることには改めて留意する必要があろう。

（1）本稿では、リベラル・デモクラシーといった表現と（自由）民主主義を厳密には区別せず。基本的には互換的に用いている。
（2）Steven Levitsky and Duncan Way, "The Myth of Democratic Recession," *Journal of Democracy*, 26-1 (2015), pp. 45–58.
（3）スティーブン・レビツキー&ダニエル・ジブラット（濱野大道訳）『民主主義の死に方』新潮社、二〇一八年。ここでは、「相互的寛容」と「組織的自制心」という規範が、民主主義を生かす上で必要な条件と見なされ、その喪失を持って、「死」が定義される。
（4）以下、「新自由主義的専制体制」として議論する。
（5）Yascha Mounk, *The People vs. Democracy: How Our Freedom Is in Danger and How to save It* (Cambridge Mass: Harvard University Press, 2018), p. 27.
（6）*Ibid.*, pp. 27–28.
（7）Roberto Stefan Foa and Yascha Mounk, "The Signs of Deconsolidation," *Journal of Democracy*, 28-1 (2017), pp. 5–15.
（8）Mounk, *op.cit.*
（9）Nancy Bermeo, "On Democratic Backsliding," *Journal of Democracy*, 27-1 (2016), p. 5.
（10）アフリカの文脈では、これに関連するところでは、アフリカ連合が非合法的な政権交代を禁じており、非合法性が認定されると、メンバーシップの停止につながる。
（11）*Ibid.*, pp. 6–8.
（12）*Ibid.*, pp. 8–14.
（13）*Ibid.*, p. 15.
（14）Anna Lührmann and Staffan I. Lindberg, "A third wave of autocratization is here: what is new about it?," *Democratization*, 26-7 (2019), pp. 1095–1113.
（15）ここでの類型化は、川中が行った「民主主義の後退」のパターンの提示に通じている。以下を参照。川中豪編著『後退する民主主義、強化される権威主義：最良の政治制度とは何か』ミネルヴァ書房、二〇一八年。
（16）Tandika Makandawire, "Aid Accountability, and Democracy in Africa," *Social Research* 77-4 (2010), pp. 1149–82.
（17）Tobias Hagmann and Filip Reyntjens eds., *Aid and Authoritarianism in Africa: Development without Democracy* (London: Zed, 2016).
（18）Jaimie Bleck and Nicolas Van de Walle, *Electoral Politics in Africa since 1990: Continuity in Change*, (Cambridge: Cambridge University Press, 2019); L. Rakner, "Breaking BAD: Understanding Backlash Against Democracy in Africa," *CMI Insight* 2018 (1) (Bergen: Chr. Michelsen Institute, 2018).
（19）N. Cheeseman, "Introduction: Understanding African Politics: Bringing the State Back In," In N. Cheeseman, ed., *Institutions and Democracy in Africa: How the Rules of the Game Shape Political Developments*. (Cambridge: Cambridge University Press, 2018), pp. 1–38.
（20）Patrick Chabal and Pascal Daloz, *Africa Works: Instrumentalization of Disorder* (London: James Currey, 1999).
（21）J-F. Bayart, *The State in Africa: The Politics of Belly 2nd edition* (London: Polity, 2009).
（22）Michael Bratton and Nicolas van de Walle, *Democratic Experiments in Africa: Regime Transitions in Comparative Perspective* (Cambridge: Cambridge University Press, 1997).
（23）Gretchen Helmke and Steven Levitsky, "Informal institutions and comparative politics: A research agenda," *Perspectives on Politics* 2-4 (2004), pp. 725–740.
（24）N. Cheeseman,. ed., *Institutions and Democracy in Africa: How the Rules of the Game Shape Political Developments.*

(Cambridge: Cambridge University Press, 2018).

(25) 植民地統治の帰結として、「モラル」(たとえば、特定のエスニックグループとしての帰属意識)の存在する大家族・エスニック集団から構成される「原初的公共領域」(primordial public)と「モラル」(領域全体に関わる意識、理念型としての近代国家では「国民」という帰属意識)の欠如により構成される「公民的公共領域」(civic public)の弁証法の帰結として、独立後のアフリカ国家の特徴を描き出した議論。以下を参照のこと。Ekeh, Peter, "Colonialism and the Two Publics in Africa: A Theoretical Statement," *Comparative Studies in Society and History*, 17-1 (1975), pp. 91–112.

(26) N. Cheeseman, Gabrielle Lynch, and Justin Willis, *The Moral Economy of Elections in Africa: Democracy, Voting and Virtue*, (Cambridge University Press 2021).

(27) Rachel Sigman and Staffan I. Lindberg, *Neopatrimonialism and Democracy: An Empirical Investigation of Africa's Political Regimes (Working Paper Series 2019:56)*, (Gothenburg: V-Dem Institute, 2017). このペーパーを一部加筆修正した論考が、以下の第一章として採用された。Gabrielle Lynch and Peter VonDeopp eds., *Routledge Handbook of Democratization in Africa*, (London: Routledge, 2019).

(28) クライエンティリズムについては、票の買収など三項目、大統領一極主義については三権分立に関わる九項目、「汚職」に関しては一般公務員の汚職を外すなどしつつ、三権にかかる汚職四項目のデータを利用している。ここでの指標作成のさらなる詳細については、以下を参照のこと。Rachel Sigman and Staffan I. Lindberg, *ibid.*

(29) 世論調査によるアフリカにおける体制への評価の分析については、以下が興味深い結果を提示している。Robert Mattes, *Democracy in Africa: Demand, supply, and the 'dissatisfied democrat'* Afrobarometer Policy Paper No. 54 (2019).

(30) 例えば、Hilary Matfess, "Rwanda and Ethiopia: Developmental Authoritarianism and the new Politics of African Strong Men," *African Studies Review*, 58-2 (2015), pp. 181–204.

(31) ブラウン・ウェンディ『いかにして民主主義は失われていくのか：新自由主義の見えざる攻撃』、みすず書房、二〇一七年、一四四頁。

(32) 同上。

(33) ここでのとらえ方は、一九八〇年代のアジアにおける「開発独裁」(developmental dictatorship)やラテンアメリカにおける「官僚権威主義」(bureaucratic authoritarianism)といった政治体制評価に近いものかもしれない。なお、新自由主義的な経済体制の政治的側面を評価する観点からの権威主義的新自由主義(Authoritarian Neoliberalism)という概念化も近年行われるようになっている。最後の概念化に関しては以下を参照。Ian Bruff and Cemal Burak Tansel, "Authoritarian neoliberalism: trajectories of knowledge production and praxis," *Globalizations*, 16-3 (2019), pp. 233–244.

(34) Berch Berberoglu, eds., *The Global Rise of Authoritarianism in the 21st Century: Crisis of Neoliberal Globalization and the Nationalist Response* (NY Routledge, 2021). 特にこの論集の中でラテンアメリカを扱う論文として執筆された以下の論文で、Neoliberal Authoritarianismという概念が用いられている。James Petras and Henry Veltmeyer, "The Latin American Politics of Neoliberal Authoritarianism," in Berch Berberoglu, ed., *The Global Rise of Authoritarianism in the 21st Century*, pp. 91–114.

(35) Tobias Hagmann and Filip Reyntjens eds., *Aid and Authoritarianism in Africa: Development without Democracy*, (London: Zed, 2016), p. 12.

(36) J-F. Bayart, "Africa in the World: A History of Extraversion," *African Affairs*, 99-395 (2000), pp. 217–267; J-F. Bayart, *The*

State in Africa: The Politics of Belly 2nd edition (London: Polity, 2009).

（37）バヤールは、この概念に六つの類型をみている。第一に、強制（力）、たとえば軍事面における外部資源依存の（時に偏りを持つ形での）内部弾圧、である。第二に、詐欺／策略であり、実体の無い非政府組織などの組織形成を事例としてあげる。第三に、逃走／脱出で、難民、移民、ディアスポラと言った形での国外への脱出であり、その後の帰国という選択もここに含まれる。第四に、仲裁で、「対テロ」などの名目での外部勢力の関与などである。第五に、専有／領有であり、物質的な財やアイデンティティを自らに都合が良い形で「利用」することである。そして、第六に、拒絶であり、外部勢力との関係構築を積極的に拒絶する行為が含まれる。

（38）N. Cheeseman, *Democracy in Africa: Successes, failures, and the struggle for political reform.* (Cambridge: Cambridge University Press, 2015), p. 131.

（39）Sigman and Lindberg, *op.cit.*

（40）Matfess, *op.cit.*

（41）World Bank, *Africa's Pulse*, 19 (Washington, DC: World Bank, 2019).

（42）特にルワンダは、世界銀行が出しているビジネス環境の指標であるDoing Businessでは、世界一九一カ国中二九位（アフリカ域内ではモーリシャスに次いで二位）と、日本よりも上位に位置づけられている。加えて、ルワンダは現状において（二〇二一年三月）、女性議員比率世界一の六一・三〇パーセント、エチオピアは昨年組閣された内閣では女性閣僚数は二二名中八名と比率の上では若干の減少となったが、その前の内閣ではその比率が約四八パーセントであり、女性の政治参画の比率が高い傾向が継続している。

（43）この点については、以下の研究などでの議論がある。Anders Themnér ed., *Warlord Democrats in Africa: Ex-Military Leaders and Electoral Politics* (London: Zed, 2017).

（44）Hagmann and Reyntjens, *op.cit.*, pp. 1–5.

（45）Zoë Marriage, "Aid to Rwanda: Unstoppable Rock, immovable post," in Hagmann and Reyntjens, eds., *Aid and Authoritarianism in Africa* (London: Zed, 2016), pp. 44–66.

（46）例えば、武内進一「アフリカの『三選問題』——ブルンジ、ルワンダ、コンゴ共和国の事例から——」『アフリカレポート』五四号（二〇一六）、七三—八四頁。

（47）これは、経済運営、構造政策、社会的一体性・公平のための政策、公的部門の運営・制度の四分野（二〇項目）にかかる特にガバナンスに関わる評価を行うもので、一が最低で六が最高。三・二以下が脆弱国と分類される。

〔付記〕本稿は、二〇一九年に成蹊大学で開催された日本政治学会研究大会の共通論題報告用に作成した「制度化なき民主主義体制のバックラッシュ？：サハラ以南アフリカの経験」（未刊行論文）を大幅に加筆修正したものである。

（えんどう　みつぎ　東京大学）

日本国際政治学会編『国際政治』第210号「岐路に立つアフリカ」（二〇二三年三月）

国際刑事裁判所による司法介入とケニアの司法制度改革

――ケニアでの不処罰終止に向けられた内と外の論理の変容――

藤井広重

はじめに

二〇一〇年代のアフリカが抱えた主要な外交問題のひとつとして、国際刑事裁判所（ICC）による司法介入への対応を挙げることができる。[1] アフリカは、一九九八年ICCローマ規程の成立において重要な役割を果たしたが、ICCが二〇〇九年にスーダンの国家元首であったバシールへ逮捕状を発布して以降、アフリカ連合（AU）総会にてICCに対する非協力を決定し、反ICCへと転じた。

アフリカによる反ICCの動きを、単なる反発を超えた「バックラッシュ（backlash）」と捉える議論がある。マドセン（Mikael Rask Madsen）たちは、制度の枠内で発生する法の発展に対する単なる反発を「プッシュバック（pushback）」と呼び、大幅な制度改革や裁判所の解体が引き起こされるようなバックラッシュと区別することを試みた。そして、バックラッシュを「以前の法の状況に戻すだけでなく、変革または閉鎖することを目的として、（国際的な裁判所の）権威に挑戦する異常な抵抗」であり、「通常の法の場を超え、法のみならず、裁判所という制度そのものやその権威に対する批判を含む抵抗」と定義した。[2]

ただし、このようなバックラッシュの現象そのものが新しいわけではない。とりわけ人権領域の国際的な裁判所に対しては、裁判所の判決が自国の政治的利益を害すれば害するほど判決を遵守せず、批判し、時には管轄権から脱退したり、裁判所を完全に閉鎖したりして、当事国は裁判所の権限を縮小しようとしてきた。[3] ここで着目すべきは、従来の研究が、国際的な裁判所に影響力を行使できるのは、いわゆる大国と呼ばれる国々を前提としてきたことに対し、ICCをめぐっては大国とは言えないアフリカ諸国がバックラッシュと呼ばれるほどの反発を見せている、という点についてである。

アフリカからのバックラッシュを紐解くため、AUにおける司法化の進捗を鍵に、アフリカはAU総会の議場で「ひとつの声」を形成し、ICCに一体となって抗ってきたことが明らかにされている。(4) アフリカ諸国は外部からの介入に対し、単独では抵抗できなくとも、AUにて「ひとつの声」を形成することで、アフリカの外で形成された国際秩序と交渉しようとしているのである。そして、このようなアフリカの反ICC政策において主導的な役割を果たしてきたのが、二〇一〇年からICCによる司法介入の対象となったケニアであった。(5)

ケニアでは、二〇〇七年一二月に選挙後暴力が発生し、少なくとも一一三三人が殺害され三五万人以上が避難を強いられ、数えきれない性暴力と非人道的な行為の数々が報告されている。(6) このような惨状に対し、ICCはケニアの不処罰を終止する手段として同国内から歓迎されながら、関与のレベルを強めてきた。(7) しかし、二〇一三年の大統領選挙では、ICCから起訴され、被疑者同盟とも揶揄されたウフル・ケニヤッタ（Uhuru Muigai Kenyatta. 以下、ケニヤッタのみ表記）とウィリアム・ルト（William Ruto）が反ICCを明確に掲げながらも市民から支持を集め勝利した。

ICCは二〇二二年四月現在、二〇〇七年選挙後暴力に関与した疑いがある者に対し、証拠不十分のため誰一人として罪に問えず、また、ケニア司法もほとんど機能してこなかった。社会的混乱と多くの被害を招いた二〇〇七年選挙後暴力に対し、不処罰の連鎖を終止させる司法による裁きは重要である、と考えられながらも、二〇〇七年選挙後暴力を不問とし、反ICC政策を推進する環境が、ケニア国内で醸成されたのである。この要因として、ICCが新植民地主義であるといったナラティブの形成やICCの機能不全など、ICCの諸活動を批判的に論じることで説明が試みられてきた。(8) しかし、これまでケニアの主体性に着目して、司法介入によって生起してきた現象がいかにケニアの利益に結びつけられてきたのかといった視点から論じられることはほとんどなかった。換言すれば、関与される側の対応によって現実がどのように展開したのかという地域研究の分析視角はICCとケニアをめぐっても相対的に希薄であった。(9) そこで、本稿は、司法介入の対象となった国家をめぐる内と外の変容を単一事例研究によって探究し、国際秩序と国内秩序との連関における相互作用の一端をICCが掲げてきた不処罰終止の限界とともに解明することを目的とする。

一節ではケニアで繰り返されてきた不処罰と脆弱な司法制度からICCによる司法介入に意義があった点を指摘し、しかし、二節および三節にて、ケニアの司法制度改革の進捗とともに、ケニア国内外で二〇〇七年選挙後暴力に関与した者への処罰よりも、国内の安定を優先する環境が形成され始めた背景を、さらに四節では、こうした安定を志向する環境を支えたケニア国内外の論理の変容を示すいくつかの事例を検証することで、ケニアの内の論理がケニアの外の論理にも支えられながら二〇〇七年選挙後暴力に関与した者たちに対する不処罰の環境が整えられてきた実態を明らかにする。

一　ケニアの選挙暴力と不処罰の連鎖

ケニアは英国の植民地統治下より不処罰が蔓延し、司法に対する市民の不信感は根強かった。司法制度や裁判は植民地政府にとって支配の重要なツールであり、当時の法はアフリカ人労働者を従属させ、白人の財産と身体を保護するために機能しなければならなかった[10]。初代大統領のジョモ・ケニヤッタ（Jomo Kenyatta）は、一九六三年一二月独立以降も植民地支配時の体制をそのまま引き継ぐことを選択した。この時のケニアはおよそ四二の異なる民族から構成される多民族社会であり、独立以前には地方分権型の憲法が制定されていたが、ジョモ・ケニヤッタは憲法改正を断行し、大統領が強力な権限を有する中央集権型の体制に移行させた。ジョモ・ケニヤッタ（一九六三―一九七八年）以降に大統領に就任したモイ（Daniel arap Moi）（一九七八―二〇〇二年）やキバキ（Mwai Emillio Kibaki）（二〇〇三―二〇一三年）も植民地時代の影響を受けた統治体制を利用した[11]。

独立直後から事実上の一党独裁体制が整備され、反政府活動は植民地政府下と同様の激しい弾圧の対象となった。しかし、冷戦終焉後、欧米を中心としたドナー諸国は、モイに複数政党制の導入を求め、世界銀行やＩＭＦが推し進める構造調整とともに、ケニア国内の改革が進まないうちは欧米諸国からの支援が打ち切られることとなった。モイは、一九九一年一二月に複数政党制を合法化し、翌九二年八月に大統領の任期制限を導入した。そして、同年一二月二九日に国会議員と大統領を選ぶための総選挙が複数の政党による参加のもとで実施された。

国外からの圧力によって制度に変化はみられたものの、国内の実態は以前と変わらず、憲法や制度の改革を主張した政治家や市民社会の指導者は、恣意的な逮捕、裁判なしの拘留、拷問、もしくは暗殺された[12]。ケニアの政治エリートは、政治制度の支配と操作を通じて、選挙を忠誠心のある者に報い、反対する声を罰する仕組みに変えていった[13]。特に一九九二年と一九九七年の総選挙の期間には、民族間の対立により少なくとも三千人が命を失い、三〇万人が避難民となった[14]。

ここで選挙暴力とは、「差し迫った選挙や公表された選挙結果に直接関係する身体に危害が及ぶ暴力や強制力を伴った威嚇」と定義する[15]。独立以降のケニア政治は、エリートたちの民族性に影響を受けており、とりわけ、二〇〇二年の大統領選挙以降は、投票行動において民族性がより重要な要素となっている[16]。選挙暴力に動員された者たちの存在が、長年にわたる民族間の分断を助長してきた。

アフリカの政治における支配的な制度形態が、選挙の利害に影響を与えるクライエンテリズムであるとの指摘のとおり[17]、ケニアの政治エリート達は、市民とのパトロンとクライアントの関係性を選挙期間に巧みに利用してきた。とりわけ顕著であったのが、暴力の空白地帯に生じた民兵を選挙の道具として利用してきたことである。

例えば、ＩＣＣは二〇〇七年選挙後暴力にてルト等がカレンジン人を、ケニヤッタ等がムンギキ（キクユ人の若者が中心）を動員したと考えていた。ムンギキのリーダーは、中央州のほぼすべての政治家がムンギキを使い政治的生存を獲得してきたため、誰もクリーンではなく、暴露されることを恐れていると述べている。[18] まさに、政治エリートと民兵の活動を通したクライアントの生存戦略において、両者は相互依存の関係にある。ゆえに、選挙暴力に対し、政治からの独立が不十分なケニア司法機関では、暴力を阻止することも、暴力に関与した者たちを裁くことも、極めて困難であった。

二　司法介入が引き金となる制度改革

ＩＣＣの目的はローマ規程にて明記されているように、不処罰を終止することである。不処罰とは「暴力の実行者に対して法的かつ事実上の責任の追及や刑罰の執行、被害者への補償ができないこと」と定義され、[19] 二〇一二年九月二四日の国連総会の会合では「不処罰をなくし、法の支配を確立することを目的とした多国間システムにおけるＩＣＣの役割」について確認する宣言が採択されている。[20] もっとも、ローマ規程は一条にて、すべての犯罪行為に対し、捜査および訴追を行うわけではないことを示している。大規模な人権侵害が発生しても、それに対する刑事司法による裁きの第一義的な責任が国内司法にあるという考え方は、補完性の原則と呼ばれ、あくまでも当該国が訴追の意思や能力を有しない時に限り、ＩＣＣが国内司法を補完する形で捜査および訴追を行うことが想定されている。

この補完性の原則の理解に基づけば、ＩＣＣによる司法介入は、介入対象国の司法機関が機能していないというレッテルを貼ることになる。そのため、司法介入に対し、羞恥心や国際的な訴追を脅威と感じる政府は、国内の司法手続きに対する取り組みを強化する。[21] ＩＣＣは、対象国での捜査および訴追に向けて関与のレベルを強めながら、司法制度改革に着手することを促す。ここでは、司法介入を行わなくとも、国内刑事司法が機能している状態となることが、訴追の件数では計れないＩＣＣの意義といえる。

二〇〇七年ケニア選挙暴力に対し、ＡＵはコフィ・アナン（Kofi Annan）前国連事務総長を議長に据えたアフリカ賢人パネルを設置した。アナンは、二〇〇八年一月二二日にケニアを訪問し、ケニア国民対話・和解委員会の枠組みを通じた和平交渉を開始した。翌二月にＩＣＣ検察局は、予備的審査を開始し、状況の監視とあらゆる情報を検討していると発表したが、[22] この時点でＩＣＣが和平交渉に与えた影響はほとんどないと指摘されている。[23] しかし、近年の紛争解決において、交渉者や調停者は、紛争当時者が大規模な人権侵害に関与していた場合に国際法の原則を順守するためのかなりの国際的な圧力を受けている。[24] ケニアでも二〇〇八年二月二八日に成立した和平合意に基づき、二〇〇七年選挙後暴力について事実調査を行う委員会（ＣＩＰＥＶ）が設置され、このＣＩＰＥＶが作成した報告書に付された被疑者リストがＩＣＣによる司法介入を促すことになった。ただし、当時のケニア市民の多くは、不処罰の連鎖に終止符を打つ手段が国内司法よりもＩＣＣにあるとして、司法介入を歓迎し、ＩＣＣによって司法改革、選挙後暴力の全貌解明とすべての加害者の起訴までも進むと信じていた(25)。

ケニア政府は、過去に幾度となく司法制度改革に着手する姿勢を見せながらも表面的な取り組みにとどまり、市民の期待を裏切ってきた。二〇〇七年選挙後暴力の和平合意でも、司法制度改革への取り組みが明言されたが、今回も実質的な変化は期待できないと思われた。しかし、ＩＣＣによる司法介入が議論されはじめた二〇〇八年一二月にローマ規程を国内法化する立法措置としてケニア国際犯罪法が成立し、二〇一〇年に新憲法の制定が行われた。これらは、ＩＣＣの補完性の原則を踏まえ、司法介入を阻止することを意図していた面も強く(26)、二〇一一年三月にケニア政府が行ったＩＣＣへの受理許容性に対する異議申し立てでは、「選挙後暴力の後に開始された重要な改革の成果」として両法の成立が強調された(27)。司法制度改革への取り組みを主張することでＩＣＣでの審理を自国の裁判所へ取り戻そうとしたのである。

多くのケニア市民が、党派的なものであり紛争解決の場としての正当性を失ったと認識していた司法制度(28)に変化がみられた。そして、表面的ではなく実態が伴った改革は、主要な制度に対する市民の信頼を高め、政治がゼロサムゲームであるとの認識を減らした(29)。実際に二〇一三年総選挙以降、ケニアでは選挙をめぐる裁判の事例が増加し、司法化の現象が生起している(30)。そこで、次にこれら改革の実態について考察する。

三　新憲法の制定と司法制度改革

(1)　二〇一〇年憲法と国外からの支援

旧憲法は、大統領に権限を集中させ、他の統治機構や市民社会の活動を弱体化させたことで、ケニアが抱えてきた諸課題の根源とされた(31)。このため、二〇一〇年八月に行われた憲法改正の国民投票では、六七・二五％の高い支持を得て、二〇一〇年憲法は同月二七日に公布された。市民からの支持を得て成立した二〇一〇年憲法は、大統領の権限を制限し、ケニアの安定と更なる民主化を維持する上で非常に重要な試金石とみなされ、アフリカで最も進歩的な憲法の一つとして歓迎された(32)。

世界銀行による二〇一二年報告書は、ケニア司法が行政の道具となり腐敗していること、司法省が予算管理、業績評価・監視、財務管理、調達などの中核的行政機能を遂行する能力に欠けていること、二〇〇六年末の時点で、約百万件の司法手続きが停止していたことを指摘した(33)。法の支配とグッド・ガバナンスを支えるべき基本的な機関が、もはや法の支配を守ることも、また、国家の最善の利益のために行動することもできないところまで意図的に弱体化され、放置されてきたことが汚職の蔓延につながり(34)、司法行政に携わる政治家や職員の意識改革も必要であった。

そのため、二〇一〇年憲法六章には、国家機関に従事する職員の指導力と誠実さ（Leadership and Integrity）が憲法上の要請として定められた。同七三条は、国民の尊重や国家の名誉に資する行動を求めるなど、公務員に期待される態度を規定している。汚職への対策も十分ではなかったため、二〇一〇年憲法七九条に、独立性を有する倫理・汚職防止委員会（ＥＡＣＣ）の設置が要請され、倫理・汚職防止法（The Ethics and Anti-Corruption Act No. 22 of 2011）には、ＥＡＣＣが、違反に関する苦情を受けつけて調査および訴えを提起したり、勧告を与えたりすることができると規定された。

二〇一〇年憲法にて、汚職に対する取り組みは強化され、それまで大統領の管理下におかれていた司法機関は独立した組織となり、法の支配が徹底された。改革の進捗を受け、司法の領域に対する国外からの支援は一気に増加した。二〇一〇年に世界銀行や開発パートナーは、司法パフォーマンスを向上させるためのプロジェクト（Judicial Performance Improvement Project: ＪＰＩＰ）の支援を開始し、二〇一二年一一月一五日から二〇一八年一二月三一日の期間にわたって、総額約一億二千万米ドルが拠出された。

二〇一〇年憲法制定を契機に、国際的な支援を受けることに成功し、ケニアの司法改革は大きく進捗した。また、ＪＰＩＰは二〇一〇年憲法を根拠に、法務官（judicial officer）のオープンで透明性のある採用、適さないと判断された法務官を解任するための審査プロセス、大幅に拡大した司法のニーズに対応するための大規模な採用および司法サービスへの市民参加を積極的に促進するプログラムも実施し、ケニアの司法は画期的な発展を遂げたと評価された。[35] ケニアの司法当局も、国際的な支援を受けたこの発展は、二〇一〇年憲法制定によって想定されたケニア社会の変革の一部と見なしている。[36] 二〇一〇年憲法の制定とその波及効果の広がりは、市民を中心とした内発的な下からの支持と外からの支援の相互作用が推進力となっていた。

(2) 裁判所の独立と裁判官に対する審査

旧憲法六一条は、大統領が代理で裁判官を任命する権限を規定しており、同六二条に規定されていた裁判官解任のプロセスも、透明性および公平性が担保されていなかった。大統領が強大な権限を持つ任用プロセスと不安定な身分保障によって、裁判官の独立性は十分に保たれず、旧憲法下での裁判官の最善の利益は、いつしか任命権者の利益を守ることとなり、それが悪行でも守らなければならないと考えている裁判官が大勢いたとさえ言われた。[37]

二〇一〇年憲法の制定は、司法と立法および行政の関係性に変化をもたらし、特に行政が司法に対して有していた権限は、極めて限定的となった。二〇一〇年憲法一六〇条は、司法の財政面における独立について規定し、司法の制度的な独立を担保した。人事権に関しては、同一六六条にて大統領の最高裁長官および副長官の任命に関して規定され、司法サービス委員会の推薦にしたがって、議会で承認を受けた候補者を、大統領が任命できるとの規定に変更された。最高裁長官以外の裁判官も、司法サービス委員会による推薦にしたがって大統領が任命するが、この司法サービス委員会のメンバーは、一一名から成るケニアを代表する法律家が務め、法律家以外に男女一名ずつの二名が公共の代表として議会からの承認に基づき大統領によって任命される。最高裁長官には、二〇一一年に人権問題にも精通していた法律家ムトゥンガ（Willy Mutunga）が選任され、同氏のリーダーシップは、司法の独立を支えていると評価された[38]。

　また、公平な選考プロセスを経ずに着任した裁判官の質を改めて問い直すことになり、二〇一〇年八月二七日以前に任命されたすべての裁判官を個別に審査するため、裁判官・治安判事審査委員会（ＪＭＶＢ：Judges and Magistrates Vetting Board）が二〇一一年に設立された。裁判官に対する調査と懲戒は、通常の民主主義国では、司法の独立性を守るために、同じ裁判官によって構成された組織に委ねられることが多い。しかし、これは同じ裁判官同士で不正や汚職が蔓延していれば機能しないため、外部による審査が必要となる。ＪＭＶＢは、三人のケニア人弁護士、三人の市民社会の代表者、そして三人の英連邦管轄区域の現役または引退した裁判官で構成された。ＪＭＶＢには、ケニアの法律についての専門知識、旧司法制度の下で生活してきたケニア人の経験、そしてローカルな復讐の連鎖に巻き込まれる心配のない国際的な法律家が集結した。

　ＪＭＶＢは最終的に五三人の裁判官と二九八人の治安判事を審査した。そして、一一人の裁判官と一四人の治安判事については司法職に適さないと判断し、この者たちは解任された[39]。ＪＭＶＢで議長を務めたラオ（Sharad Rao）は、二〇一六年に新たに裁判官の懲戒を扱う独立した裁判部の設置を提言した際、ＪＭＶＢは当初、司法関係者からの挑戦や敵意に直面していたが、その働きを通して市民から司法への信頼が回復し、現在では評価されているとの見解を示している[40]。

(3) 検察改革と国際犯罪の訴追

　二〇一〇年憲法は、検察の権限を司法長官室から分離し、検察庁の独立性を確立した。旧憲法二六条は、司法長官に被疑者を刑事事件で起訴すべきか、また、いつ起訴すべきかを決定する権限に加え、個人や司法機関が開始した刑事手続きを引き継ぎ、継続することや起訴を取り下げる権限までも与えられていた。このため、人権侵害やマネーロンダリングなどの経済犯罪では、司法長官の権限は選択的に適用され、政府につながりのある加害者が起訴されることはほとんどなく、法が無実の市民を迫害するために利用されることもあった[41]。しかし、二〇一〇年憲法一五七条には、国を代表して起訴権を行使する権限は検察庁長官のみが有していることが規定された。検察庁長官の選任には、議会の審査と承認を受けなければならず、任期は八年に定められた。司法長官の役割は、同一五六条にて政府に法的助言を与え、法的手続きの際に政府を代表することが明確にされた。

　検察組織の改革は進捗したが、市民から求められていた二〇〇七年選挙後暴力の事件を専任としたチームの設立や被疑者を起訴するためのタイムスケジュールが策定されることはなかった[42]。その代わりケニア政府は、二〇〇七年選挙後暴力に対し、二〇一二年二月に検察庁長官によって設立された多機関合同タスクフォース（multi-agency task force）による活動と、司法サービス委員会から提案されたケニア高等裁判所に国際犯罪を管轄する新たな部門を設置することに着手した。

タスクフォースの任務は、司法長官室によって棚上げされていた二〇〇七年選挙後暴力に起因する約五千件の事件を再検討することであった。タスクフォースは、これらの事件をすべて見直し、十分な証拠があるかどうかを判断した(43)。そのうちおよそ千件が裁判にかけられ、約五百件に有罪判決が下され、検察庁長官は、証拠が不十分として起訴されなかった残りすべてのファイルの審査も行うと述べた(44)。だが、このような検察庁の動向は、ケニア政府が受理許容性をＩＣＣで争ったことで、国家として二〇〇七年選挙後暴力に取り組んでいることを示さなければならなかったことが背景にあった(45)。そのため、この時の訴追はあくまでも一時的な取り組みとなり、証拠不足とＩＣＣでの訴追手続きを理由に、本件の捜査と起訴は停止された(46)。また、国家結束・統合委員会（National Cohesion and Integration Commission）の委員長は、ケニア人は既に二〇〇七年選挙後暴力の恐怖から立ち直ろうとしており、傷が癒え始めているなかでの訴追は、問題を悪化させることになる、と批判した(47)。

もう一つの取り組みとして、司法サービス委員会によって設置された作業グループが、高等裁判所に国際犯罪課（ＩＣＤ）を設置することを勧告した報告書を二〇一二年一〇月に公開した(48)。高等裁判所にＩＣＤを設置することは、ケニア国際犯罪法が、同法八条二項に基づき要請していたことでもある。国際犯罪法で規定された事項的管轄権は、ＩＣＣと同じジェノサイド罪、戦争犯罪、人道に対する犯罪だけでなく、麻薬取引、人身売買、マネーロンダリング、サイバー犯罪、テロリズム、海賊などの多国籍犯罪なども含まれている。だが、司法長官は、二〇〇七年選挙後暴力に対処するために、ＩＣＤ設立を議論しているわけではないと否定し、検察庁長官も二〇〇七年選挙後暴力に対して、計画中のＩＣＤでの訴追はできないとの否定的な見解を示した(49)。

このような検察庁の二〇〇七年選挙後暴力をめぐる対応からは、もはや誰も国内の司法を通して二〇〇七年選挙後暴力に関する犯罪が訴追されることを期待していないのが現状であると言われている(50)。

四　平和と安定を求める国内外の声

強力な司法制度は、ビジネスや投資を拡大するために必要な安全性を提供し、市民に政府や指導者に異議を唱える力を与え、個人の権利を尊重した民主的な統治につながる(51)。ケニアの脆弱な司法制度は、二〇一〇年憲法をきっかけに大きく改善された。この司法制度改革は、ＩＣＣでの審理をケニアの裁判所に取り戻そうとする動きに触発されながら、次の国内外の環境を利用することへとつながった。

国内では、二〇一三年総選挙でも、大規模な暴力が再発するのではないかとの恐怖が市民の間で蔓延していた(52)。これが政治家にとっては、司法制度改革を進め、市民に法の下での安全が提供されているとアピールする政治運動へとつながった。そして、国外との関連では、二〇〇七年選挙後暴力によって、ケニアの経済は、約三八億米ドルの損失を出し、国外からの投資や援助が大幅に減少した(53)。景気が悪化し国内の経済を立て直すために、国外からの援助、ビジネスや投資を呼び戻すことは必要不可欠であった。離れていったドナーを再び取り戻すため、安全性を提供する強力な司法制度は必須であり、改革を進めることが国全体の経済的な利益に直結することとなった。

しかし、司法制度改革は進捗しながらも、二〇〇七年選挙後暴力に関与した者への裁きは行き詰まっていた。平和構築において生起する正義と平和の関係は、移行期正義研究から正義が持続可能な平和のための重要な条件であると提示されてきたが、最近ではいくつかの国で、経済発展と開発につながる平和と安定を、正義に優先させようとする動きが強くなっている(54)。実際にケニアで平和と安定を重視する声は、市民社会や政治エリートだけではなく(55)、民間の企業からも発せられるようになった(56)。国全体が、過去の暴力に対する裁きではなく、発展につながる平和と安定に関心を向け始めた。

こうした中、ケニヤッタやルトは二〇〇七年選挙後暴力で争った民族間で手を組んだ和解の象徴に自らを位置付け、ジュビリー連合を結成した。ケニヤッタ等は、ICCをケニアの安定を脅かす存在として位置づけ、ネガティブキャンペーンを展開した。二〇一三年総選挙では大規模な暴力は発生せず、大統領選挙で破れたオディンガ（**Raila Odinga**）の支持者を除けば、国内および国際的な選挙監視団は同選挙の手続きや公平性を問題視しなかった。だが、ケニアの二〇一三年総選挙の成功は、投票が自由で公正な選挙の基準を満たしているかどうかではなく、平和な環境で行われたかどうかで評価されたと指摘されている(57)。まさに、平和が手段ではなく、それ自体が目的となり、ケニアの社会は正義に優先された平和を受け入れることとなった。現地の多くのアナリストや市民は、二〇一三年総選挙における不正や採用された投票技術に重大な問題があったため、同選挙が真に自由で公正なものであったとは信じていない(58)。しかし、そのような疑義があったにもかかわらず、二〇一三年総選挙の結果は是としてケニアの社会に広く受け入れられた。多くの人が平和と安定を確保するために公正な選挙を犠牲にしようとした(59)。大統領選挙に異議が申し立てられた最高裁も十分な根拠を示さずにケニヤッタの当選を判断したため、司法もさらなる混乱を招く恐れのある再選挙よりも国内の安定を優先したように映った(60)。

このような平和と安定を志向する国内環境は、ケニアの内からだけではなく、外の変容によっても支えられてきた。一九八〇年代にモイは、米国や英国と正式に軍事協定を結び、軍事的な援助と引き換えに、空軍や海軍の施設、訓練基地を提供した(61)。これは、ケニアを非同盟運動の一員であると位置づけたジョモ・ケニヤッタの対外政策から脱却し、正式に欧米との連携を軸に外交を展開することを意味した。しかし、冷戦終焉以降に欧米の援助が経済的・政治的な改革と結びつき、特に世界銀行とＩＭＦが推進してきた構造調整プログラムにこだわったことで、ケニアは欧米との間に援助をめぐって緊張関係を生じさせた(62)。汚職対策を掲げたキバキ政権にて一時的に援助は増加したものの、政治体制を見ながら援助を決めるドナーのスタンスによって、ケニアは決して安定した援助を受け続けてきたわけではなかった。

そんな中、二〇〇七年選挙後暴力が発生し、ＩＣＣから起訴されたケニヤッタとルトが二〇一三年大統領選挙へ出馬することが明らかになると、欧米諸国は両者の立候補に対する懸念を隠そうとはしなかった。(63) とりわけ、米国は、二〇一三年総選挙にてジュビリー連合が勝利したら、ケニアは外交的に孤立することになると暗にほのめかすなど警告を発した。(64)

二〇〇七年選挙後暴力の責任問題に取り組むよう求めた欧米諸国に代わって、ケニアは新たなドナーとして中国との関係を深めた。(65) 中国は二〇〇〇年に「中国・アフリカ協力フォーラム（FOCAC）」を開催し、その後のわずか十年で、ケニアのみならずアフリカ諸国と、かつてアフリカに植民地帝国を築いた英国やフランスよりも広範で多様な関係を構築した。(66) ケニヤッタとルトは、選挙運動期間に、自分たちに批判的な欧米諸国よりも、今後は中国など東側諸国との関係を強化していくことに意欲を示し、二〇一三年四月のケニヤッタ大統領就任式では中国からの代表団が欧米の外交官より好意的な待遇を受けた。(67) 中国はケニアの海外直接投資の主要な供給源となり、二〇一三年以降、ケニヤッタは、二〇一七年六月に完成したモンバサとナイロビをつなぐ標準軌鉄道の建設、光ファイバーケーブルを敷設する通信契約、道路工事などのインフラ開発契約を中国企業に発注した。(68)

しかし、ケニアは欧米との関係も維持したい思惑があった。欧米諸国は未だにケニアの主要な貿易相手国であり、最も重要な開発パートナーとして欧州連合からは、年間に約一億ユーロの資金拠出を受け、これはケニアの貿易額全体の一七・五％を占めている。(69) この他にも、約一世紀にわたって欧米諸国はケニアの政治システム、インフラ、教育システムの枠組み形成に関与してきた。テロ対策をはじめとする安全保障分野では、米国、英国およびイスラエルが絶対的な影響力を持っており、ケニアが商業分野にて他の東アフリカ諸国の中でも優位に立っているのは、植民地時代の遺産と欧米からの投資が大きかった。(70) したがって、ケニアにとって欧米諸国との関係も重要であり、問題は、欧米諸国が二〇一三年大統領選挙で勝利したケニヤッタとルトに対し、二〇〇七年選挙後暴力にどのような対応を求めるのかであった。

結論から言えば、欧米諸国は、ケニヤッタとルトに二〇〇七年選挙後暴力の責任を明確には求めず、両者との間の外交関係を維持、再構築することを優先した。ケニアはアフリカの角と呼ばれる地域において、地政学的に極めて重要な位置にあり、ナイロビは欧米諸国にとって、冷戦下から軍事、安全保障、情報・偵察のため、また、近年はソマリアで活動する過激派組織に対処するための活動拠点になっている。ケニアの地政学的位置付けは、世界の主要国にとって、ケニアとの安全保障協定や貿易協定を促進する誘引となっており、これらの環境はケニアの国内事情に対し欧米諸国が譲歩することへとつながった。

具体的には、米国オバマ（Barack Obama）大統領が二〇一三年六月二六日から七月三日にセネガル、南アフリカ、タンザニアを歴訪した際に、父方の出生地であるケニアを訪問しなかったことは、ケニヤッタの就任が影響していると考えられた[71]。しかし、二〇一五年三月にケニヤッタのＩＣＣでの訴追が取り下げられると、同年七月にオバマ大統領は投資家とともにケニアに向かい、冷え切った関係の修復を試みた。また、英国もケニヤッタとルトの勝利を歓迎してはいなかったが、ケニア政府から、ケニア北部の英国軍演習場に関する協定の更新を拒否する姿勢が見せられると、テロ対策会議のためケニヤッタをロンドンに招いたり、アル・シャバーブに対するテロ対策への後方支援や警察訓練への支援を強化したりすることで、関係修復に務めた[72]。皮肉にも、欧米諸国は当初ケニヤッタとルトを冷遇してきたにもかかわらず、両者の大統領選挙での勝利以降は、特にケニアと英国および米国との関係が、かつてないほど強固なものになっているとまで評されている[73]。このようなケニアの外部環境の変容は、二〇〇七年選挙後暴力への司法介入に対し、安定を志向した国内の論理を支えることとなった。

おわりに

本稿は、ケニアで発生した二〇〇七年選挙後暴力に対するＩＣＣによる司法介入がひとつの契機となり、同国の司法制度改革が進捗し、その改革の中で二〇〇七年選挙後暴力をめぐる責任追及の論理が、国内外で変容してきたことについて明らかにした。このような事例を整理、検証することを通じて、司法介入をめぐる実態を捉えようとすると、ケニアがいかに、外部の環境を自己の利益と結びつけてきたのか、その実態が浮かび上がってくる。先行研究では、ＩＣＣなどの司法介入が介入先の国家の安定と和解を遠ざけていると も論じられてきたが[74]、ケニアは司法介入を契機として、司法制度改革を進め、ドナーから援助を得て、さらに安全保障上のパートナーとの関係性までも再構築した。このようなアフリカの内と外の連関に対するアプローチとして、アフリカという地域に生起する諸アクターの内発的な主体性に着目し、外部との相互作用を紐解く視座が提示されてきた[75]。本稿もケニアの主体性に立脚し、検証を行ったことで、司法介入をめぐって生起してきた環境をケニアは自己の利益に結びつけ、不処罰をめぐる論理を内外にて変容させてきたことを明らかにした。二〇〇七年選挙後暴力に関与した者に対する司法による裁きは十分ではなかったが、ケニアは不処罰終止とは異なる領域にて利益を得てきたのである。

最後に、国際秩序と国内秩序との連関からみる本研究の含意も示しておきたい。冒頭で指摘したように、アフリカからのＩＣＣへのバックラッシュを牽引してきたのは、ケニアであった。国家の対外行動に関する研究で著名なシェリング（Thomas Schelling）は「立法府が方針を変更することなどおよそありえない場合や対外譲歩を難しくするような国内世論を喚起できる場合に、交渉において有利な地位につくことができる」と提示した[76]。この考えと結びつけてみると、ケニアの二〇〇七年選挙後暴力への不処罰をめぐって生起してきた内の変容は、決して一握りの政治エリートによってのみ先導されたわけではなく、いわば下からの力学に支えられ、更に欧米からも黙認されたことで、ケニアは国内制約が強く、行動選択の余地が小さい交渉者として、アフリカ域内で、強い交渉者となり、AUでの反ICC政策を主導できる環境が整えられてきたとも言えそうである。引き続き、司法介入をめぐる国家の内と外との相互作用の事例を蓄積し、武力紛争後の国家の変容に関する理論化に取り組むことを今後の研究課題として、本稿を締めくくる。

（1）司法介入とは国際社会による特別な司法措置のことであり、これまで国連安全保障理事会やICCといった国際社会から正統性を付与された諸機関の関与のもとで、個人が訴追対象となってきた。Andrea Birdsall, *The international politics of judicial intervention: Creating a more just order* (Routledge, 2009), p. 3.; 篠田英朗『国際社会の秩序』東京大学出版会、二〇〇七年、一九二—一九三頁。本稿ではICCによる司法介入とは、事態と事件の両プロセスを含み使用している。

（2）Mikael Rask Madsen, Pola Cebulak and Micha Wiebusch "Backlash against international courts: explaining the forms and patterns of resistance to international courts," *International Journal of Law in Context*, 14-2 (2018 May), p. 199.

（3）Wayne Sandholtz, Yining Bei and Kayla Caldwell, "Backlash and International Human Rights Courts," in Alison Brysk and Michael Stohl, eds., *Contracting Human Rights: Crisis, Accountability, and Opportunity*, (Edward Elgar Publishing 2018), pp. 159–178.

（4）藤井広重「国際刑事裁判所をめぐるアフリカ連合の対外政策の変容——アフリカの一体性と司法化の進捗からの考察」『平和研究』五七巻、二〇二一年一二月、一三七—一六五頁。

（5）ケニアは、二〇〇五年三月にローマ規程を批准した。二〇〇二年にキバキ（Mwai Kibaki）は司法の機能不全と汚職に対する取り組み強化を掲げ、モイ（Daniel Toroitich arap Moi）からの政権交代を果たした。権威主義的であったモイ体制からの脱却を内外に示す取り組みの一つとしてローマ規程が批准された。Yvonne Dutton, *Rules, Politics, and the International Criminal Court: Commiting to the Court, Abingdon* (Routledge, 2013).

（6）CIPEV (Commission of Inquiry into Post-Election Violence), *Report of the Commission of Inquiry into Post-Election Violence* (2008 October).

（7）Line Engbo Gissel, "Justice Tides: How and When Levels of ICC Involvement Affect Peace Processes," *International Journal of Transitional Justice*, 9-3 (2015 October), p440.

（8）例えば、Eki Yemisi Omorogbe, "The Crisis of International Criminal Law in Africa: A Regional Regime in Response?," *Netherlands International Law Review*, 66 (September 2019), pp. 287–311; Mattia Cacciatori, "When Kings Are Criminals: Lessons from ICC Prosecutions of African Presidents," *International Journal of Transitional Justice*, 12-3 (November 2018), pp. 386–406.

（9）このような問題意識と分析視角についての言及は、武内進一「アフリカ研究者の紛争研究——日本の国際政治学と地域研究」『国際政治』第二〇〇号、二〇二〇年、三一—三三頁を参照。

（10）Brett Shadle, "White settlers and the law in early colonial Kenya," *Journal of Eastern African Studies*, 4-3 (November 2010), pp. 510–524.

（11）Jeffrey Steeves, "Devolution in Kenya: Derailed or on track?," *Commonwealth & Comparative Politics*, 53-4 (October 2015), pp. 457–474.

（12）Rol Ajulu, "Kenya's 2017 elections: derailing democracy

through ethno-regional violence," *Journal of African Elections*, 7-2 (2008), pp. 33–35.

(13) Makau Mutua, *Kenya's Quest for Democracy: Taming Leviathan* (Lynne Rienner Publishers, 2008), p. 75.

(14) Nic Cheeseman, "The Kenyan Elections of 2007: An Introduction," *Journal of Eastern African Studies*, 2-2 (May 2008), p. 170.

(15) Scott Straus and Charlie Taylor, "Democratization and Electoral Violence in Sub-Saharan Africa, 1990–2008," in Dorina Bekoe, ed., *Voting in Fear: Electoral Violence in Sub-Saharan Africa* (United States Institute of Peace Press 2012) p. 19.

(16) 津田みわ「暴力化した『キクユ嫌い』――ケニア二〇〇七年総選挙後の混乱と複数政党制政治」『地域研究』九巻一号、二〇〇九年三月、九〇―一〇七頁。

(17) Charles Fernandes Taylor, Jon CW Pevehouse, and Scott Straus, "Perils of pluralism: Electoral violence and incumbency in sub-Saharan Africa," *Journal of Peace Research* 54 (May 2017), pp. 397–411.

(18) Jacob Rasmussen, "Parasitic Politics: Violence, Deception and Change in Kenya's Electoral Politics," in Mimmi Soderberg Kovacs and Jesper Bjarnesen, eds., *Violence in African Elections: Between Democracy and Big Man Politics* (Zed Books 2018), pp. 176–196.

(19) UN Document, S/2004/616, 23 August 2004.

(20) UN Document, A/67/L.1, 19 September 2012.

(21) Martha Finnemore and Kathryn Sikkink, "International Norm Dynamics and Political Change," *International Organization*, 52-4 (Autumn 1998), pp. 887–917; Payam Akhavan, "Beyond Impunity: Can International Criminal Justice Prevent Future Atrocities?," *The American Journal of International Law*, 95-1 (January 2001), pp. 7–31; Carsten Stahn "How is the Water? Light and Shadow in the First Years of the ICC," *Criminal Law Forum*, 22-1 (2011), pp. 175–197.

(22) OTP (ICC Office of the Prosecutor), *Statement in Relation to Events in Kenya* (5 February 2008).

(23) Gissel, *op. cit.*, p. 439.

(24) Priscilla Hayner, *Negotiating Justice: Guidance for Mediators* (Geneva: The Centre for Humanitarian Dialogue (HD Centre) and the International Center for Transitional Justice, 2009), p. 9.

(25) Njonjo Mue and Judy Gitau, "The Justice Vanguard," in Christian De Vos, Sara Kendall and Carsten Stahn, eds., *Contested Justice: The Politics and Practice of International Criminal Court Interventions* (Cambridge University Press 2015) p. 208.

(26) James Thuo Gathii, *The Contested Empowerment of Kenya's Judiciary, 2010–2015: A Historical Institutional Analysis* (Sheria Publishing House 2016); Benson Olugbuo, "Operationalising the Complementarity Principle: A Case for a Differentiated Standard in Kenya's Post-Election Violence," in Charles Chernor Jalloh and Ilias Bantekas, eds., *The International Criminal Court and Africa* (Oxford University Press 2017), pp. 64–90.

(27) ICC, "Application on behalf of the Government of The Republic of Kenya pursuant to Article 19 of the ICC Statute," ICC-01/09-01/11-19, 31 March 2011, para.23.

(28) Stephen Mutula, Wilson Muna, and Geoffrey Koma, "Leadership and Political Corruption in Kenya: Analysis of the 2010 Constitutional Provisions on the Presidency," *The Journal of Social, Political, and Economic Studies*, 38-3 (Fall 2013) pp.

263–286.

(29) Gabrielle Lynch, *Performances of Injustice: The Politics of Truth, Justice and Reconciliation in Kenya* (Cambridge University Press 2018) p. 35.

(30) Karuti Kanyinga and Collins Odote, “Judicialisation of Politics and Kenya’s 2017 Elections.” *Journal of Eastern African Studies*, 13-2 (March 2019), pp. 235–252; 藤井広重「ケニアにおける司法化する選挙と二〇二二年大統領選挙の行方――司法化の進捗は選挙暴力を防ぐのか?」『アフリカレポート』第六〇巻、二〇二二年二月、七一一八頁。

(31) Njonjo Mue, “Foreword” in Migai Akech ed., *Institutional Reform in the New Constitution of Kenya* (International Center for Transitional Justice, 2010), p. 3.

(32) Migai Akech, *Institutional Reform in the New Constitution of Kenya* (International Center for Transitional Justice, 2010). Cornelia Glinz, “Kenya’s New Constitution: a Transforming Document or Less than Meets the Eye?,” *Verfassung und Recht in Übersee / Law and Politics in Africa, Asia and Latin America*, 44-1 (2011) pp. 60–80.

(33) World Bank, *Kenya: Judicial Performance Improvement Project*, World Bank Report No: 72979 – KE.

(34) Kempe Ronald Hope, *The political economy of development in Kenya*, (Bloomsbury Publishing 2012) p. 102.

(35) World Bank, *op. cit.*, p. 4–8.

(36) Republic of Kenya, Judiciary Transformation Framework: 2012–2016, (Nairobi: The Judiciary 2012), p. 2.

(37) Akech, *op. cit.*, p. 29–30.

(38) ICTJ (International Center for Transitional Justice), *Prosecuting International and Other Serious Crimes in Kenya*, ICTJ May 2013.

(39) Jan van Zyl Smit, “Kenya’s new Chief Justice must press on with cleaning up the judiciary,” *The Conversation*, 7 October 2016, https://theconversation.com/kenyas-new-chief-justice-must-press-on-with-cleaning-up-the-judiciary-66372 (二〇二三年二月二八日閲覧).

(40) The Standard, “Sharad Rao team recommends disciplinary tribunal for judges,” *The Standard*, 6 September 2016, https://www.standardmedia.co.ke/kenya/article/2000214912/sharad-rao-team-recommends-disciplinary-tribunal-for-judges (二〇二三年二月二八日閲覧).

(41) CIPEV, *op. cit.*, p. 455. Akech, *op. cit.*, p. 28.

(42) Akech, *op. cit.*, p. 20.

(43) 同選挙暴力に関与した数百人が逮捕されたとも言われているが、逮捕者の氏名は著名な実業家を除けば明らかにされていない。Godfrey M. Musila,“Options for Transitional Justice in Kenya: Autonomy and the Challenge of External Prescriptions,” *International Journal of Transitional Justice*, 3-3 (October 2009), pp. 445–464.

(44) Bernard Koech, “Fresh Doubt about Mandate of Kenya’s Special Court,” Institute for War & Peace Reporting ACR Issue 381, 21 February 2014, https://www.refworld.org/docid/530c76f94.html (二〇二三年二月二八日閲覧).

(45) ICTJ, *op. cit.*

(46) HRW (Human Rights Watch), Turning Pebbles’ Evading Accountability for Post-Election Violence in Kenya, 9 December 2011, https://www.hrw.org/report/2011/12/09/turning-pebbles/evading-accountability-post-election-violence-kenya (二〇二三年二月二八日閲覧); Amnesty International, Crying for Justice: Victims’

perspectives on justice for the post-election violence in Kenya, 15 July 2014, https://www.refworld.org/docid/53c913144.html（二〇二三年二月二八日閲覧）.

（47）Judie Kaberia, New Kenyan Justice Effort Meets Scepticism, IWPR, 4 April, 2012, https://iwpr.net/global-voices/new-kenyan-justice-effort-meets-scepticism（二〇二三年二月二八日閲覧）.

（48）ＩＣＤの計画は、Wayamo 財団などの国際的な支援を受けながら執筆時点でも進められており、その名称は、国際・組織犯罪部門（International and Organised Crimes Division: ＩＯＣＤ）へと変更された。

（49）Koech, *op. cit.*; Kaberia, *op. cit.* なお、既存の刑事司法制度でも多国籍犯罪として、ソマリア沖の海賊行為が訴追されており、ＩＣＤが設置されなければ二〇〇七年選挙後暴力に対処できないわけではない。杉木明子「誰が「海賊」を処罰するのか?——「地域訴追モデル」とケニアにおける海賊裁判——」『アフリカレポート』五四巻、二〇一六年、一—一二頁。

（50）Thomas Obel Hansen, "Complementarity in Kenya? An Analysis of the Domestic Framework for International Crimes Prosecution," *Transitional Justice Institute Research Paper*, 16-07 (April 2016) pp. 16.

（51）Hope, *op. cit.*, p. 96.

（52）Lionel Nichols, *The International Criminal Court and the End of Impunity in Kenya*, (Springer International Publishing 2015), p. 198.

（53）Aeneas Chuma and Ozonnia Ojielo, "Building a Standing National Capacity for Conflict Prevention and Resolution in Kenya," *Journal of Peacebuilding and Development*, 7-3 (March 2012), pp. 25–39.

（54）Lynch, *op. cit.*

（55）James D. Long, Karuti Kanyinga, Karen E. Ferree, and Clark Gibson, "Kenya's 2013 Elections: Choosing Peace Over Democracy," Journal of Democracy, 24-3 (July 2013), pp. 140–155.

（56）Claire Elder, Susan Stigant and Jonas Claes, *Elections and Violent Conflict in Kenya: Making Prevention Stick* (USIP, CRECO and IPYF 2014).

（57）Collins Odote, "The 2013 elections and the peace narrative (2013–2015)" in Nic Cheeseman, Karuti Kanyinga and Gabrielle Lynch, eds., *The Oxford Handbook of Kenyan Politics* (Oxford University Press 2020) pp. 96–107.

（58）Nic Cheeseman, Gabrielle Lynch and Justin Willis, "Democracy and Its Discontents: Understanding Kenya's 2013 Elections," *Journal of Eastern African Studies*, 8-1 (January 2014), pp. 2-24; Elder, *op. cit.*

（59）Long, *op. cit.*

（60）John Harrington and Ambreena Manji, "Restoring the Leviathan? The Kenyan Supreme Court, Constitutional Transformation, and the Presidential Election of 2013," *Journal of Eastern African Studies*, 9-2 (April 2015), pp. 175–192.

（61）Samuel Makinda, "From Quiet Diplomacy to Cold War Politics: Kenya's Foreign Policy," *Third World Quarterly*, 5-2 (April 1983), p. 312.

（62）Francis M. Mwega, *A Case Study of Aid Effectiveness in Kenya: Volatility and Fragmentation of Foreign Aid, With a Focus on Health* (Wolfensohn Center for Development 2009).

（63）Gissel *op. cit.*, pp. 441–442.

（64）だが、これが結果的に欧米からの干渉を快く思わない市民のジュビリー連合への支持につながったとも指摘される。Dominic Burbidge, "Can Someone Get Me Outta This Middle-Class *Zone*?!

Pressures on Middle Class Kikuyu in Kenya's 2013 Election," *Journal of Modern African Studies*, 52-2 (April 2014), pp. 205–225.

（65）Samuel Makinda, "The rise of China in Kenya's foreign relations," in Nic Cheeseman, Karuti Kanyinga and Gabrielle Lynch, eds., *The Oxford Handbook of Kenyan Politics* (Oxford University Press 2020) pp. 602–615.

（66）平野克己「アフリカ史の新たな動力源、中国」川島真・遠藤貢・高原明生・松田康博編『中国の外交戦略と世界秩序——理念・政策・現地の視線』昭和堂、二〇二〇年、九二頁。

（67）Bob Wekesa, "From Cold War to Bosom Friends: How Kenya Became China's Ally." Business Daily, 19 August 2013, https://www.businessdailyafrica.com/bd/economy/from-cold-war-to-bosom-friends-how-kenya-became-china-s-ally-allies-2039242 (二〇二三年二月二八日閲覧).

（68）Apurva Sanghi and Dylan Johnson, "Deal or No Deal: Strictly Business for China in Kenya?," *World Bank Policy Research Working Paper*, 7614 (March 2016), pp. 1–2.

（69）Anita Kiamba and Veit Bachmann, "Kenya–EU Relations: Perspectives and Expectations," in Veit Bachmann and Martin Müller, eds., *Perceptions of the EU in Eastern Europe and Sub-Saharan Africa* (Palgrave Macmillan 2015), p. 145.

（70）Makinda 2020 *op. cit.*, p. 610.

（71）Larisa Epatco, "Why Obama Is Visiting Senegal, South Africa and Tanzania But Not Kenya," PBS News Hour, 25 June 2013, https://www.pbs.org/newshour/world/africa-tour (二〇二三年二月二八日閲覧).

（72）Njoki Wamai, "International Relations and the International Criminal Court," in Nic Cheeseman, Karuti Kanyinga and Gabrielle Lynch eds., *The Oxford Handbook of Kenyan Politics* (Oxford University Press 2020), p. 570.

（73）Mumo Nzau, "The Strategic Art of Appeasing Old Lovers while Courting New Friends: Kenya's Foreign Relations in Retrospect," in Michael Mwenda Kithinji, Mickie Mwanzia Koster, Jerono P. Rotich eds., *Kenya After 50: Reconfiguring Historical, Political, and Policy Milestones* (Palgrave Macmillan 2016), p. 137.

（74）例えば、Phil Clark, "The International Criminal Court's Impact on Peacebuilding in Africa," in: Terence McNamee and Monde Muyangwa, eds., *The State of Peacebuilding in Africa* (Palgrave Macmillan 2021), pp. 235–256.

（75）Jean-Franois Bayart, "Africa in the World: A History of Extraversion," *African Affairs*, 99-395 (April 2000), pp. 217–267. 遠藤貢「グローバル化の中のアフリカ」『国際政治』第一五九号、二〇一〇年二月、三頁。

（76）トーマス・シェリング／河野勝訳『紛争の戦略：ゲーム理論のエッセンス』勁草書房、二〇〇八年。

〔付記〕本論文はＪＳＰＳ科研費［基盤研究（Ｃ）21K01343：代表 藤井広重］の助成を受けた研究成果の一部である。

（ふじい　ひろしげ　宇都宮大学）

日本国際政治学会編『国際政治』第210号「岐路に立つアフリカ」(二〇二三年三月)

紛争再発と和平合意

小林綾子

はじめに

なぜ、武力紛争と和平合意の締結を繰り返す国があるのか。現代の武力紛争の多くは再発した紛争であり、戦闘と和平プロセスを繰り返すことがある。なぜ紛争が繰り返されるのか、という問いとともに、なぜ和平合意がいくつも締結されるのか、も問われるべきではないだろうか。

先行研究は、紛争から平和へ向かうには和平交渉と和平合意の締結が必要であり、和平交渉には第三者の関与が有効であることを前提とする。しかし、先行研究は、ある紛争経験国で和平合意の数が突出しているのはなぜか、また、その数にもかかわらず平和が訪れない場合があるのはなぜかを説明していない。本稿は、和平交渉の場を提供する国際仲介者の存在によって生じてしまう弊害を、国際仲介のジレンマとして提示する。繰り返す紛争と和平合意の中で、紛争当事者は学習し、ジレンマを利用したり、回避しようとする。

本研究の学術的及び政策的示唆は、国際社会と国内紛争の共振である。紛争後の和平プロセスにおいて紛争当事者が国際社会から影響を受けているときに、国際社会もまた、紛争当事者の動きに左右される。国際政治と国内政治が相互に影響を及ぼし合いながら、時間の経過に伴って和平プロセスは複雑になっていく。

以下、第一節では、本特集号のテーマであるアフリカを焦点に、冷戦終結後、和平合意が多く重ねられてきた紛争経験国があるという事実をデータで示す。第二節では、現実主義アプローチを紹介する。その上で、現実主義アプローチを採用することで見える国際仲介のジレンマと、紛争当事者の学習や反応を整理し、仮説を立てる。第三節で、アフリカの中で最も多くの和平合意が重ねられてきたスーダンにおける複数の事例で仮説を検証し、第四節で比較考察をおこなう。

一　内戦終結研究の課題とデータで見る和平合意数

二〇一八年の内戦終結研究によれば、冷戦期には一方の紛争当事者の勝利で終結する内戦が五割を超えていたが、一九九〇年代にはその割合が減り、紛争が低烈度となって終結するか、交渉により終結する内戦の割合が増えている。(1)(2) 紛争当事者が好んで和平交渉による内戦終結と和平プロセスの開始を選択したというよりは、国際社会が、一方の紛争当事者による勝利よりも、和平プロセスによる終結の方が望ましいと推進してきた事情がある。こうした現実の動きに伴い、内戦終結研究は、和平交渉・合意のタイミング（例：成熟期理論）、(3)内容（例：権力分有）、(4)合意の強さや履行の順番、(5)(6)反乱軍の組織的特徴といった条件が、(7)紛争終結や紛争後の平和にどれだけ影響があるかを考察してきた。

しかし、これらの先行研究は、現代の内戦はほとんどが再発型である、という特徴を十分考慮していない。五十年前であれば、ほとんどの内戦は当該国で最初の内戦だった。ところが、二〇〇〇年までには、九割の内戦は紛争経験国で再び発生した内戦になった。(8) 地域的にはサブサハラ・アフリカと中東に集中している。内戦が繰返され、和平合意締結による紛争解決を目指す交渉の試みも増えている。そうであるならば、内戦再発の条件とともに、和平合意が積み重なる条件を考察することも、同様に重要ではないだろうか。

アフリカ地域に焦点をあてたとき、興味深いのは、この地域で締結された和平合意の数が、他の地域と比較して突出して多いという事実である。アフリカ地域に分類される国の数が最も多いから、紛争の数も多いから、アフリカで和平合意の数が多いのは当然だという指摘もあるだろう。だからといって、ある紛争経験国で和平合意が何度も締結されてきた事実を見過ごす理由にはならない。

なお、本稿で和平合意とは、少なくとも二つの紛争当事者を含む、紛争の争点を盛り込んだ公式文書としての合意であり、部分的な合意、包括的合意、和平合意の履行過程を確認するプロセス合意が該当する。(9)

図1は、武力紛争のタイプを国内武力紛争に限定し、締結された和平合意の数を地域別に表したものである。データの偏りを回避するため、三つの和平合意データベースを並列させた。エディンバラ大学の和平合意データベース（ＰＡ―Ｘ）、(10)国連政治・平和構築局（旧・政務局）のピースメーカー、(11)そしてウプサラ大学の紛争データ・プログラム（ＵＣＤＰ）の和平合意データベースである。(12)いずれも二〇二一年一二月時点の公開データとし、ＰＡ―Ｘの地域分類を用いて他の二つのデータを新たに地域分けした。ＰＡ―Ｘが扱う和平合意の数は多く、ＵＣＤＰのデータでは少ない傾向がある。こうした違いはあるが、三つのデータベースともに、和平合意の数がもっとも多い地域はアフリカである。

アフリカを国別に見ると、一九九〇年から二〇一八年の期間では、スーダンで締結された和平合意数が最も多く、ブルンジ、リベリア、チャド、中央アフリカ共和国、コートジボワールといった国々が続く（図２）。また、ＵＣＤＰのデータを用いて、和平合意の

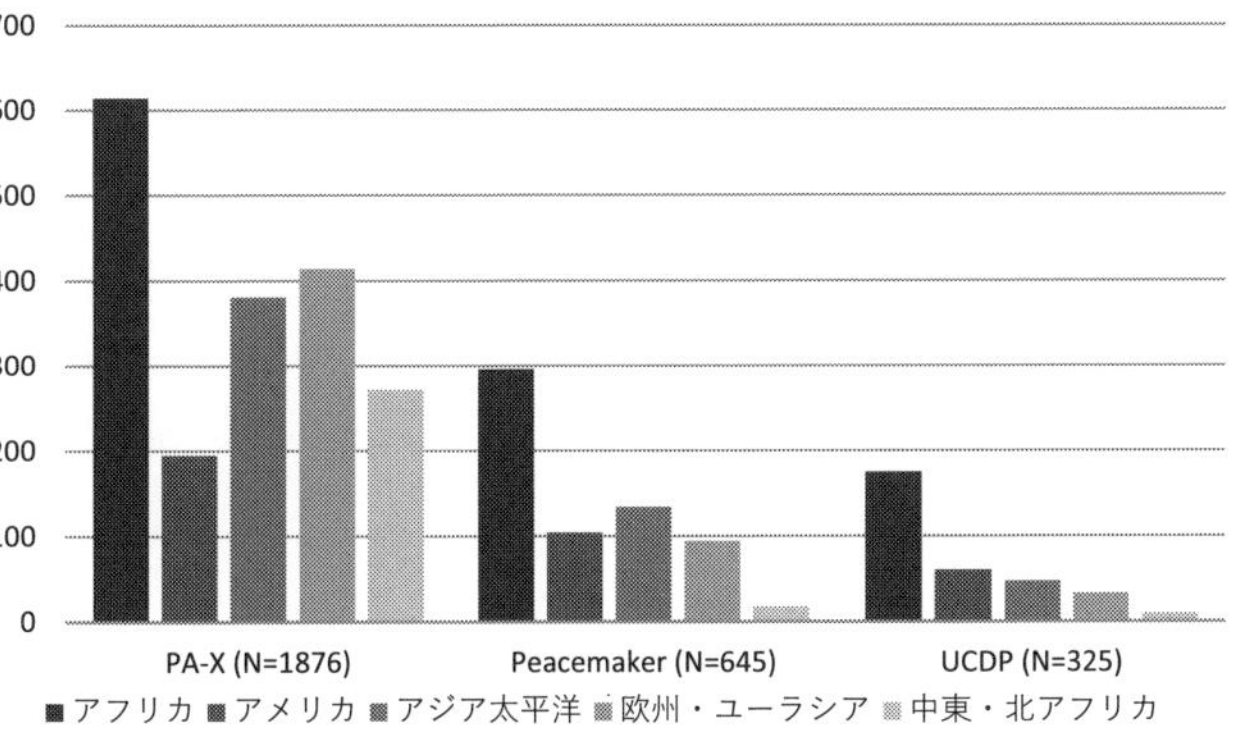

図 1　地域別和平合意数比較（筆者作成）

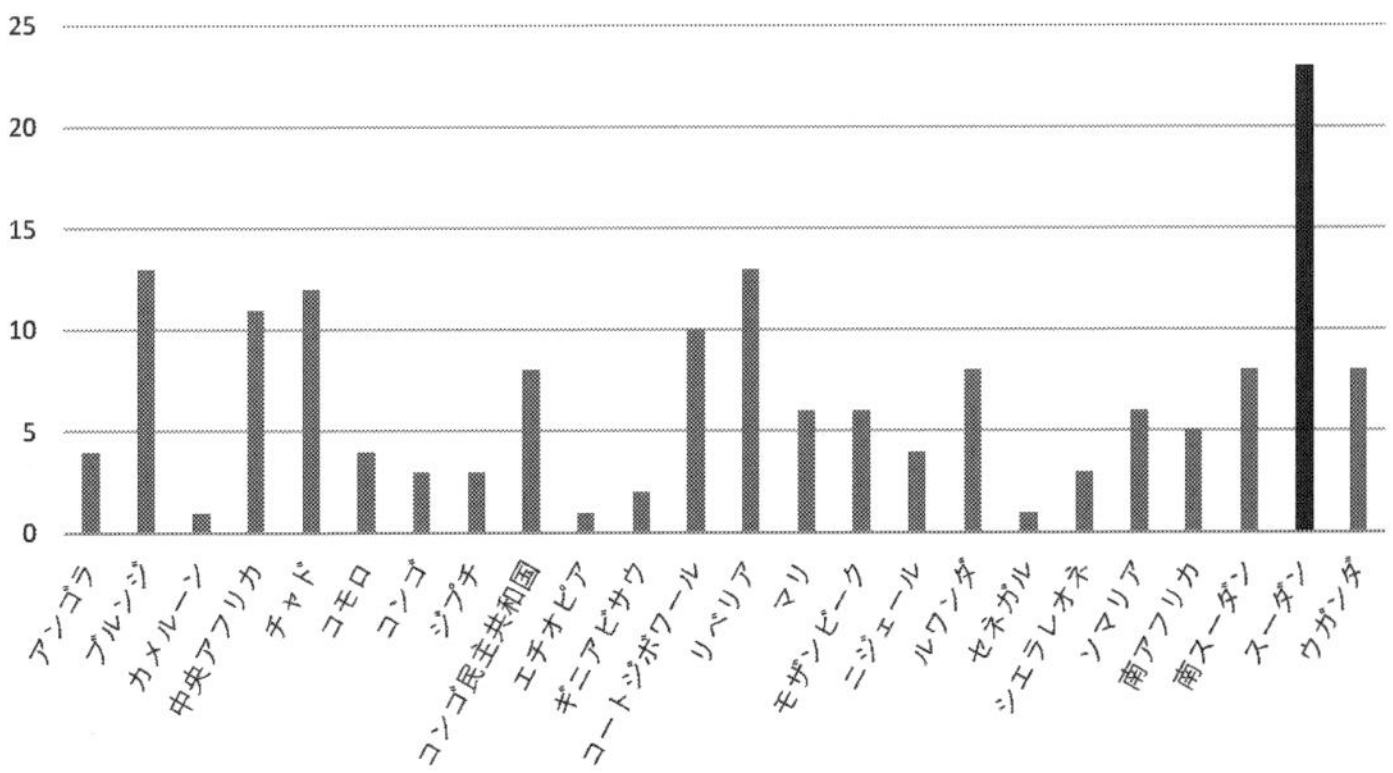

図 2　1990–2018 年のアフリカ紛争経験国別和平合意数（UCDP のデータより筆者作成）

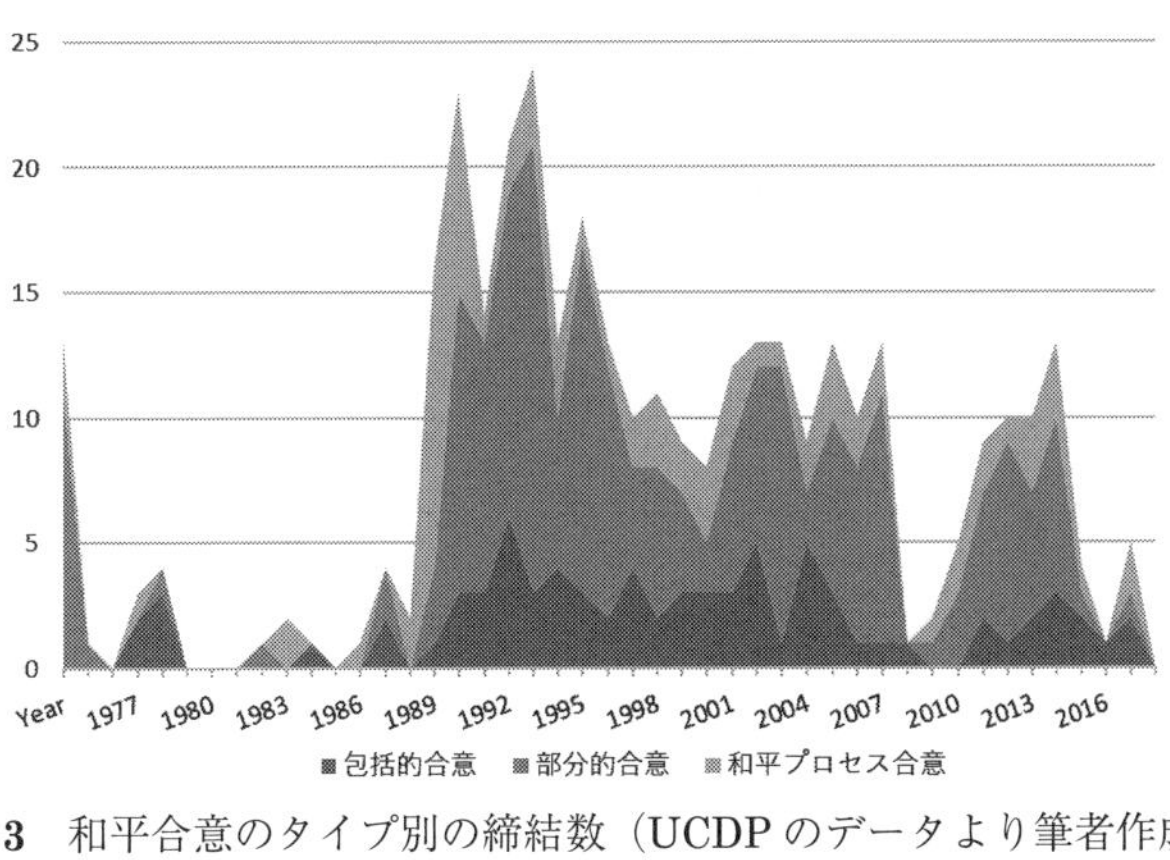

図 3　和平合意のタイプ別の締結数（UCDP のデータより筆者作成）

タイプを積み上げ面グラフで表すと、包括的和平合意よりも部分的な合意が多く、プロセスを確認する合意が多少加わるというイメージを描ける（図3）。各研究機関で二〇〇〇年代から二〇一〇年代にかけて和平合意のデータベース化が進んだ背景には、図3からも明らかなとおり、冷戦後、和平合意の数が格段に多くなったという事情がある。次節で、「ある紛争経験国で和平合意数が多いのはなぜか」を考察するために、現実主義アプローチを採用し、国際仲介のジレンマと紛争当事者の学習に基づく仮説を提示する。

二　現実主義アプローチで見る国際仲介のジレンマ

(1)　現実主義アプローチ

本稿で採用するアプローチは、「国際平和構築のリベラル理想主義に対する現実主義的反応[13]」、「現実主義的転回[14]」、「プラグマティック・ピース[15]」などと議論されてきた、現実主義アプローチである。このアプローチを採用するデイヴィッド・チャンドラー（David Chandler）は、例として、デイヴィッド・A・レイク（David A. Lake）による「国家建設者のジレンマ」研究をあげる[16]。「国家建設者のジレンマ」とは、大国がある紛争国に介入する関心を強めるほど、当該国では現場に根差した平和づくりと乖離が起こる問題を指す。チャンドラーは、レイクが国際介入による平和構築への意図せざる負の効果を分析したような、現実主義的な見方が必要であるとする[17]。リベラル平和構築論のみならず、「上からの」リベラル平和構築論を批判して発展した「ローカルな平和」研究も、平和を実現する解決策を提示しようと急ぐ傾向がある。解決策に急ぐよりも、国際介入により発生する問題や、和平プロセス中に見られる問題を把握することが肝要だ、というのが現実主義アプローチを採用する者の立場である[18]。なお、レイクは軍事介入を含めて「国際介入」と表現したが、本稿では紛争当事者間の和平交渉の間に立つ国際関与を中心に議論するため、「国際仲介」を用いる。

現実主義アプローチについては、一九九〇年代から議論が重ねられてきた。レイクは、アフリカの紛争・平和研究者ドナルド・ロスチャイルド（Donald Rothchild）らと、権力分有による平和の実現を批判しながら、次のように指摘した。ある国における紛争から平和へのプロセスは、「終着点や最終解決のない継続的プロセス」である[19]。紛争当事者が、政治、領域、軍事、経済面で権力分有合意を締結することが紛争後の持続的平和に重要であるという先行研究[20]に対し、レイクらは、そう簡単には紛争は終わらないと反論した。権力分有や領域的分権は、短期的には望ましいかもしれない。しかし、長期的にみると、政治力を持つ者は、時間の経過に伴い、自らが属する集団に権力を集中させる傾向がある。一方、このような傾向に怯える政治力の弱い集団は、自分たちの集団を守り、政治的な地位を獲得するために、分離独立や自治権獲得など、権力分有よりも程度が高い要求をしたり、戦闘を再開することを選ぶ[21]。権力分有を実現できるのは、どの紛争当事者も権力を集中させようとせず、アイデンティティの異なる集団が互いを尊重し共存でき、民主主義がすでに強固であるような、非常に限定的な条件下においてのみである。以上の条件が揃うことは稀であるから、仮に和平交渉では合意しても、長期的に維持できる権力分有はほぼ不可能、とレイクとロスチャイルドは結論づけた[22]。こうした議論の中で、和平交渉を支援する国際仲介の課題も論じられるようになった。

(2) 国際仲介のジレンマ

現実主義アプローチを採用する先行研究は、国際仲介の課題について四つのジレンマを提示する[23]。本稿ではこれを「国際仲介のジレンマ」と呼ぶ。四つのジレンマは以下のとおりである。国際仲介者が存在することにより、(a)紛争当事者は合意をしやすくなるが、本心が隠れやすくなり、和平交渉と合意が形式化する場合がある。(b)既存の権威者が固定され、権力の再集権化が進む場合がある。(c)国際社会の論理に沿う紛争当事者が優遇され、そうでない紛争当事者は不満を持つ場合がある。加えて、(d)国際仲介者が撤退すれば、情勢が再不安定化する場合がある。

より最近の研究でも、これらのジレンマが指摘されている。(a)と同様に、「形式化された政治的未解決」と呼び、和平合意が締結されても政治解決には至らず和平プロセス自体が恒常化する現象を取り上げる研究がある[24]。(b)と同じように、武内進一は、コンゴ民主共和国を例に、国際社会が和平プロセスを支援することは、政権中枢を担う勢力を支えることでもあるとし、特権的な地位が固定化される問題や、和平プロセス支援の反民主主義的性格を論じた[25]。(c)との関係では、国際社会がある国の平和創造や平和構築に関心を持つほど、国際社会の論理に沿う紛争当事者が平和の担い手として選ばれやすい、という指摘がある[26]。あるいは、国際社会から認められることばかりを考え、国内の市民から支持を得ることを軽んじるタイプの紛争当事者がいるという議論もある[27]。紛争経験国内で民主的に平和が醸成されない状況では、現地に平和は定着せず、(d)のとおり、国際仲介者が撤退すれば情勢は再び悪化し、紛争が再燃し、新たな和平合意締結へ向けたプロセスが始まると予想される。

紛争終結研究や和平合意研究が十分考察していない点は、再発型の紛争では、紛争当事者が、国際仲介を伴う和平交渉と合意にまつわる以上の諸課題を経験から学習して次の一手を考えている可能性がある点である。和平交渉のテーブルにつき続け、合意に名を連ねることに利益を見出す紛争当事者もいれば、戦闘に一度戻り、和平プロセスをより有利なかたちで再開したい紛争当事者もいるだろう。経験のある紛争当事者は、次の和平交渉において、自己の勢力に有利な面は利用し、不利な面は回避することが予測される。

レイクは、『国家建設者のジレンマ』で、外部アクターが関与しても成功など望めないとまで論じる。本稿は、この極論を支持するものではない。とはいえ、和平合意が積み重なり続けても平和が訪れないのであれば、批判的なレンズは必要だろう。なぜなら、「泥沼にはまり再発する紛争のほとんどに共通しているのは、エリートと現地コミュニティーの間の乖離である。前者〔エリート〕が自らの視野狭窄な利益の追求のために和平合意を台無しにしている間に、現地コミュニティーは、決まって一番苦しんでいる[28]」からである。

なお、本稿で注目するのは、紛争国で和平合意が多く重ねられてきた事実である。もちろん、和平合意が重ねられない場合もある。アメリカ政府により外国テロ組織に指定された紛争当事者を含む紛争が該当する。[29] テロ組織と呼ばれるような反乱勢力は、欧米中心の国際社会が描く民主主義やリベラル国際秩序観に対し、カウンター・システムの構築を目指す。[30] あるいは、資源の獲得など経済的動機を持つ紛争当事者にとっては、紛争を継続する方が望ましい。国際仲介を受け入れる場合、紛争当事者が、国際社会の論理に乗りながら政治権力を追求することを意味する。

(3) フォーラム・ショッピングとフォーラム形成

現実主義アプローチが示す国際仲介のジレンマとは、国際的な仲介者が介在することによって、紛争国内部で政治的な問題を惹起することである。かつ、本稿では、紛争当事者が、経験をもとに、紛争と和平合意積み重ねの中で生じる国際仲介のジレンマを利用すると予測する。

では、紛争当事者は、どのように、国際仲介のジレンマを利用するのだろうか。本稿では、「フォーラム・ショッピング」を援用する。フォーラム・ショッピングとは、重層的に存在する国際制度や組織を利用して、アクターが自らの利益を実現するためにフォーラムを選択することである。国際貿易や国際裁判等で注目され、最近では安全保障分野でも分析に用いられるようになった。[31] 本稿では、国際仲介を伴って成り立つ和平交渉の場を「フォーラム」と設定する。先行研究は、「フォーラム・ショッピング（FS1）」に加えて「ショッピング・フォーラム（SF）」があると指摘した。[32] フォーラム提供側が政治目的で紛争を利用することである。本稿で含めるのは、SFとも異なる、紛争当事者による、いわば「フォーラム形成《シェイピング》（FS2）」の動きといえる。要するに、紛争当事者が仲介者を選択してきた（FS1）だけではなく、自己の目的のためにフォーラムの形成や提案をおこなう場合がある（FS2）ということである。

アフリカの武力紛争は、政治エリートにとって「利権獲得の手段」あるいは「誰が国家を支配するのか」をめぐる争いであり続けてきた。[33] 和平交渉の場も、紛争指導者を筆頭とする集団が、権力を獲得・維持しようとする闘争の場となる。どのようなフォーラムを選ぶかは、紛争当事者にとって利権や国家支配にも直結する重要な選択である。合意を履行するよりも、和平交渉の交渉者であり続けることが利権獲得に重要であれば、和平プロセスは形式化・恒常化しうる。なぜなら、和平交渉のテーブル（中心）に居続けることが、政治エリートの再集権化や地位の固定化、特権的扱いに有利に働くからである。反対に、こうした「中心」から疎外された集団は、「中心」の仲間入りを目指す。あるいは、この和平合意プロセスで中心的アクターになれない、なれても目的を達成できない、と判断すれば、紛争を再発させ、より有利なかたちで和平交渉を行うというシナリオが繰り返される可能性もある。では、和平合意が積み重ねられてきた紛争経験国において、国際仲介のジレンマや紛争当事者の反応は、具体的にどう現れてきたのだろうか。

図2で示したとおり、アフリカ諸国の中でも、スーダンの和平合意数は突出している。そこで、次節ではスーダンにおける四つの紛

争を事例として、紛争当事者がどのように国際仲介のジレンマに反応したり、これを利用してきたかを確認する。同一国内の複数事例を検討することにより、過去の、あるいは国内の別の地域の紛争の影響を考慮することができる。

三　事例研究

スーダンでは、植民地独立と同時に第一次スーダン内戦（一九五五―一九七二年）が勃発し、和平合意で終了した一一年後、(1)第二次スーダン内戦が発生し、包括和平合意の締結により終了した（一九八三―二〇〇五年）。(2)二〇〇〇年代には西部のダルフール紛争、(3)二〇一〇年代には南北スーダン国境沿いにある南コルドファン州および青ナイル州での紛争が問題となった。(4)二〇一九年四月には、民衆蜂起をきっかけに三十年間にわたるバシール（**Omar al-Bashir**）政権が崩壊し移行政権となったが、クーデターにより、軍が再び支配を強めている。

　以上の紛争に対し、多様な国際仲介者が紛争当事者の間に立ってきた経緯がある。スーダンが、地理的に中東とアフリカの結節点であり、テロとの戦いでも重要な国であり、複数の国連平和維持活動（ＰＫＯ）を受け入れてきた経緯があるなど、第三者が関心を持ちやすく、関与しやすかったという条件もある。四つの事例には、紛争当事者が、次項の事例である第二次スーダン内戦の「成功」体験に依拠して権力を維持・獲得しようとした場合（形式化、地位の再集権化や固定化）、反対に「不満」を持った場合（一部の紛争当事者の特権的扱いへの不満）、国際仲介に「反対」で、国内問題化しようとした場合（撤退後の不安定化）がある。

　事例研究にあたり、資料は、既述の和平合意データベースが掲載する合意文書、メディアや国際機関の公開情報、シンクタンクの報告書、スーダン歴史・地域研究、紛争・平和研究の文献を参照した。

(1)　第二次スーダン内戦の終結

　一九八三年から二十年以上続いた第二次スーダン内戦は、二〇〇五年にスーダン包括和平合意（ＣＰＡ）の締結によって終了した。合意に署名したのは、スーダン政府と南部の反乱軍スーダン人民解放運動・軍（ＳＰＬＭ／Ａ）である。国際仲介を伴って、スーダン政府とＳＰＬＭ／Ａの間で、二〇〇二年を皮切りに、マチャコス議定書、権力分有議定書、富の配分議定書、アビエ紛争解決議定書、ヌバ山地／南コルドファン及び青ナイル州における紛争解決議定書、治安措置議定書が締結された。ＣＰＡはこれをまとめた二百五十頁以上にわたる和平合意である。

　二〇〇五年のＣＰＡ締結後、暫定履行期間を経て、二〇一一年には南部スーダン住民投票が平和裏に実施され、九八パーセント以上の有権者がスーダンからの分離独立を選び、南スーダンの独立が決定した。国際社会からは、ＣＰＡの締結と履行は成功と見なされる傾向がある。しかし、成功させるための戦略が、後の紛争の火種や紛争解決を困難にさせる原因にもなった。国際仲介の四つのジレンマの観点で、以下整理する。

　ＣＰＡは「包括的」和平合意であるが、スーダン全体の紛争を解決する包括性はなかった。スーダン西部で発生したダルフール紛争を闘う紛争当事者は、CPAの交渉に関与できなかった。CPAに含まれた課題の中にも南スーダンの独立を問う住民投票という「熱い」課題と、その他の「冷めた」課題があった。南北スーダンの国境沿いにある係争地アビエの帰属問題は、住民投票で決められると合意されたにもかかわらず、棚上げ状態が続いた。ヌバ山地／南コルドファン及び青ナイル州（二州）における紛争解決議定書では、住民協議でこの地に住む人々が自治の在り方を決定できる旨合意されたが、住民協議はほとんど進まなかった。国際社会は、紛争解決と平和の達成に包摂性を要求する。この包摂性のベールに様々な課題やアクターを包み込み、とりあえずは合意を締結しながら、履行や解決は曖昧にする、という「形式化」された課題の方が多かった。南スーダン独立決定後、ポストCPA課題と呼ばれた、国境線画定や市民権問題、石油収益配分、通貨、債務・資産配分、ナイル川水利権問題についても同様の傾向が指摘できる。

第二のジレンマである「権力の固定化および再集権化」について、第二次スーダン内戦後の和平交渉にあたっては、スーダン政府とSPLM／Aという主要な当事者の間で紛争を解決することが目指された。仲介役であった政府間開発機構（IGAD）やIGADを支えたトロイカ（アメリカ、イギリス、ノルウェー）も、意図的に他の紛争当事者を和平交渉の場から排除し、あくまで北部の政府対南部の反乱軍の戦いを解決するための和平交渉とした。仲介者が紛争を分かりやすく整理して解決しようとした点を「単純化」戦略と説明する研究がある。(34) 単純化により、スーダン政府とSPLM／Aの権力は、固定化、再集権化された。SPLM／A以外の反乱軍にとっては、利権獲得の機会が失われただけではなく、SPLM／Aに裏切られた経験でもあった。なぜなら、SPLM／Aが、第二次スーダン内戦は、スーダン政府対その他の地域という「中心対周辺」の戦いだという構図を描き、さまざまな反乱軍と協力関係を築いたからである。こうした経緯で、「周辺」側としてSPLM／Aとともに戦っていたはずの反乱軍は和平交渉から外された。

第三のジレンマである、国際社会の論理に沿う紛争当事者が優遇されることも確認できる。この南北スーダン和平交渉の反乱軍として国際社会から交渉に臨むことが認められていたSPLM／Aは、CPAの交渉中、国内の他の反乱軍の戦闘を支援していた。にもかかわらず、CPAを締結させるために、国際社会は目をつぶった。ダルフールの反乱軍や、南北スーダン境界線沿いで北部スーダン出身だが南部の反乱軍側に立って戦ってきたSPLM／A―北部、係争地アビエの紛争当事者たちは、スーダン政府とSPLM／Aというアクターや南スーダンだけが特別扱いされることに不満を持った。

第四のジレンマである、国際仲介者の撤退による再不安定化は、国連PKOである国連スーダン・ミッション（UNMIS）等が展開し、CPAの履行を監視・支援したことにより二〇〇〇年代後半は概ね回避された。

とはいえ、ここまでまとめたとおり、成功といわれるCPAは禍根を残すものであり、その後の紛争解決・和平プロセスにも影響を及ぼした。第二項では、ＣＰＡ交渉で除外されたダルフール、第三項では、ＣＰＡ交渉以降曖昧にされ続け、スーダン政府がＵＮＭＩＳを不要とみなすようになった二〇一一年に顕在化した二州問題を取り上げる。

(2) ダルフール紛争

ＣＰＡ交渉中の二〇〇三年、スーダン西部でダルフール紛争が発生した。政府側は民兵であるジャンジャウィードを送り込み、反乱軍側はスーダン解放運動（ＳＬＭ）と正義と平等運動（ＪＥＭ）が対抗したが、その後ＳＬＭが分裂するなど複雑化した。既述のとおり、ダルフールの反乱軍はＣＰＡまでの和平プロセスに入りたかったが含まれなかった。

二〇〇六年に結ばれたダルフール和平合意（ＤＰＡ）は、アフリカ連合（ＡＵ）特使の仲介のもとで締結された、ダルフール版ＣＰＡと表現できる。二〇〇四年から、人道的停戦合意、ンジャメナ合意、停戦委員会設置および監視要員の展開様式に関する合意、人道状況改善に関する議定書、治安状況改善に関する議定書、ダルフール紛争解決のための原則宣言が重ねられ、これらをまとめたのがＤＰＡであった。最終的にＤＰＡに署名したのは、スーダン政府とＳＬＭミニ・ミナウィ派だけであり、ＪＥＭと分裂したＳＬＭアル＝ヌール派は、和平合意に署名欄が設けられていたが署名しなかった。

ＤＰＡの履行がままならない中、二〇〇八年より、ＡＵハイレベル履行パネル（ＡＵＨＩＰ）[35]がダルフール和平プロセスの仲介を主導するようになった。ダルフール問題のみならず、北部のスーダン政府と南部スーダンの間に残るポストＣＰＡ問題の解決も含め、ＡＵＨＩＰの仲介への期待が高まった。加えて、カタールが、国連ＡＵ合同ミッション（ＵＮＡＭＩＤ）の国連ＡＵ共同代表とともにダルフール問題の仲介役を担うようになった。同国のドーハにて交渉が行われ、二〇一一年にはダルフール和平のためのドーハ文書（ＤＤＰＤ）が採択された。

国際仲介のジレンマから見るとどうか。まず、「形式化」の問題がある。交渉の現場ではなかなか合意が締結されないために、ＤＰＡ交渉では、仲介者が交渉の期限を設ける「締切外交」を展開した。国際仲介者には、早期に和平合意を締結させようという目的があった。いくつかの反乱軍は、ＤＰＡはスーダン政府寄り、つまり政府の「権力の固定化」をおこなうだけで、ダルフールの人々の権利や要求を十分反映していないと、署名を拒否した[36]。署名をしたＳＬＭミニ・ミナウィ派も、署名しなければ国連制裁リストに個人名を載せると脅されたために、ＤＰＡに署名した[37]。反乱軍は、合意する意思なく署名していた。

ダルフールの反乱軍が嫌々ながらも合意に署名したのは、ＳＰＬＭ／Ａが南部スーダンの主要な反乱軍と認められたことと同様に、和平合意の締結を通じて、政府と交渉すべき主要な反乱軍と扱われることを目指したからと考えられる。ＳＰＬＭ／ＡがＣＰＡで権力を強固にしたように、ダルフールの反乱軍も主要な紛争当事者（交渉者）となり地位の回復を図ろうとしていたのである。つまり、「権力の固定化・再集権化」で除外された経験から、今度は自らが権力を確立する「中心」に居続けようとしたと解釈できる。

一方、二〇一一年に締結されたDDPDでは、署名したのはスーダン政府と、ダルフールの一〇の小規模反乱軍がまとまって誕生した解放と正義運動（LJM）だけであった。政治力の弱いLJMにとっては、「国際社会の論理に沿う」紛争当事者であるとアピールすることが、ダルフールの主要な紛争当事者と認められるために必要だっただろう。反対に、主要な反乱軍にとっては、和平交渉のテーブルに新たに加わったLJMと同等に扱われれば、自分たちがダルフール版SPLM／Aのような存在になることから遠ざかり、さらにスーダン政府の権力を固めるだけである。引き続き「国際社会の論理に沿う」よう合意に署名することは妥当ではなかった。

なお、ダルフールの現場には、国連AU合同ミッション（UNAMID）が展開され、仲介業務にも携わり、DDPDの締結と履行支援も実施することとなった。

ダルフール紛争をめぐる和平交渉では、少なくとも主要な反乱軍であるJEMやSLM二派にとっては、どのフォーラムも、スーダン政府の権力は維持されるのに反乱軍の地位は高まらないと不満だった。これらの反乱軍は、国際社会の論理に従っても、自分たちにプラスになることは少ないと判断したことが推測される。その結果、DDPDに署名しなかった三勢力は、SPLM—北部（次項参照）と結託し、二〇一一年一一月、スーダン革命戦線（SRF）を形成し、別の和平の道を探り始めた。

(3) 南コルドファンおよび青ナイル州問題

ダルフールの反乱軍とSRFを結成したSPLM—北部は、複雑な背景を持つ。地理的には南北スーダン境界沿いの北部スーダン側にある、南コルドファン州および青ナイル州（二州）出身である。にもかかわらず、第二次スーダン内戦中、南部の反乱軍SPLM／A側の勢力として戦った。既述の通り、SPLM／Aが、政府や国軍との戦いは「北部対南部」や「アラブ対アフリカ」ではなく、「中心対周辺」の戦いだと対立構図を描いたことに共鳴したためである。CPAでは二州で住民協議がおこなわれる旨合意されたが、ほぼ実施されず、二〇一一年以降新たな紛争に突入していった。

二州問題における国際仲介のジレンマに関し、第一に、合意の「形式化」は明らかだった。CPAでは、二州の住民が自治の在り方を決める住民協議をおこなうことを定めた議定書が含まれていた。ところが、CPAの履行期間中、スーダン政府もSPLM／Aも二州での住民協議をほとんど進めなかった。CPAの成果として南スーダンの独立は決まったのに、二州では住民協議は進捗がないと、現地で不満が鬱積した。二〇一一年五月に実施された州知事選の実施及び結果をめぐって対立が深まり、軍事衝突が起こった[38]。

「権力の固定化・再集権化」については、反乱軍に政府と同等に交渉をするような権力が認められないよう、政府が動いてきた経緯がある。ダルフール問題もそうであったが、二州問題はローカルな問題として扱われ続け、国レベルの問題に格上げされることはなかった[39]。スーダン政府を支える軍や与党の強硬派にとっては、政府はすでにCPAで反政府勢力に多くを妥協したのであり、これ以上反乱を許し、交渉で折れることは許せなかった[40]。

「国際社会の論理に沿う紛争当事者が優遇される」点を、利用あるいは回避しようとする動きもあった。二州における住民協議は望めず、治安も回復しない中で、国連・AU・アラブ連盟が協力し、人道アクセスを確保する旨の合意を締結するよう、スーダン政府とSPLM―北部に働きかけた[41]。スーダン政府は、別々の書面に署名することで合意した。SPLM―北部と同じ書面に署名することは、同勢力を対等な交渉相手と認めてしまうためである。SPLM／A―北部が、国際社会の論理に沿う紛争当事者として積極的に国際仲介を伴う交渉のフォーラムを選択しようとするときに、スーダン政府はフォーラムを避けた。

また、第四のジレンマである、「国際仲介者が撤退すると不安定化する」に関係するが、スーダン政府は、南スーダン分離独立のタイミングで、UNMISの活動をこれ以上認めない姿勢を示した。二州での情勢の不安定化は、南スーダン独立直前に発生したものであった。国連は、国連南スーダン・ミッション（UNMISS）を新たに展開するのと同時に、北部スーダンではUNMISの活動を継続し、二州の治安を回復しようとした。ところが、スーダン政府は、二州問題は国内問題であるという姿勢を貫き、国際社会の関与を拒否した。

反乱軍側では、ダルフールの反乱軍もSPLM―北部も、CPAの締結あるいは履行の段階で、国レベルの政治から格下げされ、ローカルな紛争として対処されていることに気づいていた。二〇一一年にSRFを結成したこれらの反乱軍は、AUHIPの仲介で、「一トラック、一プロセス」、つまりダルフールと二州の問題をまとめて解決することを求めた[42]。フォーラム形成の動きともいえる。以上のように、国際仲介を伴う和平交渉のフォーラムをいかに選択するかにおいて、紛争当事者である政府も反乱軍も、国際仲介があることで生じるジレンマを利用したり、反対に回避しようとしてきた。

国内問題を抱き合わせる形で、スーダン政府がフォーラム形成を試みた動きもある。ダルフール問題、二州問題のみならず、二〇一一年以降は「アラブの春」の影響もあり、スーダン国内で若者が抗議活動を展開するなど、スーダンでは国内問題が山積した。そのため、二〇一四年、バシール大統領は、一九八九年の政権奪取以降はじめて、国民対話の実施を提案し、翌年に開始した[43]。国際社会側は、国民対話に反乱軍が参加するよう促す役割にはAUHIPが適任であると仲介を任せた[44]。SRF関係者は、国民対話に関心はあるが、あくまでSRFとしてスーダン国外で和平交渉を進めることを望んだ[45]。ここでも、他にたくさんのアクターが当事者として関与するようになれば、自分たちの政治的な地位は高まらないと懸念したことが推測される。二〇一六年には、AUHIPの仲介の下、政府、JEM、SLMミニ・ミナウィ派、SPLM―北部、ウンマ党の間でロードマップ合意が締結された。この合意では、一時停戦から恒久的停戦合意に向けた交渉、人道アクセスを認める合意の締結、国民対話をより包摂的にすることが含まれた。[46] 一部署名しなかった反乱軍もあり、和平合意の締結をつうじて権力を高めようとする勢力と、そうは見ない勢力と、紛争当事者により判断が分かれたとも読み取れる。反乱軍側からもフォーラム形成の動きがあった。SRF側は、AUHIPを仲介とした和平プロセスに、DDPDの仲介者であったカタール政府も参加するよう要請した。これに対し、スーダン政府は、反乱軍がDDPDに署名しないままバイパスしようとしていると非難した。[47] 提案がうまくいかないとわかると、ダルフールの反乱軍は、AUHIPの仲介はスーダン政府の権力の固定化にしか寄与しないと、仲介努力を強化しつつあったドイツを中心とした仲介に変更すべきだという主張を展開するようになった。[48] このように、時間の経過に伴い、紛争当事者が単にフォーラムを選択するだけでなく、より積極的に交渉の場を自己に有利になるように提案していることが分かる。

(4) 民衆蜂起とバシール政権崩壊後のスーダン

バシール大統領は、国民対話で国民の声に十分耳を傾けていなかった。その証左として民衆蜂起がおこり、二〇一九年四月にバシール政権が崩壊した。民主化勢力である「自由と変化宣言勢力」との暫定政府の間で、二〇一九年八月に政治合意および憲法宣言が合意された。民主化支援のため、国連スーダン統合移行支援ミッション（UNITAMS）が設置された。

暫定政府は、自らフォーラムを形成してきた。民主化、ダルフールおよび二州で残る和平プロセスを抱き合わせで進めることとした。スーダンから分離独立した南スーダンでも、二〇一三年に勃発した内戦以降、和平プロセスが続いていたことから、今度はスーダン政府と南スーダン政府が互いに和平を仲介する形式がとられた。スーダン和平にかかわる合意としては、信頼構築措置および交渉前原則のためのジュバ宣言、スーダン共和国とSRF間の政治宣言、スーダン暫定政府とダルフール・トラック間の枠組み合意、スーダン和平合意（ジュバ和平合意）、スーダン暫定政府とSPLM―北部間の原則宣言が続いた。これらの合意までにAUHIPの仲介はなく、AU特使、周辺国の特使らが支援した。これまでの国際仲介者を選ばないという動きは、国際仲介のジレンマを克服する一歩になるのだろうか、あるいは国際仲介のジレンマをこれまで学んできた紛争当事者として、自らの利権の維持に利用するのだろうか。

二〇二一年一〇月にクーデターが発生し、二〇二二年一月には文民の首相が辞任した。暫定政府で和平プロセスを牛耳っていたのは軍部である。軍も、SRFも、軍が政権を握る方が政治権力を握るうえで有利であるとみなしているという分析がある。[49] 軍部とSRFが国際社会や同盟国を満足させるような合意内容のみを履行し、現地に何も前向きな変化をもたらさない危険性があることさえ指摘されている。[50] 二〇二二年一月、スーダン移行主権評議会副議長のモハメド・ハムダン・ダガロ（Mohamed Hamdan Dagalo）、通称ヒメッティは、国連特使が仲介を試みようとすると、「国連はファシリテーターであり、仲介者であるべきではない」こと、また国際社会の「国内問題への干渉を拒否する」旨の声明を出した。[51] ヒメッティは、二〇一九年以降のスーダン和平プロセスを政府側で主導してきた存在であり、エジプト、サウジアラビア、アラブ首長国連邦（UAE）の支援を受け、スーダンの将来を握ると注目される人物である。[52] 既述のとおり、SRFも軍の支配を支持する向きがある。

多くの仲介者が存在するにもかかわらず、フォーラムが回避されるのは逸脱事例なのか。それとも、国際社会の論理に乗らない政府になったのか。さらなる分析が必要である。

四　考察

スーダンでは、紛争と和平プロセスが繰り返されてきた。反乱軍が多数存在し、国内で複数の武力紛争が同時展開されてきたことも一因である。しかし、それだけではなく、国際仲介者の存在によって顕在化する課題とそれを経験した紛争当事者の反応が、数多くの和平合意を生み出してきたことも明らかになった。

第三節で論じたとおり、国際仲介の四つのジレンマは、異なるかたちではあるが、スーダンの四つの事例で確認された。スーダン政府も反乱軍も、このジレンマを利用あるいは回避するような動きを見せた。第二次スーダン内戦後のCPA締結時には、スーダン政府もSPLM／Aも、国際仲介を伴う和平交渉のフォーラムに前向きに臨んだ。一方、ダルフール紛争後の和平プロセスでは、国際仲介を伴う和平交渉はスーダン政府の権力を維持するものとみなした反乱軍が、合意に否定的な動きを見せた。他方、二州問題では、反乱軍は国際社会の論理に従うアクターとして認められるべく行動したが、スーダン側が問題の国際化を避けた。スーダン政府主導で、あるいはダルフールと二州の反乱軍が組んで、フォーラム形成に動くこともあった。さらに、バシール政権崩壊後には、政府側が国際仲介という「干渉を拒否」する方向に移りつつある。こうした紛争当事者の選択や戦略的な行動が、和平合意が積み重なる、全てのとはいえないが、ひとつの重要な要素になっていると結論付けられる。

本稿で議論しなかった条件にも言及する必要がある。本稿は、紛争当事者間の動きというミクロな動向を考察した。反対に、マクロな変化に目を向けると、国連安全保障理事国五か国が一致して仲介を支援できないという国際的な事情にも、今日の国際仲介の問題があるという指摘がある。[53] 欧米諸国の影響力が相対的に低下する中で、スーダンはじめアフリカ諸国が、中東、湾岸諸国、あるいはロシアとの関係を変化させている。また、地域的な課題、例えば隣国エチオピアや南スーダンでの紛争と和平交渉の動向とも影響し合う可能性がある。紛争再発と和平合意の研究には、長期的な視野が求められる。紛争から平和へのプロセスに終わりがないように、国際関係も終わりなく変化し続けるからである。

おわりに

なぜ多くの和平合意が締結されるのか、という問いは、なぜ内戦は再発するのか、という問いと並行して議論されるべきではないだろうか。こうした問題意識を持ち、本稿では、現実主義アプローチを採用し、和平交渉に国際的な仲介者が存在することで生じるジレンマを紹介しながら、和平合意が積み重なる政治的な要因を考察した。紛争当事者にとってはフォーラム・ショッピングやフォーラム形成が可能となり、繰り返す紛争と和平合意の学習を経て、権力争いが展開されるという仮説を立てた。スーダンの四つの事例で明らかになったのは、紛争当事者が、国際仲介のジレンマを把握しており、時には利用し、時には回避していることであった。

和平交渉で終結する紛争が増え、和平合意と紛争が繰り返されるなら、さらなる和平合意研究が求められる。再発する紛争のサイクルをいかに断つのか、国家建設や平和構築を見据えてどのような紛争の終え方が考えられるのか、という問いに繋げる前提としての研究でもある。国際社会の重層的枠組みを利用しながら、政治エリートたちは権力の維持・拡大の方法を模索し続けている。今日の国際政治学では、グローバルな政治とローカルな政治の共振を確認する重要性が、ますます高まっている。

（1）本稿では、戦闘による死者数が必ずしも多くない武力衝突も含め、ある国の政府対同国内で武力を用いて組織的に対抗する反政府勢力の対立を「武力紛争」や「紛争」と呼ぶ。先行研究同様、ウプサラ大学紛争データプログラム（ＵＣＤＰ）が「内戦」の定義に採用する、戦闘による死者数が年間千人以上の武力紛争を「内戦」と呼ぶ。

（2）Lise Morjé Howard and Alexandra Stark, “How Civil Wars End: The International System, Norms, and the Role of External Actors,” *International Security* 42-3 (2018), pp. 127–171.

（3）I. William Zartman, *Ripe for Resolution: Conflict and Intervention in Africa* (Oxford: Oxford University Press, 1985). 学術雑誌 *Ethnopolitics* 22-2 (2022) は、成熟理論再考特集号である。

（4）Caroline Hartzell and Matthew Hoddie, “Institutionalizing Peace: Power Sharing and Post-Civil War Conflict Management,” *American Journal of Political Science* 47-2 (April 2003), pp. 318–332.

（5）Virginia Page Fortna, “Scraps of Paper? Agreements and the Durability of Peace,” *International Organization*, 57-2 (Spring 2003), pp. 337–372; Suzanne Werner & Amy Yuen, “Making and Keeping Peace,” *International Organization*, 59-2 (Spring 2005), pp. 261–292; 千葉大奈「「強い」停戦合意協定は持続的な平和を導くか」『国際政治』第一八一号、二〇一五年、八九—一〇二頁。

（6）Madhav Joshi, Erik Melander, and Jason Michael Quinn, “Sequencing the Peace: How the Order of Peace Agreement Implementation Can Reduce the Destabilizing Effects of Post-accord Elections,” *Journal of Conflict Resolution*, 61-1, (2017), pp. 4–28.

（7）大林一広「反乱軍の組織と内戦後の和平期間」『国際政治』第一七四号、二〇一三年、一三九—一五二頁。

（8）Barbara F. Walter, “Why Bad Governance Leads to Repeat Civil War,” *Journal of Conflict Resolution*, 59-7 (2015), pp. 1242–272; Barbara F. Walter, “The New New Civil Wars,” *Annual Review of Political Science* 20 (2017), pp. 469–486.

（9）参照したデータベースも同様の和平合意の定義を採用する。

（10）Christine Bell and Sanja Badanjak, “Introducing PA-X, A New Peace Agreement Database and Dataset,” *Journal of Peace Research*, 56-3 (2019), pp. 452–466.

（11）United Nations Peacemaker, https://peacemaker.un.org/document-search (accessed February 13, 2022.)

（12）Therese Petersson and Magnus Öberg, “Organized Violence, 1989–2019 and Peace Agreements,” *Journal of Peace Research*, 57-4 (2020), pp. 589–603.

（13）David Chandler, *Peacebuilding: The Twenty Years Crisis, 1997–2017* (Cham, Switzerland: Palgrave Macmillan, 2017).

（14）*Ibid.*

（15）Louise Wiuff Moe and Finn Stepputat, “Introduction: Peacebuilding in an Era of Pragmatism,” *International Affairs*, 94-2 (March 2018), pp. 293–299.

（16）David A. Lake, *Statebuilders Dilemma: On the Limits of Foreign Intervention*, (Ithaca and London: Cornell University Press, 2016).

（17）Chandler, *op. cit.*

（18）*Ibid.*

（19）David A. Lake and Donald Rothchild, “Containing Fear: The Origins and Management of Ethnic Conflict,” *International Security*, 21-2 (1996), p. 42.

（20）Hartzell and Hoddie, *op. cit.*

（21）David A. Lake and Donald Rothchild, “Territorial Decentralization and Civil War Settlements,” in Philip G. Roeder and Donald Rothchild eds., *Sustainable Peace: Power and Democracy after Civil Wars*, (Ithaca: Cornell University Press, 2005), pp. 110–111.

（22）*Ibid.*

（23）国際仲介の四つのジレンマをまとめて示したのは、レイクとロスチャイルドの論文が所収された書籍『持続可能な平和』の最終章である。Philip G. Roeder and Donald Rothchild, “Conclusion: Nations-State Stewardship and the Alternatives to Power Sharing,” in Philip G. Roeder and Donald Rothchild, *Sustainable Peace: Power and Democracy after Civil Wars* (Cornell University Press, 2005), pp. 319–346.

（24）Christine Bell and Jan Pospisil, “Navigating Inclusion in Transitions from Conflict: The Formalized Political Unsettlement,” *Journal of International Development*, 29-5 (2017), pp. 576–593.

（25）武内進一「アフリカの紛争解決に向けて――国際社会の関与とアポリア」『地域研究』、第九巻、第一号、二〇〇九年、一四八―一六七頁。

（26）篠田英朗「国際社会の歴史的展開の視点から見た平和構築と国家建設」『国際政治』第一七四号、二〇一三年、一五頁。

（27）小林綾子「アフリカの内戦における人道アクセス問題と反乱軍――南スーダンを事例として」『国際政治』第一八六号、二〇一七年、一八六―一九六頁。

（28）Jasmine-Kim Westendorf, *Why Peace Processes Fail: Negotiating Insecurity After Civil War* (Boulder, Colorado: Lynne Rienner Publishers, 2015); Jok Madut Jok, “Lessons in Failure: Peacebuilding in Sudan/South Sudan,” in Terence McNamee and Monde Muyangwa eds., *The State of Peacebuilding in Africa: Lessons Learned for Policymakers and Practitioners* (Cham, Switzerland: Palgrave Macmillan, 2021), p. 364.

（29）Howard and Stark, *op. cit.*

（30）遠藤貢「紛争を抑止し和解を進める知恵を探る」遠藤貢編『武力紛争を越える――せめぎ合う制度と戦略のなかで』京都大学学術出版会、二〇一六年、七頁。

（31）Ingo Henneberg and Friedrich Plank, “Overlapping Regionalism and Security Cooperation: Power-Based Explanations of Nigeria’s Forum-Shopping in the Fight against Boko Haram,” *International Studies Review*, 22-3 (2020), pp.

576–599.

（32）Keebet von Benda-Beckmann, "Forum Shopping and Shopping Forums: Dispute Processing in a Minangkabau Village in West Sumatra," *Journal of Legal Pluralism and Unofficial Law* 19 (1981), pp. 117–160.

（33）戸田真紀子「アフリカ民族紛争の理論化」『国際政治』第一二三号、二〇〇〇年、九一—一〇九頁。武内進一「現代アフリカの紛争」『アフリカ研究』第七四号、二〇〇九年、五一—六一頁。

（34）Sharath Srinivasan, *When Peace Kills Politics: International Intervention and Unending Wars in the Sudans*, (London: C. Hurst & Co. Publishers Ltd., 2021), p. 85.

（35）当初は「ダルフールに関する」ＡＵハイレベル履行パネル（ＡＵＰＤ）であったが、二〇〇九年にスーダンＡＵハイレベル履行パネルに引き継がれた。

（36）Laurie Nathan, "No Ownership, No Peace: The Darfur Peace Agreement," London: LSE, Crisis States Working Paper Series, no. 2, (2006), p. 5.

（37）*Ibid.*

（38）UN Document, S/2012/877, November 26, 2012.

（39）小林綾子「国連平和活動とローカルな平和」『国連研究』第二三号、二〇二二年、一五七—一八一頁。

（40）*Sudan Tribune*, "Sudan 1st VP defends signing of CPA, says rebellion days are over," September 20, 2011.

（41）UN Document, S/2012/877, November 26, 2012.

（42）UN Document, S/2014/852, November 26, 2014, para. 37.

（43）Elshafie Khidir Saeid, "Sudan's National Dialogue Conference: The Permissible Questions. National Dialogue Handbook Case Study," February 2017, Berghof Foundation, www.berghof-foundation.org/publications/national-dialogue-handbook (accessed February 17, 2022).

（44）UN Document, S/2014/852, November 26, 2014, para. 36.

（45）*Ibid.*, para. 35.

（46）Roadmap Agreement, Addis Ababa, March 21, 2016.

（47）*Radio Dabanga*, "Darfur rebel proposal to include Qatar mediation 'bypasses AUHIP roadmap,'" May 17, 2016.

（48）*Radio Dabanga*, "Darfur rebels welcome German initiative to revive peace talks," May 15, 2017.

（49）Rift Valley Institute, "What next for the Juba Peace Agreement?" Sudan Rapid Response Update #1, (December 2021), https://riftvalley.net/publication/what-next-juba-peace-agreement-after-coup-sudan (accessed February 13, 2022).

（50）*Ibid.*

（51）*Reuters*, "Sudan army-led Council signals tougher line on U.N. mediation," January 30, 2022.

（52）上智大学アジア文化研究所アフリカ研究セミナー「混迷する北東アフリカ情勢：エチオピア・スーダン・南スーダン」におけるモハメド・アブディンのコメント、二〇二二年一月三〇日。*BBC*, "Hemeti - the warlord who may control Sudan's future," June 5, 2019.

（53）Sara Hellmüller, "Peacemaking in a shifting world order: A macro-level analysis of UN mediation in Syria," *Review of International Studies*, 48-3 (2022), pp. 543–559.

〔付記〕本研究は、ＪＳＰＳ科研費 20K13432 の助成を受けたものである。

（こばやし　あやこ　上智大学）

日本国際政治学会編『国際政治』第210号「岐路に立つアフリカ」(二〇二三年三月)

文民の保護における限界と無限
――南スーダン国連平和維持活動を考察して――

上野友也

はじめに

本稿では、国連安全保障理事会が武力紛争における文民(非戦闘員)[1]の保護という目標をどのように実現しようとし、それにはどのような限界があるのかを解き明かす。これを解明するために、次の点を述べる。第一に、国連安全保障理事会はどのように文民の保護という目標を設定し、それをどのような手段によって実現しようとしているのか。第二に、その手段の一つである国連平和維持活動は文民の保護をどのように実現しようとしたのか。南スーダン内戦を例にして考える。第三に、南スーダン内戦において、国連平和維持活動による文民の保護にはどのような限界があったのか。それを論じることにより、国連平和維持活動の文民保護に関する任務と権限自体が文民の保護にとって障害となることを明らかにする。最後に、このような文民の保護は人間の終わることのない試みであることを述べる。

一 国連安全保障理事会による文民の保護

(1) 文民の保護に関する歴史的経緯

国連安全保障理事会において、武力紛争における文民の保護が安全保障の問題として認識されるようになったのは、一九九〇年代の人道的介入の経験があったからである[2]。アフリカ大陸に対しても、国連安全保障理事会による文民の保護のための軍事介入が行われた。ところが、国連安全保障理事会は、ソマリアでの国連平和維持活動を内戦が収束する前に撤退させ、ルワンダでは国連平和維持活動の規模を縮小してジェノサイドを阻止できずに失敗を犯した。しかし、そのことによって、国連安全保障理事会が武力紛争における文民の保護の問題から撤退したわけではなかった。

一九九九年に国連安全保障理事会は文民の保護に関する決議

一二六五（一九九九）を採択した。[3] この決議は、これまでの決議のように特定の武力紛争に対応するためではなく、国連安全保障理事会が対応しているすべての武力紛争に適用される一般的な決議として採択された。現在、国連安全保障理事会は文民の保護に関連する一二の決議を採択し、文民の保護に関する規範を確認したうえで、文民の保護のための組織や制度を構築している。また、国連平和維持活動や制裁といった既存の組織や制度を文民の保護に活用することになった。

(2) 文民の保護に関する規範

文民の保護に関する国連安全保障理事会決議において、文民の保護を基礎づける規範として言及されるのが、国際人道法、国際人権法、国際難民法である。[4] 国際人道法はジュネーヴ条約とハーグ条約から構成されるが、とくにこの文脈で重要な条約はジュネーヴ条約であろう。なかでも最も重要なジュネーヴ諸条約共通第三条は、内戦を含めた戦時において紛争当事者が最低限遵守するべき規範を規定する。これによれば、敵対行為に直接参加しない者に対しては、生命や身体に対する暴行、とくに、あらゆる種類の殺人、障害、虐待、拷問を禁止し、人質にすることも許容されず、個人の尊厳に対する侵害、裁判手続きによらない判決の言い渡しと刑の執行も容認されない。国際人権法は武力紛争下の国民にも適用され、国際難民法もノン・ルフールマン原則をはじめとして武力紛争下においても難民が保護を受ける権利を保障している。

(3) 文民の保護に関する実践

a 子どもに対する暴力

国連安全保障理事会は文民の保護に関する決議のほかに、子どもに対する暴力に関する一二の決議を採択してきた。これらの決議において重視されている暴力の類型は、六つある。殺害と暴行、徴兵と徴用、強姦やその他の甚大な性暴力、誘拐といった直接的暴力だけでなく、学校や病院に対する攻撃、人道支援の拒絶といった間接的暴力である。とくに、アフリカでの武力紛争における子どもに対する暴力は深刻な問題として提起されてきた。南スーダンでは、二〇一三年一二月以降で一万九千人の子どもが新たに徴兵された。二〇一八年には、アフリカの六カ国で約千五百人の子どもが殺害され、約五百万人の子どもが紛争に起因する災難や飢餓で死亡した。さらに、ソマリア、コンゴ民主共和国、ナイジェリアでは二千人以上の子どもが誘拐された。[5]

このような子どもに対する暴力を物理的に阻止するために活用されている方法の一つが、国連平和維持活動である。その任務の一つとして子どもの保護があげられ、子ども保護アドバイザー（Child Protection Advisor: ＣＰＡ）が派遣されることもある。[6] また、子どもに対して暴力を行使した紛争当事者に対しては制裁を科すことも増えてきた。さらに、このような子どもに対する暴力を監視する制度として、監視報告メカニズム（Monitoring and Reporting Mechanism: ＭＲＭ）が構築された。[7]

b　女性に対する性暴力

国連安全保障理事会は文民に関する決議のほかに、女性の権利と保護に関する九つの決議を採択してきた。国連安全保障理事会は決議を通じて、紛争の解決に向けた政治的対話における女性の役割を重視するほか、武力紛争下における女性に対する性暴力の問題も取り上げてきた。武力紛争下の性暴力は、単純に兵士が性的欲求を満たすための手段に留まらない。これは、情報を引き出すなど拷問の一形態として使用され、敵対者に恥をかかせてコミュニティや集団を追い出したり、強制的に妊娠させたり、強制的に売春させられたり、性奴隷にさせたり、断種させられたり、故意にＨＩＶ／ＡＩＤＳなどの感染症を広げたりするための広範な暴力の形態である。これには、女性に対する性暴力だけでなく、男性や性的マイノリティに対する性暴力も含まれる。コンゴ民主共和国のキヴの医療施設のデータによれば、一四歳未満の子どもが強姦の犠牲者の一三％を占め、強姦の結果として、強姦の犠牲者の三％が死亡した。また、強姦の犠牲者のうち一〇％から一二％がＨＩＶ／ＡＩＤＳに感染した。二〇〇八年一一月から二〇〇九年三月までに毎月千百件の強姦があったと推測された[8]。

国連安全保障理事会は決議を通じて、紛争当事国に対して女性を保護し、性暴力の加害者を処罰することを求めたが、紛争当事国にその意思や能力がない場合に、国際社会が女性の保護のための行動を起こす必要が生じる。そのため、国連安全保障理事会は、国連平和維持活動に女性の性暴力からの保護に関する任務を与え、性暴力に関与した紛争当事者に対する制裁を科すことを表明した[9]。このような保護と制裁を円滑に実施するために設置されたのが、性暴力に関する監視・分析・報告制度（Monitoring, Analysis, and Reporting Arrangement: ＭＡＲＡ）である[10]。これは、紛争下の性暴力に関する情報を収集して分析し、国連平和維持活動による保護や制裁の実施と運用の効果を上げるための制度である。

c　強制移動

国連安全保障理事会は、文民の保護に関する決議のなかで、難民や国内避難民を保護する必要性を強調した。強制移動は暴力行為によって併発されるものである。暴行、殺人、脅迫、強盗や恐喝、性暴力、住宅の破壊や放火などの方法を用いて住民を土地から追放する。これは、特定の集団を一斉に追い出すために、ジェノサイドの一環として行われることもある。難民や国内避難民は、強制移動に際しても暴力を受けるおそれがあり、避難所においても暴力の行為から逃れることは難しい。警察や保安部隊が避難所の治安を維持できない場合には、生命や財産に対する危害だけでなく、子どもを含めた強制的な徴兵と徴用、性暴力、強制排除などの暴力が避難者に行使される。国連平和維持活動は、国内避難民を暴力から保護する任務が与えられるようになった。

d　人道支援に対する攻撃

国連安全保障理事会は、文民の保護に関する決議のなかで、人道支援活動を保護する必要性についても強調した。人道支援活動を行っている国際機関、国際ＮＧＯや現地ＮＧＯの職員が攻撃の対象となることもある。世界で毎年約百名の職員が殺害され、約百名の職員が誘拐されている。とくに、国際NGOの現地職員が攻撃されることが多い[11]。

人道支援機関が紛争被災者にアクセス（接触）できなければ援助はできないので、それを確保することが必要になる。人道支援機関が援助物資を空港や港から避難所まで輸送する際に、紛争当事者から攻撃を受ける場合がある。紛争当事者が物資を強奪するために襲撃する場合もあれば、物資が敵対する勢力に行き渡る前に襲撃する場合もある。また、避難所においても、援助の内容と方法に不満がある紛争当事者が、人道支援機関の職員やその事務所を襲撃することがある。国連平和維持活動は、このような人道支援活動に対する暴力を阻止し、人道支援活動を保護する役割を担っている。

e　**国連平和維持活動**

国連平和維持活動は、紛争被災者の生命と安全を保障するだけでなく、紛争地域の管理と制御のために用いられる。国連安全保障理事会は決議一二六五（一九九九）を採択し、国連平和維持活動に文民の保護に関する任務を与えることを促進した[12]。これは、子どもや女性を含めた文民を直接保護するだけでなく、人道支援のアクセスを確保し、人道支援活動の保護を含むものである。決議一二七〇（一九九九）は、国連シエラレオネミッションを創設し、国連平和維持活動の任務に文民の保護をはじめて盛り込んだ[13]。現在では、六つの国連平和維持活動が文民の保護に関する任務を与えられている。このような国連平和維持活動では、軍隊、警察、文民職員が国際人道法などの国際規範に関する訓練を受けている。

また、これまでの文民の保護に関する国連平和維持活動の任務に共通する条件として、以下の四つがあげられる。第一に、物理的な暴力による急迫な脅威の存在がある。現在の国連平和維持活動では、急迫という表現はあまり用いられなくなったが、国連平和維持活動は文民に対して暴力が行使され、あるいは行使されるおそれがある場合に文民を保護する責任を負う。第二に、国連平和維持活動の能力と展開する地域において文民の保護の対象が決まる。第三に、政府の責任を強調する。政府が文民の保護の第一の責任を負うのであって、それが困難な場合に国連平和維持活動が政府を支援する。最後に、国連憲章第七章による必要な行動によって、これらの任務を遂行する。そのため、国連平和維持活動は文民を攻撃する紛争当事者の行動を制するために、この攻撃を阻止する。文民の保護を任務とする国連平和維持活動は過去の活動を含めると一八あるが、そのうち一六がアフリカ大陸での国連平和維持活動である。その中でも本稿では、国連平和維持活動が南スーダンの人道危機に対してどのような活動を展開し、それにはどのような限界があったのかを後述する。

f　**制裁**

国連安全保障理事会は、国際の平和と安全に対する脅威を排除するために、紛争当事者に制裁を科してきた。貿易の禁止、小火器を含めた武器の禁輸、交通・通信の交流停止といった手段のほか、海外資産の凍結、入国の禁止といった手段もとられる。最近では、文民に対する暴力行為に責任のある国家や国家指導者、武装集団などに対する制裁を科すようになった。いわゆる、スマート・サンクションである。現在では、子どもの徴兵や徴用、女性に対する性暴力などの暴力を行使した紛争当事者に対して制裁を科している。

g 紛争地域に関する情報の収集と分析

このような紛争被災者の生命と安全を保障し、紛争地域の管理と制御を進めるためには、紛争地域に関する情報の収集と分析が不可欠である。前述したように、子どもの暴力に関しては監視報告メカニズム（ＭＲＭ）が構築され、女性の性暴力に関しては性暴力に関する監視・分析・報告制度（ＭＡＲＡ）が運用されている。現地の国連事務総長特別代表や常駐調整官などが中心となり、政府機関、国連機関、国際ＮＧＯや現地ＮＧＯから暴力に関する情報を収集して分析し、子どもの暴力に関する国連事務総長特別代表（ＳＲＳＧ—ＣＡＡＣ）や紛争下の性暴力担当国連事務総長特別代表（ＳＲＳＧ—ＳＶＣ）に提出する。その報告書は、国連事務総長や国連安全保障理事会にも提出され、国連平和維持活動の任務などに関する決議に反映されるものとされた。

(4) 小括

このように国連安全保障理事会は、文民の保護に向けて制度を構築してきた。しかし、これらの制度は文民の保護に向けた構想にすぎず、現実の武力紛争において十分に機能するのかは、さらに検討する必要があるだろう。次節からは、国連平和維持活動に焦点を絞り、文民の保護に関する限界について考える。

二 国連平和維持活動による文民の保護

国連平和維持活動による文民の保護にはどのような限界があるのかという問題について、さまざまに議論されてきた。そのなかでも、国連平和活動局が策定した国連平和維持活動による文民の保護に関するハンドブックは、国連の立場を考える上で有用であろう[14]。そのハンドブックには、国連平和維持活動による文民の保護を遂行する上での障壁を二つに分けている。一つは文脈的障壁であり、もう一つは体系的障壁である[15]。ここでは、文脈的障壁をみていこう。ハンドブックでは、一二の障壁があげられている[16]。それを整理すると以下の三つとなる。第一は、政治的・軍事的障壁である。これには、紛争当事者による文民や国連平和維持軍に対する攻撃や紛争状況の悪化といった障壁がある。第二は、物理的障壁である。地理的、物理的に困難な場所へのアクセスの問題である。第三は、国連平和維持活動と他の機関との関係である。たとえば、多国籍軍などとの文民の保護に関する任務と権限をめぐる対立である。これらは国連平和維持活動と他の主体との関係から生じる問題である。

また、ヴィクトリア・ホルト（**Victoria Holt**）とグリン・テイラー（**Glyn Taylor**）は、国連安全保障理事会と国連平和維持活動との関係について、文民の保護に対する制約として、以下の四つをあげている[17]。第一に、国連安全保障理事会における文民の保護に関する審議と国連平和維持活動における文民の保護に関する任務と権限が、紛争地域における文民に対する脅威の実態を反映していない。

第二に、国連安全保障理事会の決議が規定した国連平和維持活動の文民の保護に関する任務と権限について、国連安全保障理事会と国連平和維持活動との間で共通の理解がない。第三に、国連安全保障理事会による文民の保護に関する意図が明確ではないので、その指針、計画、準備も不明確である。第四に、国連安全保障理事会が国連平和維持活動に与えた文民の保護に関する任務と権限と、国連平和維持活動が実行する指針、計画、準備との間に乖離がある。

これらの障壁は国連平和維持活動と別の主体間に生まれるものであり、内在的障壁については指摘されていない。内在的障壁とは、国連平和維持活動における文民の保護に関する任務や権限自体がもつ限界である。それは前述した四つの要件にかかわるものである。本稿では、その内在的障壁について事例を通じて整理することを目的とする。なお、国連平和維持活動以外の主体が国連平和維持活動による文民の保護に対する外在的障壁になることは否定しないし、これらの外在的障壁が内在的障壁と関係し合うことも否定しない。

三　南スーダン内戦における文民の保護

南スーダンが独立してから今日に至るまでの内戦と、国連南スーダンミッション（United Nations Mission in the Republic of South Sudan: ＵＮＭＩＳＳ）による文民の保護に関する活動を考察し、国連平和維持活動による文民の保護にはどのような限界があるのかを明らかにしたい[18]。本稿がＵＮＭＩＳＳに着目するのは、文民の保護のために基地を文民保護サイトとして活用し、他の国連平和維持活動に比べて文民の保護の先進的な事例であったからである。

(1)　独立から内戦へ

二〇一一年七月九日、包括和平合意に基づく暫定期間の終了に伴い、南スーダンは正式に独立国家として宣言された。同日、国連安全保障理事会はＵＮＭＩＳＳを設立することを決定した。これは最大七千人の軍人、最大九百人の文民警察官、文民部門から構成された[19]。その任務は大きく三つであった。第一は、和平の確立の支援である。第二は、南スーダン政府が紛争予防、緩和、解決に向けて責任を果たすための支援である。第三は、南スーダン政府が、そのオーナーシップの原則にしたがって、国連国別チームやその他の国際的パートナーと協力して、治安を回復し、法の支配を確立し、治安・司法部門を強化する能力への支援である[20]。ＵＮＭＩＳＳの当初の任務は、独立達成後の平和構築にあり、文民の保護の位置づけは小さいものであった。文民の保護に関しては、第二の任務の第五、第六番目に位置づけられているに過ぎなかった[21]。ただし、国連安全保障理事会は、国連憲章第七章に基づいて、ＵＮＭＩＳＳの能力の範囲内かつその部隊が展開されている地域において、文民の保護のために必要なあらゆる措置を行使する権限を与えた[22]。

二〇一三年七月二三日、サルバ・キール（Salva Kiir）大統領がリヤク・マシャール（Riek Machar）副大統領を含む全閣僚を解任した[23]。一一月末には、大統領とマシャール前副大統領、その他の南スーダン人民解放運動・軍（Sudan People's Liberation Movement/Army: ＳＰＬＭ／ＳＰＬＡ）幹部との間の緊張関係が高まった[24]。

一二月一五日の夜、その対立は暴力的な対立に発展した。大統領警護隊が、ジュバの国民解放評議会の会場の近くにある兵舎で戦闘を開始した。一二月一六日朝、大統領は記者会見を行い、夜間に発生した戦闘をマシャール氏に協力する勢力によるクーデター未遂であったと表明した。戦闘発生時にジュバを逃れたマシャール氏は、戦闘は兵舎での大統領警護隊の乱闘が原因であり、クーデターであるとの非難は政府が政敵を逮捕するための口実であると批判した[25]。ジュバ市内では、ＳＰＬＡがマシャールに協力的であるとみなされたヌエル人を虐殺し、逃げ惑うヌエル人はＵＮＭＩＳＳのジュバにある基地に避難した[26]。

国連平和維持活動の基地内において国内避難民を受け入れることは当座の措置であったが、基地によっては一〇万人以上が避難する場所となった[27]。このように基地内に巨大な避難のための地区が設けられる試みは、ＵＮＭＩＳＳによる文民の保護の特徴であった。このような基地内の避難所は、文民保護サイト（ＰＯＣサイト）と呼ばれることになった。文民保護サイトは、通例の国内避難民の避難所とは異なり、紛争当事国ではなく紛争当事国と地位協定を結んだ国連が独占的に管理する場所であり、それだけ文民の保護にとって国連平和維持活動の責任は大きかった[28]。

(2) 内戦の激化と文民の保護

戦闘はその後も続き、ジョングレイ、上ナイル、ユニティの各州に広がっていった。様々な民兵が緩やかに統合されていたＳＰＬＭが分裂し、戦闘が拡大し、多数の民間人が殺害された[29]。二〇一三年一二月二一日、ＵＮＭＩＳＳのジョングレイ州にあるアコボ（Akobo）基地がヌエル人によって襲撃された。その襲撃によって少なくとも三〇人のディンカ人とインドの平和維持軍兵士二名が殺された[30]。ＵＮＭＩＳＳの基地には戦闘から逃れてきた文民が多数避難した。

二〇一三年一二月二四日、この事態を受けて国連安全保障理事会は、ＵＮＭＩＳＳの要員について、一万二五〇〇人の兵員を上限とし、警察部隊は一三二三人を上限とする増員を決定した[31]。二〇一四年一月二三日、ＳＰＬＭとマシャール前副大統領が率いるＳＰＬＭ野党派が敵対行為停止合意（ＣｏＨ合意）に至り、五月九日には「南スーダンの危機を解決する合意」に達したが、その合意に違反して暴力行為が継続した[32]。たとえば、四月一五日には、ユニティ州ベンティウ（Bentiu）の文民保護サイトがＳＰＬＡ野党派に制圧され、ディンカ人や、正義と平等運動（Justice and Equality Movement: ＪＥＭ）との協力関係にあるとみなされたダルフール出身者の商人が二百人以上モスクで殺害された[33]。その二日後、ＵＮＭＩＳＳのボル（Bor）の基地が武装した群衆によって襲撃され、ヌエル人を含む少なくとも五三人が殺害された。五人の女性と五人の女児、一人の男児が誘拐されたが、そのうち三名の行方はわかっていない[34]。これは、ベンティウ虐殺に対するディンカ人の復讐とみられる[35]。武装した群衆は、ＵＮＭＩＳＳの文民保護サイトに侵入し、略奪と暴力行為を繰り広げた[36]。このように文民保護サイトは、敵対する勢力を匿う場所として紛争当事者に認識されることで攻撃の対象となった。

その後、UNMISSの任務のなかで文民の保護は最優先事項とされた。二〇一四年一一月二四日の国連安全保障理事会決議二一八七（二〇一四）は、UNMISSの平和構築を中心とした任務に代わり新たな任務を四つ与えた。第一は文民の保護である。身体的暴力の脅威にさらされている文民を、ミッションの能力および展開地域の範囲内で保護する。その際に、女性と子どもについては、子ども・女性保護アドバイザーの利用などを通じて特別に保護するものとされた。[37] 第二から第四までは、第一の文民の保護と関連する。第二は、人権に関する監視および調査である。UNMISSに対して、人権侵害や国際人道法の違反についての監視、調査、検証および公的にかつ定期的に報告すること。これには、女性に対する性暴力や子どもに対する重大な暴力についての監視や調査を含んだ。[38] 第三は、人道支援を可能にする条件の整備である。援助組織が安全かつ妨害なしに紛争被災者にアクセスでき、難民と国内避難民に人道支援を提供できるように信頼醸成などを通じてその条件を確立することである。[39] 最後は、CoH合意の実施を支援することである。[40] このように文民の保護を中心に四つの任務がUNMISSに与えられた。

(3) 停戦の締結と戦闘の継続

二〇一五年二月一日、東アフリカ諸国などから構成される政府間開発機関（Intergovernmental Authority on Development: IGAD）が仲介し、南スーダンの紛争当事者の間で、南スーダンにおける国民統合暫定政府（Transitional Government of National Unity: TGoNU）の樹立に関する合意がなされた。[41] 八月一七日、SPLMとSPLM野党派との間で武力紛争の終結を目的とする南スーダンにおける紛争解決に関する合意（Agreement on the Resolution of the Conflict in the Republic of South Sudan: ARCSS）に達した。[42] ARCSSは、TGoNUを樹立しSPLAとSPLA野党派を南スーダン国防軍に統合することを定めた。[43]

しかし、両者の対立は収束せず、その対立は文民保護サイトへの攻撃にもつながった。二〇一六年二月一七日深夜、UNMISSが管理するマラカル（Malakal）の文民保護サイトが襲撃された。二四時間に避難所の三分の一が焼失し、二九人が死亡し、百四十人以上が負傷した。この事件によって、四万五千人以上の避難者が文民保護サイトからUNMISSのログ（Log）基地やマラカルの街に避難した。二月一八日、UNMISSは国内避難民とSPLAの衝突を鎮静化させて、SPLAの兵士を文民保護サイトから追放した。[44]

SPLMとSPLM野党派の長期間にわたる交渉を通じて、マシャールは暫定政府の第一副大統領に就任するためにジュバに帰還し、二〇一六年四月二六日にTGoNUは樹立された。しかし、暫定政府の樹立によって戦闘や暴力事件がなくなったわけではなかった。

(4) ジュバ文民保護サイトへの攻撃

二〇一六年七月七日、マシャール第一副大統領の警護隊がジュバ市内の検問所でSPLAと小競り合いを起こし、両者の緊張関係が高まった。八日、キール大統領とマシャール第一副大統領は事件について協議したが、その会議後の記者会見の最中に、大統領の警護隊であるディンカ人兵士と第一副大統領の警護隊であるヌエル人兵士との間で銃撃戦が発生した。[45] マシャール第一副大統領はジュバを脱出し、キール大統領は第一副大統領にSPLMのタバン・デン・ガイ（Taban Deng Gai）鉱山大臣を任命し、SPLM野党派はマシャール派とタバン・デン派に分裂した。[46]

二〇一六年七月八日、SPLAがジュバに設置された文民保護サイトを攻撃しはじめた。この当時、UNMISSは文民保護サイトにおいて、ヌエル人を含む二〇万人の国内避難民を保護し、ジュバではPOC1とPOC3という区画に約三万七千人が滞在していた。[47] 七月一〇日には、SPLAが戦車、大砲、攻撃用ヘリによる砲撃、機関銃による銃撃を行い、SPLA野党派はジュバから退却した。[48] この攻撃にさらされたのが、国連ジュバ本部と二つの文民保護サイトであった。

CIVIC（Center for Civilians in Conflict）による現地での詳細なインタビュー調査によれば、文民保護サイトにおけるUNMISSの行動は以下のようなものであった。POC1では、SPLAによる攻撃を受けて中国の平和維持軍が見張り台から避難し、避難者用のためのゲートの監視も放棄した。[49] SPLAがロケット推進手榴弾で中国の装甲車を攻撃し、中国兵六名が負傷し、最終的には二名死亡した。[50] そのうちの一名は迅速な治療が受けられなかったことによって亡くなった。また、一〇日に攻撃が再開されると、中国軍兵士は国連ジュバ本部に避難した。[51] このようにして、POC1を紛争当事者からの侵入や攻撃に対抗することは困難になった。

一方、POC3の周辺警備を担当していたエチオピア兵は、文民保護サイトに対する攻撃に際して側溝や自宅に避難するように文民に呼びかけた。[52] また、負傷した文民に対して治療を受けさせたという。[53] しかし、エチオピア兵は文民保護サイトの外の治安に関しては無関心であり、文民保護サイトに避難した人びとがその外に出ることは危険を伴った。[54] UNMISSの文官と軍人の多くは、平和維持要員が施設外の武装勢力と交戦した場合、文民保護サイトへの追加砲撃を招き、文民を危険にさらす可能性があると考え、武器の使用に消極的であった。UNMISSのある軍人は、平和維持軍の発砲数が少ないという意味で失敗ではなく、キャンプ外の要請に応えられないことが失敗であったと述べた。[55]

文民保護サイト周辺での暴力は、女性に対する性暴力として振るわれることもあった。ジュバでの戦闘は、食糧配給や砂糖や木炭などの物資の配給を中断させた。また、給水トラックが数日間市内を移動できなかったため、文民保護サイトでの水の補給にも影響があった。女性は家族のために食糧やその他の物資を求めて文民保護サイトを出て、そこで性暴力の被害に遭うことも多かった。兵士が女性や少女を攻撃するのは、市場から文民保護サイトへ戻るとき、盗まれる可能性のある物品を持っているときが多い。[56] あるときには、POC1の入り口からわずか数メートルの場所で、UNMISSの隊員と国連警察の目の前で女性が暴行を加えられた。女性の叫び声にもかかわらず対応しなかったという。[57] 七月八日から七月二五日までのあいだで、ジュバ周辺で二一七件の性暴力が生じた[58]。

二〇一六年八月一二日、国連安全保障理事会は、ジュバに拠点を置き、ジュバのその周辺に安全な環境を提供するために地域保護部隊の派遣を決定した[59]。地域保護部隊は四千名から構成され、この地域保護部隊を含めてＵＮＭＩＳＳの部隊の上限は一万七千人に引き上げられた[60]。

(5) 和平合意に向けた新たな動き

二〇一七年一二月二一日、ＩＧＡＤがハイレベル再活性化フォーラムを開催し、南スーダンの紛争当事者が敵対行為の停止と文民の保護および人道アクセスに関する合意（Agreement on Cessation of Hostilities, Protection of Civilians and Humanitarian Access: ＡＣＯＨ）に達した[61]。二〇一八年六月一八日から二〇日まで、エチオピアの仲介によりキール大統領とＳＰＬＭ野党派のマシャール前第一副大統領が直接会談した[62]。二〇一八年六月二七日、南スーダン政府、ＳＰＬＭ野党派、その他の政党が恒久的停戦を盛り込んだ南スーダン紛争当事者間の合意に関するハルトゥーム宣言に署名した[63]。二〇一八年九月一二日には、南スーダンの紛争当事者が再活性化された紛争解決合意（Revitalized Agreement on the Resolution of the Conflict in the Republic of South Sudan: Ｒ―ＡＲＣＳＳ）に署名し、八カ月間の移行期間を経て、再活性化された国民統合暫定政府（Revitalized Transitional Government of National Unity in South Sudan: Ｒ―ＴＧｏＮＵ）を樹立することに合意した[64]。二〇一九年二月二一日、キール大統領が現行の国民統合暫定政府を解散し、マシャール前第一副大統領を第一副大統領に任命し、二二日、再活性化された国民統合暫定政府の樹立を宣言した。三月一二日、再活性化された紛争解決合意に基づき各勢力から閣僚を任命した[65]。このような政治的和解の進捗に伴って、ＵＮＭＩＳＳは二〇二〇年一〇月から文民保護サイトを南スーダン政府に移管する作業を進めた[66]。

四　国連平和維持活動による文民保護の限界

国連平和維持活動が文民を保護できない事態は、これまでのＵＮＭＩＳＳによる文民の保護に関する行動を考慮に入れると、少なくとも以下の四つの場合が考えられる。これらは、いずれも国連平和維持活動の任務と権限に内在する限界である。具体的には、前述した四つの要件にかかわるものである。

国連平和維持活動による文民保護の限界の第一は、紛争当事国政府・軍による文民保護への妨害である。国連平和維持活動が文民の保護の任務を与えられる場合には、前述したように四つの要件があった。その一つに、紛争当事国が文民の保護に関する責任を負うことを強調している。これには一つの重要な矛盾がある。それは、紛争当事国政府・軍が文民に対する暴力を行使している場合に、国連平和維持軍がこのような政府や軍とのあいだで、文民の保護に関する協力関係を構築することは不可能だということである。たとえば、南スーダンにおいて文民保護サイトがＳＰＬＡに攻撃されたとき、ＵＮＭＩＳＳにできたことは文民の保護に責務を負うＳＰＬＡ

に攻撃を中止するように呼びかけるか、文民を安全な場所に逃がすか、自分が逃げることだけだった。

第二は、国連平和維持活動による文民保護の意思と能力の欠如である。紛争当事者から文民保護に関する協力が得られたとしても、国連平和維持軍にその意思と能力がなければ文民は保護されない。国連平和維持活動における文民保護の四つの要件の一つは、国連平和維持活動の能力と展開する地域において文民を保護することである。このことは、国連平和維持活動の能力を越える事態に対しては文民の保護に関する責任を果たさないことを意味し、地理的には軍隊を展開できる範囲に保護される対象者が制約されることになる。SPLAによるジュバの文民保護サイトへの攻撃がみられたように、国連平和維持活動の能力を越えるような武力の行使がみられる場合に、国連平和維持活動は自分の安全を優先して、文民の保護に関する責任を果たせないし、果たすことまで求められていない。

それでは、その意思や能力を高めればいいのかといえば、それほど問題は単純ではない。国連平和維持活動の要員や装備や予算を拡大すれば、それだけ文民を保護しやすくなるであろう。しかし、これらを拡大することには、国連安全保障理事会における大国の利益の一致が必要であり、国連平和維持活動に要員を派遣する国家の利益にも一致していなければ実現できない。紛争当事者の思惑も絡んでくるであろう。国連平和維持活動による文民の保護は、紛争当事者、大国、国連平和維持要員の派遣国の利害に左右される。

第三は、第二の点と関連するが、国連平和維持活動による武力行使の消極性である。国連平和維持活動による文民の保護に関する四つの要件の一つは、国連平和維持活動が文民の保護のために国連憲章第七章に基づいてあらゆる必要な措置を発動してもよいというものである。しかし、南スーダン内戦では、ＵＮＭＩＳＳが文民保護のために紛争当事国政府・軍や反政府軍に応戦することは控えられた。派遣国が南スーダンの武力紛争に巻き込まれて兵士が死傷するのをおそれているだけでなく、訓練や装備が十分ではなく応戦する能力が欠けている場合もある。派遣国が紛争当事国の文民の生命を守るために自軍の兵士を危険にさらすことはあまり期待できないであろう。なお、紛争当事者による攻撃に対して応戦することが、紛争の激化をもたらすという見解に対しては疑問が残る。応戦しないことにより、紛争当事者が結果的に利益を得られるとするならば、紛争当事者の行動はエスカレートしないであろうか。国連平和維持軍が応戦するかどうかが問題なのではなく、紛争当事者が文民の保護にどれほど協力的なのかが問題なのである。

第四は、第二の点と関連するが、国連平和維持活動による文民保護の不公平性である。国連平和維持活動には限られた要員や装備や予算しかないので、紛争地域におけるすべての文民を保護できるわけではない。そうなると一部の文民のみを保護し、保護の対象とならない文民も生じることになる。たとえば、南スーダンの文民保護サイトにおける文民は、その外側に居住する文民に比べて厚い保護が得られた。当然のことながら、国連平和維持活動も文民保護サイトの外側でパトロールをしているが、やはり対応に相当の差異がある。そのため、多くの人が文民保護サイトに入ろうするが、国連平和維持活動の要員数には限界があるので、文民保護サイトの規模が大きくなれば、それだけいっそう警備が希薄になるという矛盾を抱えている。

おわりに

このように国連平和維持活動による文民の保護については、さまざまな限界がある。本稿では、国連平和維持活動の任務と権限に関連する内在的障壁を中心に考察した。しかし、その限界を理由にして文民の保護を否定することはできない。それは、国連平和維持活動を通じた文民の保護によって少なからず紛争被災者が救済されているからである。文民の保護に限界があっても、文民の保護に向けた活動の推進を否定する必要はない。ただし、文民の保護は完璧ではない。文民の保護は完結するものではなく、戦争と同様に人類の終わりまで続く無限の営みである。

（1）文民とは、国際人道法において一般に戦闘員ではないものを意味する。これには、保護の対象となる人のみならず、保護の主体である医師や看護師、赤十字社などの人道支援機関の職員も含まれる。ただし、保護の主体とはいえ戦闘員である平和維持活動の軍事要員はこれに含まれない。

（2）国連安全保障理事会による文民の保護について多主体間による規範の形成の観点から論じたものとして以下の文献があげられる。清水奈名子『冷戦後の国連安全保障体制と文民の保護――多主体間主義による規範的秩序の模索』日本経済評論社、二〇一一年。

（3）UN Document, S/RES/1265, 17 September 1999.

（4）*Ibid.*, para. 4.

（5）Save the Children, “Children Affected by Armed Conflict in Africa Call on Governments to Take Action to Protect Most Vulnerable,” 15 October 2019, https://www.savethechildren.net/news/children-affected-armed-conflict-africa-call-governments-take-action-protect-most-vulnerable (Access: 15 March 2022).

（6）UN Document, S/RES/1314, 11 August 2000, para. 12.

（7）UN Document, S/RES/1539, 22 April 2004, para. 2.

（8）United Nations University, “Sexual Violence in the Democratic Republic of the Congo,” https://unu.edu/publications/articles/sexual-violence-in-the-democratic-republic-of-the-congo.html (Access: 15 March 2022).

（9）UN Document, S/RES/1888, 30 September 2009, para. 12. S/RES/1820, 19 June 2008.

（10）UN Document, S/RES/1960, 16 December 2010, para. 8.

（11）Aid Worker Security Data (AWSD), “Major attacks on aid workers: Summary statistics,” https://aidworkersecurity.org/incidents/report (Access: 15 March 2022).

（12）UN Document, S/RES/1265, 17 September 1999, para. 11.

（13）UN Document, S/RES/1270, 22 October 1999, para. 14.

（14）United Nations Department of Peace Operations, “The Protection of Civilians in United Nations Peacekeeping Handbook,” 2020.

（15）*Ibid.*, p. 17, 22.

（16）*Ibid.*, pp. 17–21.

（17）Victoria Holt and Glyn Taylor with Max Kelly, “Protecting Civilians in the Context of UN Peacekeeping: Successes, Setbacks and Remaining Challenges,” Independent study jointly commissioned by the Department of Peacekeeping Operations and the Office for the Coordination of Humanitarian Affairs, 2009, pp. 5–9.

（18）南スーダン独立から内戦までの過程については、以下の邦語文献を参考にした。村橋勲『南スーダンの独立・内戦・難民——希望と絶望のあいだ』昭和堂、二〇二一年。また、ＵＮＭＩＳＳの活動については、藤井広重「国連平和維持活動（ＰＫＯ）文民要員の任務に関する一考察」『宇都宮大学国際学部研究論集』四六号、二〇一八年、九五—一〇六頁が詳しい。とくに、文民保護サイトにおける司法行政に関する考察は興味深い。国連平和活動の理論と実践に関して、南スーダン内戦を事例にしたものとして、井上実佳・川口智恵・田中（坂部）有佳子・山本慎一『国際平和活動の理論と実践——南スーダンにおける試練』法律文化社、二〇二〇年。

（19）UN Document, S/RES/1996, 7 August 2011, para. 1.

（20）*Ibid.*, 3 (a), (b), (c).

（21）*Ibid.*, para. 3 (b)(v) and (vi).

（22）*Ibid.*, para. 4.

（23）UN Document, S/2013/651, 8 November 2013, para. 3.

（24）UN Document, S/2014/158, 6 March 2014, para 3.

（25）*Ibid.*, para 5.

（26）*Ibid.*, para 6. 村橋、前掲書、八〇頁。UN NEWS, “South Sudan: Ban demands end to violence as UN mission relocates staff from Juba,” https://news.un.org/en/story/2013/12/458482 (Access: 15 March 2022).

（27）たとえば、二〇二〇年六月一八日に公開されたＵＮＭＩＳＳ文民保護サイトアップデートによれば、ベンディウの文民保護サイトに一一万一七六六人が避難していた。United Nations Mission in South Sudan, PoC Update, 12–18 June 2020, 18 June 2020, https://unmiss.unmissions.org/sites/default/files/poc-update_12_-_18_june_2020.pdf (Access: 15 March 2022)

（28）Norwegian Refugee Council, *Protection of Civilians Sites: Lessons from South Sudan for Future Operations*, 31 March 2017, pp. 22–29.

（29）UN Document, S/2014/158, 6 March 2014, para 7.

（30）Sudan Tribune, “Attack on UK Akobo base killed 30 civilians, says foreign minister,” 21 December 2013, https://reliefweb.int/report/south-sudan-republic/attack-un-akobo-base-killed-30-civilians-says-foreign-minister (Access: 15 March 2022).

（31）UN Document, S/RES/2132, 24 December 2013, para. 4.

（32）UN Document, S/RES/2206, 3 March 2015, para. 1.

（33）UNMISS, “Attacks on Civilians in Bentiu & Bor,” April 2014, para. 26, 72–73.

（34）*Ibid.*, para. 105, 110.

（35）村橋、前掲書、八二頁。

（36）UNMISS, “Attacks on Civilians in Bentiu & Bor,” para. 97.

（37）UN Document, S/RES/2187, 24 November 2014, para. 4 (a).

（38）*Ibid.*, para. 4 (b).

（39）南スーダン内戦における人道アクセスに関する考察として、以下のものが参考になる。小林綾子「アフリカの内戦における人道アクセス問題と反乱軍——南スーダンを事例として——」『国際政治』一八六号、二〇一七年、八〇—九六頁。UN Document, S/RES/2187, 24 November 2014, para. 4 (c).

（40）UN Document, S/RES/2187, 24 November 2014, para. 4 (d).

（41）UN Document, S/2015/118, 17 February 2015, para. 9.

（42）UN Document, S/2015/654, 19 August 2015, Annex.

（43）*Ibid.*, Annex, p. 31.

（44）UNHCR, “Protection Situation Update: Violence in the Malakal POC Site, (17–18 February 2016),” 18 February 2016,

https://reliefweb.int/report/south-sudan/protection-situation-update-violence-malakal-poc-site-17-18-february-2016. (Access: 15 March 2022). Center for Civilians in Conflict, "Under Fire: The July 2016 Violence in Juba and UN Response," 2016, p. 29.
(45) 村橋、前掲書、八九頁。
(46) 村橋、前掲書、九〇頁。
(47) Center for Civilians in Conflict, "Under Fire," p. 4.
(48) *Ibid.*, p. 19.
(49) *Ibid.*, pp. 39–41.
(50) *Ibid.*, p. 45.
(51) *Ibid.*, p. 41.
(52) *Ibid.*, p. 47.
(53) *Ibid.*, p. 47.
(54) *Ibid.*, p. 48.
(55) *Ibid.*, p. 49.
(56) Jason Patinkin, "Witnesses say South Sudan soldiers raped dozens near UN camp," AP, 28 July 2016, https://apnews.com/article/cee432b613424b7391e34492ced4aad8. (Access: 15 March 2022). Center for Civilians in Conflict, "Under Fire," pp. 25–26.
(57) S/2016/924, Annex, "Executive Summary of the Independent Special Investigation into the violence which occurred in Juba in 2016 and UNMISS response," 1 November 2016, paras. 14–15.
(58) United Nations Office of the High Commissioner for Human Rights, "SPLA committed widespread violations during and after July fighting in South Sudan," 4 August 2016.
(59) UN Document, S/RES/2304, 12 August 2016, para. 8.
(60) *Ibid.*, para. 14.
(61) UN Document, S/2018/163, 28 February 2018, para. 4.
(62) UN Document, S/2018/831, 11 September 2018, para. 3.
(63) *Ibid.*, para. 4.
(64) UN Document, S/2018/1103, 10 December 2018, para. 3.
(65) UN Document, S/2020/536, 15 June 2020, para. 2.
(66) UNMISS, "UN Protection of Civilians sited begin transitioning to conventional displacement camps," 4 September 2020, https://peacekeeping.un.org/en/un-protection-of-civilians-sites-begin-transitioning-to-conventional-displacement-camps. (Access: 15 March 2022). Lauren Spink, "In South Sudan, Keep UN Peacekeepers Focused on Evolving Risks for Civilians," 17 December 2021, https://www.justsecurity.org/79585/in-south-sudan-keep-un-peacekeepers-focused-on-evolving-risks-for-civilians/ (Access: 15 March 2022).

（かみの　ともや　岐阜大学）

日本国際政治学会編『国際政治』第210号「岐路に立つアフリカ」（二〇二三年三月）

中国アフリカ関係の新展開
――ファーウェイによるデジタルインフラ建設とその影響――

渡辺紫乃

はじめに

中華人民共和国（以下、中国）は、一九四九年一〇月の建国直後からアフリカを台湾との国家承認をめぐる争いの主戦場とみなし、対外援助を提供して民族解放・独立運動や国家建設を支援してきた。そして、一九五〇年代から積極的にアフリカ諸国を国家承認した。一九六三年末から六四年一月には周恩来首相がアフリカ一〇カ国を訪問して関係増進に努めた。

その後も中国の最高指導者は、たびたびアフリカ諸国を訪問し、指導者間の交流や国家間関係の強化に努めてきた。一九九一年からは毎年、中国の外交部長は年初の訪問先にアフリカを選んでいる(1)。新型コロナウィルスの世界的流行が続く二〇二二年にも、王毅国務委員兼外交部長は一月四日から七日までケニア、エリトリア、コモロの三カ国を訪問した(2)。

また、中国は二〇〇〇年に中国とアフリカの地域協力の枠組みである「中国・アフリカ協力フォーラム（Forum on China-Africa Cooperation、以下FOCAC）」を創設し、アフリカでも多国間外交を活発に展開し始めた。以後、ＦＯＣＡＣは三年ごとに開催されるようになり、中国とアフリカの経済関係の強化に貢献している。

このように、中国アフリカ関係は、国家間や指導者同士の関係を軸に語られることが多い。しかし、二〇〇〇年代以降、中国政府以外のアクター、特に中国企業のプレゼンスが急速に高まっている。中国アフリカ関係において、中国企業はどのような役割を果たしているのだろうか。そして、中国企業の経済活動はアフリカ諸国にどのような影響を及ぼしているのだろうか。

本稿では、中国のアフリカ進出において中心的な役割を果たしている華為技術有限公司（以下、ファーウェイ）によるアフリカでのデジタルインフラ建設に焦点をあてる。そして、ファーウェイが中国の政策金融を担う政策性金融機関である国家開発銀行（China Development Bank、以下中国開銀）の支援を受けてインフラ建設を積極的に行っていること、[3] ファーウェイによるデジタル監視技術を用いた社会統制システムの輸出は、ビジネスにとどまらず、アフリカ諸国のガバナンスにも影響を及ぼしていることを示す。

一　問題の所在

近年のアフリカにおける中国のプレゼンスの高まりとともに、中国アフリカ関係についての研究も増えている。例えば、デイヴィッド・シン（David H. Shinn）とジョシュア・アイゼンマン（Joshua Eisenman）の *China and Africa: A Century of Engagement* は、中国とアフリカの歴史、政治、経済、軍事関係を包括的に分析したうえで、中国と北アフリカとサヘル地域、東アフリカ、アフリカの角、アフリカ東岸諸国、西アフリカ、中央アフリカ、南部アフリカといった地域ごとの関係までフォローしている。[4] また、張穎は、中国とアフリカ諸国の指導者層の首脳外交を軸に、建国時から習近平政権一期目までの中国アフリカ関係の歴史を詳述している。[5]

中国アフリカ関係のイシュー別分析も増えている。[6] 代表的な文献としては、デボラ・ブロウティガム（Deborah Bräutigam）による中国の対アフリカ援助を分析した *Dragon's Gift: The Real Story of China in Africa* がある。[7] また、アルケベ・オクバイ（Arkebe Oqubay）とジャスティン・イフ・リン（Justin Yifu Lin）による *China-Africa and an Economic Transformation* は、中国とアフリカの経済関係を、歴史、貿易投資、開発金融やインフラ整備、労働環境、石油や天然ガスの採掘といった幅広い視点で分析している。[8] さらに、一九八〇年末代以降、中国がアフリカの安全保障にも関与し始めたことで、安全保障協力の歴史的展開、[9] 国連平和維持活動への関与、[10] スーダンのダルフール紛争への関与といったテーマ別の研究も行われている。[11]

以上のような中国アフリカ関係についての学術的な先行研究は、国家をメインアクターとする分析が中心となっている。しかしながら、二〇一一年にリンダ・ヤーコブソンとディーン・ノックスが中国外交における外交部の役割の低下と多様なアクターによる関与を指摘して以来、[12] 中国外交の研究は、国有企業や政策性金融機関をはじめとするビジネス界、地方政府、シンクタンクや大学の研究者、メディアとネチズンなど、「新しいアクター」へと分析の対象が広がっている。

毛里和子は『現代中国――内政と外交』のなかで、中国にとってのアフリカは、①資源、市場、商品、資本の提供先かつ吸収先であり、②中国の正統性を国際社会に認めさせるうえで「魅力ある二国間外交で惹きつけなければならない」対象であり、外交課題を解決するうえで重要な存在であると指摘している。[13] 同時に、毛里は、グローバルな大国化する中国外交の特徴として「新しいアクター」の重要性を強調している。中国アフリカ関係を考えるうえでもこの視点が欠かせない。

最近では、中国政府以外のアクターに着目する研究も増えてきた。例えば、ルーク・パティ（Luke Patey）は、南スーダンにおける中国の国有石油会社である中国石油天然気集団（China National Petroleum Corporation: CNPC）の活動に焦点をあて、中国企業がアフリカで直面する課題を分析している[(14)]。また、中国企業の対外進出の実態への関心が高まるにつれ、米国や豪州などの研究機関によって、中国の政策性金融機関や企業の対外活動についての詳細なレポートやデータベースが公開されるようになった[(15)]。

本稿では、こうした最新の研究成果を踏まえ、今日の中国アフリカ関係を考えるうえでは中国政府以外のアクターの分析が不可欠であることを示すべく、中国アフリカ関係の最前線であるファーウェイのデジタルインフラ建設に焦点をあてる。以下では、まず、建国以来の中国の対アフリカ外交を概観したうえで、近年では中国が国を挙げて中国企業の対アフリカ進出を支援していること、ファーウェイは中国開銀を中心とする金融機関、アフリカのホスト国との間で「鉄の三角形」と呼ばれる提携関係をもとに積極的に進出してきたことを説明する。最後に、ファーウェイのスマートシティ建設が、アフリカのホスト国の内政に及ぼす影響を考察する。

二　中国にとってのアフリカ

(1)　建国から一九八〇年代まで

中国は一九四九年一〇月の建国以来、アフリカを米国やソ連と対抗し、台湾との国家承認をめぐる争いの主戦場とみなしてきた。中国は、できるだけ多くの国家から国家承認を得て国際連合（国連）の議席を台湾から獲得するべく、国内での国家建設に集中するべき時期にもかかわらず、アフリカ諸国に援助を提供し、民族解放・独立運動や国家建設を支援してきた[(16)]。他方で、中国の外交政策全体の中でのアフリカの優先順位は低く、中国アフリカ関係は一九九〇年代まで活発ではなかった。

毛沢東時代には、周恩来首相のアフリカ一〇カ国訪問のような代表団の派遣による最高指導者層レベルの交流、一九五五年のバンドン会議に代表される会議外交を契機とした関係強化といった、今日の中国の対アフリカ外交の特徴が形成された[(17)]。一九六六年に文化大革命が始まると、中国とアフリカ諸国との関係は停滞した[(18)]。ガーナでは、中国によって革命家を訓練させていたクワメ・エンクルマ（Kwame Nkrumah）大統領が中国訪問中に追放され、同国にいた四百三十人の中国人専門家は帰国し、中国大使館も閉鎖された[(19)]。他方で、一九七一年一〇月に中国がアフリカの二六カ国の支持を得て台湾から国連の議席を得たことは、中国のアフリカ外交の成功事例であった。毛沢東の死去後に一時的な指導者となった華国鋒は、アフリカへの関心をほとんど示さなかった[(20)]。

一九七八年一二月に鄧小平が改革開放政策へ舵を切ると、中国は経済発展を最重視した対外政策に転換した。中国は西側先進諸国との関係強化を重視したが、アフリカとは友好関係を維持する程度で、たいした進展はなかった。一九六〇年代半ばには中国の貿易全体に占めるアフリカの割合は十％程度であったが、文革期に中国とアフリカ間の貿易は減少し、一九六六年から一九六九年までは七〜

八%の水準になった[21]。その後、『中国統計年鑑』によれば[22]、一九八一年には三・一%であり[23]、一九八八年は二・一%[24]、一九八九年には一・〇%に減少した[25]。

(2) 一九九〇年代以降

中国アフリカ関係が発展したのは江沢民政権期である[26]。その契機となったのは一九八九年六月四日の天安門事件後の中国の国際的孤立であった。西洋諸国が中国共産党の対応を厳しく批判して制裁を行ったのに対して、アフリカ諸国の対応は概ね対照的であった[27]。アンゴラは「反革命的な反乱を鎮圧するための断固たる行動」として支持を表明し、ナミビアのサム・ヌジョマ（Samuel Nujoma）大統領は人民解放軍に祝辞を送るなど[28]、中国を表立って支持する国もあった。

天安門事件後に世界で最初に中国を訪問した外国の最高指導者は、ブルキナファソのブレーズ・コンパオレ（Blaise Compaoré）大統領であった[29]。一九八九年にはブルンジ、ウガンダ、トーゴ、マリの国家元首も訪中した[30]。また、一九九〇年代初頭の冷戦終焉によって伝統的なドナーのアフリカに対する関心が薄れたことも中国がアフリカにより積極的に関与する余地を与えた[31]。さらに、中国は一九九三年に石油の純輸入国に転じたため、天然資源の有力な供給先としての期待も高まった。

以後、中国を最初に訪問する外国の国家元首や外務大臣はアフリカから来るようになった[32]。一九九一年以降は、中国の外交部長の年初の外遊先もアフリカになった。その後も、表1のとおり、

表1　中国の最高指導者層による主なアフリカ訪問

時期	指導者	訪問国
1992年6月〜7月	楊尚昆国家主席	モロッコ、チュニジア、コートジボワール
1996年5月	江沢民国家主席	ケニア、エチオピア、エジプト、マリ、ナミビア、ジンバブエ
1997年5月	李鵬首相	ザンビア、モザンビーク、ガボン、カメルーン、ナイジェリア、タンザニア
1999年10月	江沢民国家主席	モロッコ、アルジェリア
2000年4月	江沢民国家主席	南アフリカ
2002年4月	江沢民国家主席	リビア、ナイジェリア、チュニジア
2002年8月〜9月	朱鎔基首相	アルジェリア、モロッコ、カメルーン、南アフリカ
2003年12月	温家宝首相	エチオピア
2004年1月〜2月	胡錦濤国家主席	エジプト、ガボン、アルジェリア
2006年4月	胡錦濤国家主席	モロッコ、ナイジェリア、ケニア
2006年6月	温家宝首相	エジプト、ガーナ、コンゴ共和国、アンゴラ、南アフリカ、タンザニア、ウガンダ
2007年1月〜2月	胡錦濤国家主席	カメルーン、リベリア、スーダン、ザンビア、ナミビア、南アフリカ、モザンビーク、セーシェル
2009年2月	胡錦濤国家主席	マリ、セーシェル、タンザニア、モーリシャス
2009年11月	温家宝首相	エジプト
2013年3月	習近平国家主席	タンザニア、南アフリカ、コンゴ共和国
2014年5月	李克強首相	エチオピア、ナイジェリア、アンゴラ、ケニア
2015年12月	習近平国家主席	ジンバブエ、南アフリカ
2016年1月	習近平国家主席	エジプト
2018年7月	習近平国家主席	セネガル、ルワンダ、南アフリカ、モーリシャス

出典：新聞記事をもとに筆者作成

二〇二一年以降の新型コロナウィルスの世界的感染拡大に至るまで、中国の最高指導者層は頻繁にアフリカを訪問した。

(3)　ＦＯＣＡＣの開催と対アフリカ協力

近年の中国のアフリカ外交は、最高指導者層のアフリカ訪問による二国間関係の強化に加え、二〇〇〇年からのＦＯＣＡＣ開催による多国間外交の推進、中国のアフリカ外交に関する政策文書の発表による対アフリカ政策の制度化によって特徴づけられる。

中国は、二〇〇〇年一〇月にアフリカの指導者を北京に一堂に招いて第一回ＦＯＣＡＣ閣僚会合を開催し、向こう三年間の行動計画である「中国・アフリカ経済および社会発展協力綱領（二〇〇一―〇三年）」を発表した。以後、ＦＯＣＡＣでは、中国とアフリカの貿易や投資の拡大による経済関係の強化が重要なテーマとなり、中国アフリカ関係も経済分野を軸に発展した(33)。二〇〇二年からの胡錦濤政権以降、三年ごとにＦＯＣＡＣの閣僚会合を中国とアフリカが持ち回りで開催し、向こう三年間の行動計画を発表することが定着した(34)。

二〇〇六年一〇月に北京で第三回ＦＯＣＡＣ閣僚会合が開催された際には、新たに第一回ＦＯＣＡＣ首脳会議も開催され、行動計画とともに「対アフリカ具体的協力政策八項目」が採択された。中国企業の対外進出を支援する政策として、二〇〇九年までにアフリカへの援助の倍増、向こう三年間での三十億ドルの優遇借款と二十億ドルの優遇バイヤーズ・クレジットの提供(35)、中国企業のアフリカ投資支援のための五十億ドルの中国アフリカ開発基金（China-Africa Development Fund、以下 CADF）の設立などが表明された(36)。

二〇〇九年一一月にはエジプトのシャルム・エル・シェイクで第四回ＦＯＣＡＣ閣僚会合が開催され、行動計画に加えて「対アフリカ具体的協力新政策八項目」も発表された。そこでは、アフリカ諸国に対する百億ドルの優遇借款の提供、中国の金融機関による十億ドルの対アフリカ中小企業発展特定融資の設置などが発表された(37)。

二〇一五年一二月には南アフリカのヨハネスブルグで第六回ＦＯＣＡＣ閣僚会合とともに第二回首脳会合が開催された。習近平は「中国・アフリカ十大協力計画」を発表し、ＣＡＤＦの資金を百億ドルへ引き上げることを約束した。さらに、二〇一八年九月には北京で第七回ＦＯＣＡＣ閣僚会合と第三回首脳会合が開催され、二〇一八年から二〇二一年までの行動計画が表明された。習近平は中国企業による百億ドル以上のアフリカ投資の実施と五十億ドルの「中国アフリカ輸入貿易融資専門基金」の設置などを表明した(38)。

直近では、二〇二一年一一月にはセネガルの首都ダカールで第八回ＦＯＣＡＣ閣僚会合が開催され、中国からは王毅が参加し、アフリカの五三カ国の外務大臣、経済・貿易担当大臣、財務大臣らが出席した。習近平はビデオメッセージで基調講演を行い、新たに「中国・アフリカ協力ビジョン二〇三五」として、①医療・健康、②貧困削減と農業開発、③貿易促進、④投資促進、⑤デジタルイノベーション、⑥グリーン開発、⑦能力開発、⑧文化・人的交流、⑨平和と安全保障での協力増進を表明した(39)。以上のように、中国はＦＯＣＡＣの閣僚会合や首脳会合の場を活用して、アフリカ諸国への援助や中国企業のアフリカ進出の支援策などを相次いで発表してきた。

(4) 対アフリカ外交の政策文書の発表

胡錦濤政権では、中国のアフリカ外交の制度化が進展した。胡錦濤は、二〇〇二年一一月の中国共産党第一六回全国代表大会（以下、第一六回党大会）において、中国外交について「大国は要、周辺は最重要、発展途上国関係は土台、多国間の枠組みは最も重要なアリーナだ」と定義し[40]、発展途上国が多いアフリカを中国外交の「土台」と位置づけた。

その後、二〇〇六年一月には初めてのアフリカ白書である『中国対アフリカ政策文書（中国対非洲政策文件）』（以下、第一回政策文書）が発表された。この文書の発表は、経済発展しつつあったアフリカの地位が中国外交の中で高まったことの現れであった[41]。そこでは、中国のアフリカ政策の原則は「相互平等、互利互恵、相互支持、相互学習」であることが謳われた。そして、経済分野では、①優遇借款や優遇輸出バイヤーズ・クレジットの提供による中国企業のアフリカでの投資の支援、②中国とアフリカの金融機関の協力の支援、③中国企業によるインフラ建設の「対外工事請負（対非承包工程业务）」の支援など、中国企業のアフリカ進出にあたっての支援策が明記された[42]。

二〇一〇年一二月には『中国とアフリカの経済貿易協力（中国与非洲的経済貿易合作）』白書が発表された。この白書は、過去一〇年間の中国とアフリカの経済貿易関係を総括したうえで、中国企業によるアフリカでのインフラ整備を奨励するため、中国の金融機関によるアフリカへの商業貸付の規模拡大への支援や、向こう三年間で百億ドルの優遇借款の提供などを表明した[43]。

二〇一二年からの習近平政権では、二〇一三年秋の「一帯一路」構想表明以降、中国企業のアフリカ進出が一層奨励され、国を挙げての支援策が相次いで強化された。二〇一五年一二月のヨハネスブルクでの第二回ＦＯＣＡＣ首脳会合の開幕日には、二度目の「対アフリカ政策文書（中国対非洲政策文件）」（以下、第二回政策文書）が発表された。この文書では、中国の企業や金融機関がインフラ建設への一層の参加を奨励し、政策金融の役割を十分に活用した新しい投資・金融協力のモデルの構築を支援することを発表した。そして、アフリカの鉄道、道路、通信、電力、航空、港湾、水資源の開発・保護、その他のインフラ建設、プロジェクト投資、運営、管理に参加する中国企業を支援することも明記した[44]。

また、中国は二〇二一年一一月に『新時代の中国・アフリカ協力（新時代的中非合作）』白書を発表した。この文書では、中国とアフリカは運命共同体であり、「一帯一路」協力を促進すること、中国の対アフリカ政策の理念である「真実、実務、親密、誠実」と正しい義利観が習近平の新時代のアフリカ協力の方向性と根本的な拠り所であることが強調された[45]。同時に、中国は二〇〇九年以来一二年連続でアフリカにとって最大の貿易パートナーであること、中国のアフリカへの輸出額のうち電気機械製品やハイテク製品が五〇％を超えるなど、より資本・技術集約的で付加価値の高い製品が中心となって貿易構造の高度化が進んだ実績をアピールした。そして、中国企業が多様な様式でアフリカのインフラ建設、投資、運営と管理に参加することを奨励することを表明した(46)。

三　ファーウェイによるアフリカ進出

中国は胡錦濤政権以降、国家主導で中国企業のアフリカ進出を後押しする姿勢を明確にしている。その結果、今日では、アフリカにおける中国企業のプレゼンスが高まっている。二〇〇〇年代以降、ファーウェイ、中興通訊（ZTE）、中国電信（チャイナ・テレコム）などの中国企業は、インターネットの主要幹線からソリューションまで、アフリカのデジタルインフラ建設を幅広く行ってきた。中国企業のアフリカ進出はどのような仕組みで行われているのだろうか。そして、アフリカ諸国にどのような影響を及ぼしているのだろうか。

多くの中国企業がアフリカに進出しているなかで、本稿がファーウェイによるデジタルインフラ進出に焦点をあてる理由は、同社がデジタルインフラの建設で代表的な企業であるためである。Henry Tugendhat と Julia Voo の研究によれば、中国資本によるアフリカのプロジェクトを件数、金額ともに最も多く手掛けている企業はファーウェイである(47)。また、ファーウェイは表2のとおり、アフリカのデジタルインフラ、特にスマートシティの建設において、機器とソリューションの双方を提供しており(48)、中国の他の企業を圧倒する存在である。そのうえ、最近の米国と中国のハイテク摩擦の渦中にあるために多くの資料が公開されている。

表2　中国のスマートシティ技術と輸出企業のリスト

技術カテゴリー	製品	中国企業
監視	IPカメラ、監視カメラ、デジタルビデオレコーダー、NVR、ビデオ管理システム、警察官用ボディカメラ、交通監視システム、顔認証、IRカメラ、ナンバープレート自動認識	**ファーウェイ（華為技術）**、ハイクビジョン（杭州海康威視数字技術）、ダーファ（大華技術）、深圳ZNV（力維智聯技術）、Megvii（曠視科技）、Kedacom（蘇州科達科技）、Cloudwark（雲従科技）、Uniview（浙江宇視科技）、E-Hualu（易華録）、Yitu（依図科技）
ネットワークインフラ	バックボーンネットワーク、Wi-Fi、高速ネットワーク、3G、4G、5Gインフラ、LTEネットワーク	**ファーウェイ**、ZTE（中興通訊）、H3C（華三通信）
ビッグデータ	クラウドネットワーク、データセンター、サーバー	**ファーウェイ**、アリババ、テンセント、Sugon（中科曙光）、Inspur（浪潮世科信息技術）、Sangfor（深信服科技）、iSoftStone（軟通動力）、ChinaSoft（中軟国際）
フィンテック	モバイル決済アプリ、自動支払システム	ファーウェイ、Ping'an（中国平安保険）、Panda Electronics（熊猫電子）
エネルギー	スマートグリッド、スマートメーター、先進的メータリングインフラストラクチャー	**ファーウェイ**、ZTE、CEIEC Electric（中国電子進出口）
統合プラットフォーム	緊急対応システム、「スマートシティ」ソリューション、統一都市運用プラットフォーム、コマンドセンター、配車システム、コールセンター	**ファーウェイ**、ZTE、ダーファ、アリババ、Kedacom、深圳ZNV
市民サービス	スマートパーキング、交通規制システム、バスシステム、スマート街灯システム、スマート廃棄物管理	ファーウェイ、ハイクビジョン、ダーファ、Kedacom、Gosuncn（高新興科技）、E-Hualu、Panda Electronics、Founder International（方正国際軟件）、Carsmart（喀斯瑪商城）、TelChina（泰華智慧）、深圳ZNV、iSoftStone

出典：Atha et al., "China's Smart Cities Development" より筆者作成

(1) 官民一体型の「鉄の三角形」

ファーウェイによるデジタルインフラ建設の特徴は、官民一体型の事業展開である。中国人民政治協商会議全国委員会の機関紙である『人民政協報』は、二〇〇二年一一月の第一六回党大会後の一〇年間の中国開銀の実績を「国家戦略に奉仕する金融パイオニア」と題する記事で紹介し、ホスト国の企業が中国開銀からの融資でファーウェイの機器やサービスを購入する関係を相互利益とウィンウィンの「鉄の三角形」と称した。そして、国内で無名の民間企業だったファーウェイが世界的に有名な通信機器メーカーに成長した「ファーウェイの奇跡」には中国開銀の開発金融が強力な役割を果たしたこと、二〇〇四年の中国開銀からの百億ドルの融資によりファーウェイが国際市場に参入でき、その後の五年間で百億ドル以上の売り上げを達成できたこと、その後も海外の事業者が同社の製品を購入するための大規模なバイヤーズ・クレジットを中国開銀が提供したことなどが書かれている。(49) この記事は中国開銀のサイトにも転載されているため、同行がファーウェイを成功事例だとみなしていることがわかる。

中国の開発金融は、最高指導者層が決めた国家目標に従って、中国開銀や商業銀行などの資金を、エネルギー、インフラ、鉱業、農業部門の中央や地方の優良企業による国内外での戦略的投資に誘導する。(50) 実際、ファーウェイの製品や技術を購入するための資金は中国開銀によって提供されることが多い。(51) ファーウェイは二〇〇九年にも中国開銀と三百億ドルの融資契約を行い、(52) 二〇一九年には百四十億人民元(約二一億ドル弱)の資金を五年間、中国開銀と四つの商業銀行(中国銀行、中国建設銀行、招商銀行、中国工商銀行)からなるコンソーシアムから借りた。(53)

中国の官民一体型の対外進出は、中国共産党の高級幹部もしくは中国政府の高官、あるいは中国開銀の総裁による海外訪問中あるいは直後に行われることが多い。中国開銀が当該国の財務大臣と枠組み合意の交渉を行い、国家開発プロジェクトの優先案件リストを作成する。そして、中国開銀はプロジェクトごとの返済能力ではなく、開発プロジェクト全体に対して与信枠を設定して長期資金を提供する。(54) この際、中国の商業銀行にも参加を求める場合が多い。(55)

一般に、中国企業が中国の政策性金融機関の融資つきのプロジェクトに関与する方法は、三つある。一つ目は、ホスト国の政府もしくは企業が購入したい中国の製品やサービスを自ら特定したうえで、購入資金を中国の政策性金融機関から借り受ける方法である。二つ目は、ホスト国の政府や機関がプロジェクトを行うための資金を中国の政策性金融機関から借りる場合に、中国の政策性金融機関の方からプロジェクトを実施できる中国企業を紹介する場合である。三つ目は、中国企業が直接ホスト国の政府や機関に自社の製品やサービスを売り込む際に、中国の政策性金融機関からの融資も一緒に紹介するパターンである。この三番目のケースが一般に知られている以上に多いという。(56)

以上のように、ファーウェイは、主に中国開銀や商業銀行からの融資をセットにして自社製品やサービスをホスト国に販売してきた。アフリカ諸国にとっては、デジタルインフラを建設するうえで、自ら資金調達をしなくて済むことは大きなメリットである。しかも、ファーウェイ製品の価格は競合他社のものより三割程度低いともいわれている。例えば、二〇一〇年に欧州貿易委員会が実施した調査は、ファーウェイが競合他社の七割の価格で入札に応じたと結論づけている(57)。

(2)　ファーウェイのスマートシティ建設の影響

ファーウェイによるアフリカ諸国のデジタルインフラ建設は、当該国に長期的かつ重大な影響を及ぼす。第一に、デジタルインフラは、最初に建設した企業やその関係先に大きなメリットをもたらす(58)。デジタルネットワークが一度構築されると、継続的にメンテナンスやアップグレードが必要になるため、最初にインフラ設備を建設した企業が、競合他社を排除して長期間のビジネスを獲得できる可能性が高い。しかも、新しい技術が利用可能になった場合には、同一企業のシステムをアップグレードする方が他社製品に入れ替えるよりもはるかにコストが低い。タンザニアでは、インターネット主要幹線を中国通信建設集団有限公司（China International Telecommunication Construction Corporation: CITCC）が中国輸出入銀行の融資を得て建設した際、ファーウェイのルーターのみを使える仕様にした(59)。

ファーウェイのスマートシティの場合、通信インフラに加え、統合プラットフォーム、電子政府システム、監視システムなどがセットになっている。しかも、表2のとおり、ファーウェイは、これらの技術のほぼすべてに関与している。スマートシティは、日ごろからメンテナンスやソフトウェアのアップデートが必要になるため、スマートシティの設備やサービスを販売した企業は、機器のメンテナンスやソフトウェアのアップデートを顧客に提供し続ける必要がある。もし、企業が何らかの理由でソフトウェアのアップデートを提供するのをやめた場合、スマートシティや当該国に深刻な被害を及ぼしうる(60)。つまり、ファーウェイのスマートシティを導入した国は、同社に長期間依存することになる。

第二に、デジタルインフラの建設は、ネットワーク断絶のリスクやサイバー攻撃の脅威にさらされる。特に、スマートシティは、ホスト国が多方面において特定のネットワークにつながるため、攻撃対象となりうるアクセスポイントの数が多く、サイバー攻撃を行う側にとっては「宝の山」である。個々のセンサーへの攻撃は比較的容易であるうえ、データが集まるリポジトリーへの攻撃はより深刻な被害をもたらす(61)。さらに、一度サイバー攻撃を受けると、仮に復旧したとしても一時的な対応でしかなく、その後の攻撃を警戒し続ける必要がある。そのため、スマートシティの導入は、他の財やサービスの購入以上に、購入先への依存が深まる。

第三に、外国企業からのスマートシティ技術の導入は、ホスト国のガバナンスや民主主義に深刻な影響を及ぼす可能性がある。そもそも、誰がスマートシティを管理するのかも問題である。スマートシティ技術を提供した企業が管理する場合、当該地域のガバナンスが民営化され、民間企業による監視が広がることになる。例えば、情報端末、自動運転車、犯罪を探し出す街灯、空きスペースを追跡する駐車場といった技術は、人々の生活の利便性や治安を向上させる反面、民主主義における市民の権利を侵害することにもなりうる(62)。

特に、スマートシティの大規模監視システムは、人々の画像データを含む膨大なデータが集められる。犯罪の減少や防止により治安の改善につながったとしても、政府による政治的統制が拡大すれば、かえって人々を不安にしかねない。スマートシティの監視カメラは至る所に存在しており、本人の同意なしに大量の個人情報が収集される。監視技術は、国家の指導者が反対勢力の活動を監視するツールにもなり、反政府運動を抑え込むことも可能になる。その結果、権威主義体制が強化されることにもなりかねない。

また、スマートシティで生み出される膨大な量のデータは、市場価値の高い商品にもなりうる。誰がデータを所有し、管理するのかも重要な問題である(63)。企業は、自らが敷設した施設から得られるデータの所有を望むかもしれない。仮に外国企業、もしくは外国政府がデータを所有することになった場合、データが国境を越えて他者に共有されたり、悪用される可能性も考えておかなくてはならない。

表3のとおり、Australian Strategic Policy Instituteが二〇二一年六月に公開したデータベースによると、ファーウェイはアフリカで少なくとも二五カ国、三九件のスマートシティプロジェクトに関与していた(64)。これらの国では、ファーウェイによるハードウェアとソフトウェアの関与が長期間続くことになる。

二〇二二年のフリーダムハウスの民主主義指標でみた場合、ファーウェイは政治体制を問わず、アフリカ諸国に幅広く進出している(65)。例えば、同指標で「非自由」とされるウガンダでは、ファーウェイが自社の製品やサービスを販売後、警察官や情報機関の職員に研修を行い、監視技術などを伝授している。カメルーンでもファーウェイの技術者が同国のシステムを管理している。さらに、ファーウェイの技術者が、ウガンダではヨウェリ・ムセベニ（Yoweri Museveni）大統領に反対している政治家の通信傍受を支援し、「部分的自由」のザンビアではエドガー・ルング（Edgar Lungu）大統領を批判するニュースサイトを運営するブロガーの居場所を突き止め、逮捕につなげた(66)。これらは、アフリカの政権側がファーウェイの技術を利用して、自らの政治的基盤の強化に役立てている事例である。

当然ながら、デジタルインフラやスマートシティの技術の存在自体が、当該国の政府に対して、社会を統制したり反対勢力を抑圧したりする能力を自動的に与えるわけではない。スマートシティの技術は、プラスとマイナスの両方の影響を及ぼしうる。政府が技術を上手に管理して使いこなせれば、人々の生活の利便性が向上し、犯罪の防止や摘発により治安の改善につながるなど、メリットは大きい。ファーウェイは自社のスマートシティを「セーフシティ」と称している。ただし、そのためには、スマートシティの過度の監視を制限したり、市民のプライバシー保護の法律などの国内制度を十分に整備することが必要になる(67)。

他方で、国内のガバナンス体制が未成熟であったり、こうした制

表 3　アフリカにおけるファーウェイのスマートシティプロジェクト

自由度	国名	開始年	事業内容
非自由 10 カ国	アルジェリア	2018	ファーウェイのビデオ監視システムを導入
	アルジェリア	2019	ジャーナリストにファーウェイのスマートシティに関する研修を実施
	アンゴラ	—	スマートシティプロジェクトに参加
	ウガンダ	2019	顔認証含むスマートシティプロジェクトを実施、**ファーウェイの技術者が情報機関の担当官による反対勢力の監視を支援、情報機関と警察に研修を実施**
	エジプト	2017	カイロにスマートシティ等に関するオープンラボを開設
	エジプト	2019	マディナティに Talaat Mostafa Group (TMG) Holding とスマートシティのソリューションを提供する覚書を締結
	エチオピア	—	スマートシティプロジェクトに参加
	カメルーン	2018	インテリジェンスシティプロジェクトを実施、**ファーウェイの技術者が管理**
	ジブチ	—	スマートシティプロジェクトを実施
	チャド	—	スマートシティプロジェクトを実施
	マリ	—	スマートシティプロジェクトを実施
	ルワンダ	2016	キガリでスマートキガリプロジェクトに参加
部分的 自由 11 カ国	ケニア	2008	データセンター、監視システムを含むスマートシティの建設を計画
	ケニア	2016	スマートシティプロジェクトを実施
	ケニア	2016	スマートシティプロジェクトを支援するファンドを創設することを表明
	ケニア	2016	ナイロビに警察の対応時間を短縮する監視ビデオを含むスマートシティのソリューションを導入
	ケニア	—	モンバサが警察の対応時間を短縮する監視ビデオを含むスマートシティのソリューションを導入
	コートジボワール	2018	アビジャンでスマートシティプロジェクトを実施、ファーウェイがアフリカ・スマートシティサミットを 2019 年に開催
	ザンビア	2015	監視システム含むスマートザンビアイニシアティブを実施、**ファーウェイの技術者が情報機関の担当官による反対勢力の監視を支援**
	セネガル	—	スマートシティプロジェクトを実施
	タンザニア	—	スマートシティプロジェクトに参加
	チュニジア	2017	チュニジア政府とスマートシティを含むデジタル協力の強化の覚書を締結
	ナイジェリア	2016	クルスリバー州がナイジェリア初のスマートシティ建設契約に署名
	ナイジェリア	2017	ナイジェリア政府がスマートシティでのパートナーシップを表明
	ニジェール	2019	大統領が北京でファーウェイを訪問、スマートシティプロジェクトを実施
	マダガスカル	2015	ノシ・ベでスマートシティプロジェクトを実施
	マダガスカル	2016	アンタナナリボでスマートシティプロジェクトを実施
	モザンビーク	—	スマートシティプロジェクトに参加
	モロッコ	—	マラケシュのセーフシティプロジェクトに関与
自由 4 カ国	**ガーナ**	—	スマートシティプロジェクトを導入、**15000 人の警察官らに研修を実施**
	ボツワナ	2017	ハボローネでスマートシティプロジェクトを実施
	ボツワナ	2017	フランシスタウンでスマートシティプロジェクトを実施
	南アフリカ	2016	スマートシティプロジェクトを支援するファンドを創設することを表明
	南アフリカ	2017	ヨハネスブルクにスマートシティ等に関するオープンラボを開設
	南アフリカ	—	ヨハネスブルクが監視ビデオを含むスマートシティのソリューションを導入
	南アフリカ	—	ルステンブルクでスマートシティプロジェクトを実施
	南アフリカ	—	エクルレニでスマートシティプロジェクトを実施
	南アフリカ	—	Eskom とスマートグリッドの共同開発イニシアティブで合意
	モーリシャス	2018	モーリシャス政府とセーフシティ建設で合意

出典：ASPI と Freedom House の資料より筆者作成

度が存在しない、もしくは機能していない社会では、国家や民間部門、外国企業、ときには外国政府によって、スマートシティの技術が政治や他の目的で利用される懸念もある。アフリカ諸国の民主主義の定着度やガバナンスの成熟度によって、ファーウェイのスマートシティを使いこなす能力や国内への影響は異なるだろう。

今日、デジタル技術は日進月歩で進化している。技術をいかに上手く使いこなし、技術がもたらす様々な問題にどのように対応していくかは、どの国にとっても喫緊の課題である。まして、国内のガバナンス体制が弱い、もしくは機能していない社会では、国家や民間部門、外国企業、ときには外国政府によって、スマートシティの技術が政治や他の目的で利用される懸念がある。ファーウェイによる政府職員への研修が当該国のガバナンスに及ぼす影響は、フリーダムハウスの民主主義指標で「自由」なガーナと「不自由」なウガンダでは異なるだろう。アフリカ諸国の民主主義の定着度やガバナンスの成熟度によって、ファーウェイのスマートシティを使いこなす能力や国内への影響は異なるはずである。

おわりに

中国アフリカ関係は、特に二〇〇〇年代以降、主に経済関係を軸に発展してきた。本稿では、ファーウェイによるアフリカのデジタルインフラ事業への進出にみられるように、中国は「鉄の三角形」とも呼ばれる官民一体型での中国企業の対外進出を支援してきたことを明らかにした。同時に、ファーウェイによるアフリカへのスマートシティの輸出は、中国とアフリカの貿易や投資の拡大といった伝統的な経済関係の強化にとどまらず、アフリカのホスト国のガバナンスや内政にも影響を及ぼしうることを指摘した。

本稿では、中国アフリカ関係において、中央政府以外のアクターである中国企業に注目することの有用性を示すため、マクロ的視点でアフリカを分析した。しかし、中国とアフリカ諸国の関係は一枚岩ではなく、国によってまだらである。例えば、南アフリカ、アンゴラ、タンザニア、ケニア、エチオピア、ザンビア、コンゴ民主共和国（旧ザイール）、ナイジェリア、アルジェリアでは、中国との多様な経済関係が展開されている(68)。

今日の中国アフリカ関係は、実に速いペースでダイナミックに変化している。中国アフリカ関係の実態をより正確に理解するためには、各国の事情を踏まえつつ、中国との国家間関係に加え、中央政府以外の多様なアクターの活動やその影響といったより詳細な分析が有用である。また、ファーウェイのデジタルインフラ事業が内政に与える影響は、各国の政治体制だけでなく、経済や社会情勢にも左右される。中国アフリカ関係は、今後も研究すべき課題の多い有望なテーマである。

（1）「王毅外相、アフリカ訪問の3つの目標を語る――中国」人民網日本語版、二〇二二年一月七日、https://www.recordchina.co.jp/b887696-s6-c100-d0189.html（二〇二二年二月二二日閲覧）。

（2）「中国外交の年始の新たな動きが注目される」中国網、二〇二二年一月一七日、http://japanese.china.org.cn/politics/txt/2022-01/17/

content_77994749.htm（二〇二二年二月二二日閲覧）。

（3）中国の政策性金融機関は、中国開銀の他、中国企業による貿易や投資、国際協力を支援する中国輸出入銀行（以下、中国輸銀）、農業生産や農産品の流通に関する金融サービスを提供している中国農業発展銀行の三行である。

（4）David H. Shinn and Joshua Eisenman, *China and Africa* (Philadelphia: University of Pennsylvania Press, 2012).

（5）張穎『首脳外交視閾下的中非関係』北京、時事出版社、二〇一七年。

（6）落合雄彦「中国の対アフリカ政策の史的展開と今日的諸相――FOCAC、対外援助、PKO 派遣、台湾問題――」平和・安全保障研究所編『中国のアフリカおよびオセアニアにおけるプレゼンス』（平成二十一年度防衛省委託研究報告書）、二〇一〇年、四五―六七頁は、当該テーマでの先駆的研究である。

（7）Deborah Brautigam, *Dragon's Gift: The Real Story of China in Africa* (Oxford: Oxford University Press, 2011).

（8）Arkebe Oqubay and Justin Yifu Lin, eds., *China-Africa and an Economic Transformation* (Oxford: Oxford University Press, 2019).

（9）渡辺紫乃「中国とアフリカ」落合雄彦編『アフリカ安全保障論入門』晃洋書房、二〇一九年、一五八―一七二頁。

（10）増田雅之「中国の国連 PKO 政策と兵員・部隊派遣をめぐる文脈変遷――国際貢献・責任論の萌芽と政策展開――」『防衛研究所紀要』一三巻二号、二〇一一年、一―二四頁。

（11）青山瑠妙「中国外交における国際協調の流れ――中国とスーダンの関係を中心に」国分良成・小嶋華津子編『現代中国政治外交の原点』慶應義塾大学出版会、二〇一三年、三六九―三九二頁。

（12）Linda Jakobson and Dean Knox, *New Foreign Policy Actors in China*, SIPRI Policy Paper 26 (September 2010).

（13）毛里和子『現代中国――内政と外交』名古屋大学出版会、二〇二一年、一三二頁。

（14）Luke Patey, *How China Loses: The Pushback against Chinese Global Ambitions* (New York: Oxford University Press, 2021), pp. 17–39.

（15）例えば、Australia Strategic Policy Institute, Mapping China's Tech Giants, Data listing, https://chinatechmap.aspi.org.au/#/data/（二〇二二年二月二五日閲覧）や、Rebecca Ray and Blake Alexander Simmons, "Tracking China's Overseas Development Finance," Global Development Policy Center, Boston University, December 7, 2020, https://www.bu.edu/gdp/2020/12/07/tracking-chinas-overseas-development-finance/（二〇二二年二月一六日閲覧）などがある。

（16）Ian Taylor, "The Institutional Framework of Sino-African Relations," in Arkebe Oqubay and Justin Yifu Lin, eds., *China-Africa and an Economic Transformation* (Oxford University Press, 2019), p. 100.

（17）David Shinn, "China-Africa Ties in the Historical Context," in Arkebe Oqubay and Justin Yifu Lin, eds., *China-Africa and an Economic Transformation* (Oxford University Press, 2019), pp. 61–62.

（18）*Ibid.*, p. 66.

（19）*Ibid.*

（20）*Ibid.*, p. 68.

（21）*Ibid.*

（22）『中国統計年鑑』に中国の地域別貿易額が掲載されるようになったのは『中国統計年鑑一九八三』以降である。

（23）中国国家統計局編『中国統計年鑑一九八三』北京、中国統計出版社、一九八三年、四〇七頁。

（24）中国国家統計局編『中国統計年鑑一九八九』北京、中国統計出版社、一九八九年、六二六頁。
（25）中国国家統計局編『中国統計年鑑一九九〇』北京、中国統計出版社、一九九〇年、六四四頁。
（26）例えば、青山瑠妙は一九九六年から一九九七年の江沢民や李鵬のアフリカ訪問を中国のアフリカ外交が本格化した契機としている。青山、前掲論文、三七三頁。
（27）Shinn, *op.cit.*, p. 71.
（28）Ian Taylor, “China's Foreign Policy towards Africa in the 1990s,” *The Journal of Modern African Studies*, 36-3 (1988), p. 447.
（29）*Ibid.*, p. 448.
（30）張穎、前掲書、三八—三九頁。
（31）Shinn, *op.cit.*, p. 71.
（32）張穎、前掲書、三八頁。
（33）Ian Taylor, “The Institutional Framework of Sino-African Relations,” p. 118.
（34）毎回のFOCACで表明された中国によるアフリカへの協力の詳細については、北野尚宏「中国のアフリカ進出の現状と課題」『国際問題』第六八二号、二〇一九年六月号、四一—五二頁が参考になる。
（35）優遇借款とは、発展途上国に対して優遇金利で融資を行う中国の対外援助の一形態である。優遇バイヤーズ・クレジットは、中国の製品やサービスの輸入者に優遇金利で融資を行う信用供与である。
（36）中華人民共和国国務院報道弁公室『中国の対外援助（２０１１）』北京、外文出版社、二〇一一年、四〇—四一頁。
（37）同上、四四—四五頁。
（38）「新時代的中非合作」、中華人民共和国中央政府、二〇二一年一一月二六日、http://www.gov.cn/zhengce/2021-11/26/content_5653540.htm（二〇二二年二月二七日閲覧）。
（39）「中国・アフリカ協力フォーラム閣僚級会議閉幕、ワクチン協力と対中貿易赤字縮小へ一致」、JETRO、二〇二一年一二月七日、https://www.jetro.go.jp/biznews/2021/12/fe36c5b9f5504ed.html（二〇二二年二月二七日閲覧）。
（40）毛里、前掲書、一三二—一三三頁。
（41）張、前掲書、四三頁。
（42）中華人民共和国国務院『中国対非洲政策文件』二〇〇六年一月、http://www.gov.cn/gongbao/content/2006/content_212161.htm（二〇二二年二月二三日閲覧）。
（43）中華人民共和国国務院報道弁公室「『中国与非洲的経済貿易合作』白皮書（全文）」二〇一〇年一二月、http://www.scio.gov.cn/ztk/dtzt/46/12/document/835919/835919.htm（二〇二二年二月二三日閲覧）。
（44）「中国対非洲政策文件（全文）」二〇一五年一二月、http://www.gov.cn/xinwen/2015-12/05/content_5020197.htm（二〇二二年二月二三日閲覧）。
（45）「義」は道義を重んじることで、「利」はウィンウィンを実現することを指す。正しい義利観とは、「義」と「利」の両方を兼ね備えることだが、必要な場合は「利」を捨て「義」を取ることを意味する。中国外文局・中国翻訳研究院・中国翻訳協会「正しい義理観を確立する（改革開放）」二〇一八年一一月六日、キーワードで中国を知る、http://japanese.china.org.cn/jp/china_key_words/2014-12/08/content_34259007.htm（二〇二二年二月二八日閲覧）。
（46）「新時代的中非合作」二〇二一年一一月二六日、http://www.gov.cn/zhengce/2021-11/26/content_5653540.htm（二〇二二年二月二七日閲覧）。
（47）Henry Tugendhat and Julia Voo, “China's Digital Silk Road in Africa and the Future of Internet Governance,” Working

Paper No. 2021/50, China Africa Research Initiative, School of Advanced International Studies, Johns Hopkins University, Washington, p. 15.

(48) Katherine Atha, Jason Callahan, John Chen, Jessica Drun, Ed Francis, Kieran Green, Dr. Brian Lafferty, Joe McReynolds, Dr. James Mulvenon, Benjamin Rosen, and Emily Walz, "China's Smart Cities Development: Research Report Prepared on Behalf of the U.S.-China Economic and Security Review Commission," January 2020, https://www.uscc.gov/sites/default/files/China_Smart_Cities_Development.pdf, p. 61（二〇二二年二月二七日閲覧）。

(49)「《人民政協報》：服務国家戦略的金融先鋒」二〇一三年三月六日、http://www.cdb.com.cn/xwzx/mtjj/201512/t20151224_1138.html（二〇二二年二月二八日閲覧）。

(50) Gregory T. Chin and Kevin P. Gallagher, "Coordinated Credit Spaces: The Globalization of Chinese Development Finance," *Development and Change*, 50-1 (2019), p. 251.

(51) Henry Sanderson and Michael Forsythe, *China's Superbank: Debt, Oil and Influence - How China Development Bank Is Rewriting the Rules of Finance* (Singapore: John Wiley & Sons, 2013), p. 158.

(52)「国家開発銀行与華為簽署３００億美元戦略合作協議」二〇〇九年九月三日、http://www.gov.cn/jrzg/2009-09/23/content_1423891.htm（二〇二二年二月二七日閲覧）。

(53)「伝華為向五家中資銀行貸款：為期５年 金額達１４０億元」新浪科技、二〇一九年三月五日、https://tech.sina.com.cn/t/2019-03-05/doc-ihsxncvh0071993.shtml（二〇二二年二月二八日閲覧）。

(54) Chin and Gallagher, *op. cit.*, p. 254.

(55) *Ibid.*, p. 253.

(56) Tugendhat and Voo, *op. cit.*, pp. 12–13.

(57) Ellen Nakashima, "U.S. pushes hard for a ban on Huawei in Europe, but the firm's 5G prices are nearly irresistible," *The Washington Post*, May 29, 2019, https://www.washingtonpost.com/world/national-security/for-huawei-the-5g-play-is-in-europe--and-the-us-is-pushing-hard-for-a-ban-there/2019/05/28/582a8ff6-78d4-11e9-b7ae-390de4259661_story.html（二〇二二年二月二七日閲覧）。

(58) David Sacks, "China's Huawei Is Winning the 5G Race," Council on Foreign Relations, March 29, 2021, https://www.cfr.org/blog/china-huawei-5g（二〇二二年二月二八日閲覧）。

(59) Motolani Agbebi, "China's Digital Silk Road and Africa's Technological Future," February 1, 2022, Council on Foreign Relations, https://www.cfr.org/blog/chinas-digital-silk-road-and-africas-technological-future（二〇二二年二月二八日閲覧）, p. 5.

(60) Vincent Mosco, *The Smart City in a Digital World* (Bingley: Emerald Publishing Limited, 2019), p. 229.

(61) *Ibid.*, p. 224.

(62) *Ibid.*, p. 8.

(63) *Ibid.*, p. 222.

(64) Australia Strategic Policy Institute, "Data listing," Mapping China's Tech Giants, https://chinatechmap.aspi.org.au/#/data/（二〇二二年二月二五日閲覧）。

(65) Freedom House, *Freedom in the World 2022: The Global Expansion of Authoritarian Rule*, February 2022, pp. 18–19.

(66) Joe Parkinson, Nicholas Bariyo and Josh Chin, "Huawei Technicians Helped African Governments Spy on Political Opponents," *The Wall Street Journal*, August 15, 2019.

(67) Testimony by Jessica Chen Weiss, Cornell University U.S.

House of Representatives Permanent Select Committee on Intelligence Hearing on “China’s Digital Authoritarianism: Surveillance, Influence, and Political Control” May 16, 2019, https://docs.house.gov/meetings/IG/IG00/20190516/109462/HHRG-116-IG00-Wstate-ChenWeissJ-20190516.pdf, p. 3（二〇二二年二月二五日閲覧）。

（68） Oqubay and Lin, *op.cit.*, p. 5.

（わたなべ　しの　上智大学）

日本国際政治学会編『国際政治』第210号「岐路に立つアフリカ」（二〇二三年三月）

日本における反アパルトヘイト国際連帯運動

牧　野　久美子

はじめに

特定のイシューに関して国境を越えたネットワークを形成して活動するＮＧＯや社会運動に関しては、「トランスナショナル・アドボカシー・ネットワーク」概念を最初に提示したケック（Margaret E. Keck）とシキンク（Kathryn Sikkink）の研究を嚆矢として、一九九〇年代以降、多くの研究が蓄積されてきた。ＮＧＯや社会運動の活動が、人権、環境、安全保障等に関わる国際的なルールや各国の政策に与えるインパクトに着目するそれらの研究は、国際政治における規範の役割を重視するコンストラクティヴィズムのアプローチと親和性が高く[1]、またその具体的な分析においては、議論の射程を一国内の社会運動からトランスナショナルな現象へと拡大してきた社会運動研究の理論が積極的に援用されてきた[2]。

こうした一連の研究潮流のなかで、南アフリカの人種差別政策を終わらせるという共通の目標に向かって世界各地の人びとが連帯した反アパルトヘイト運動は、トランスナショナルなアクティヴィズムの先駆的な事例のひとつとみなされてきた[3]。反アパルトヘイト国際連帯運動の起源や展開、それらがアパルトヘイト体制の終焉に果たした役割については、近年、本格的な論集が複数刊行されているほか、各国・地域における運動に関する個別の研究も蓄積されてきている[4]。だがその分析対象は欧米の一部の国々の反アパルトヘイト運動に関するものに偏りがちで、運動のグローバルな広がりと内部の多様性についての検討は十分とは言い難い[5]。本稿は、トランスナショナルな反アパルトヘイト国際連帯運動のネットワークの一部としての日本の反アパルトヘイト運動に焦点を当てることで、そうした研究上の間隙の一部を埋めることを試みる。

日本の反アパルトヘイト運動については、日本反アパルトヘイト委員会（Japan Anti-Apartheid Committee: ＪＡＡＣ）の運動当事者が保管していた資料が二〇一六年に立教大学共生社会研究センターに寄贈されたことから、一次資料を用いた研究が近年、進められてきている(6)。それに先立つ重要な先行研究としては、日本の対アフリカ関係の研究に取り組むなかで、JAACのことも同時代的に観察していた森川純の著作がある。森川は、一九六〇年代のJAACの創始から一九九〇年のネルソン・マンデラ(Nelson Mandela)来日に至るまでの日本の反アパルトヘイト運動の歴史を振り返りながら、JAAC自体は小規模な団体でありつつも、さまざまな団体と連携し、圧力団体、教育啓蒙、交流連帯、調査研究の四つの機能を果たして日本の反アパルトヘイト世論を盛り上げたと評価している(7)。

ただし、森川の分析は、日本の対アフリカ外交政策過程におけるJAACの圧力団体としての機能に焦点を当てたものであり、その社会運動としての特徴を十分に明らかにしているとは言い難い。そこで本稿は、社会運動論の分析概念を用いて、反アパルトヘイト運動の動員構造、すなわち運動が国内外のどのような組織や人びととの関係によって支えられていたのか、および運動のフレーミング、すなわち人びとに運動への参加を促すために、アパルトヘイト問題に関してどのような解釈枠組みが提示されたのか、という二つの観点から日本の反アパルトヘイト運動を分析し、反アパルトヘイト国際連帯運動の内部に存在していた多様性の一端を明らかにする(8)。森川が観察したのは主として東京のグループ(アフリカ行動委員会)であり、東京以外の各地のグループがそれぞれの地域に根差したかたちで形成したネットワークや問題意識について触れられていないが、本稿では、各地の運動すべてに触れることはできないものの、東京とは異なる運動のダイナミズムが顕著にみられた関西の反アパルトヘイト運動についてやや詳しく述べることによって、JAAC内部の運動が一様ではなかったこと、そして日本の反アパルトヘイト運動が全体としてもっていた国内外のネットワークの幅を示す。

日本の反アパルトヘイト運動を研究対象として書かれた文献は限られているが、運動当事者であった研究者やジャーナリスト、また著述を職業とするわけではない市民運動家によって、同時代的に、運動のなかで多くの文章が書かれ、商業出版、あるいは各地の反アパルトヘイト運動のグループが出すニューズレターなどの「ミニコミ」の形で刊行された。「ミニコミ」とは、「マスコミ」と対置される「ミニ・コミュニケーション」の略語であり、「個人・団体の発意により自由に編集・発行される逐次刊行物で、商業出版ルートに乗りにくいためアクセシビリティが限定されるもの」を指す(9)。本稿の記述は、こうした運動と同時代に、あるいは事後的な振り返りとして書かれた商業出版の刊行物や「ミニコミ」の運動当事者による文章(10)、および本研究の一環として筆者がおこなったインタビューや企画に関わった講演等の記録に依拠している。

以下、本稿では、JAACの歴史とその社会運動としての特徴を論じたうえで、日本で反アパルトヘイト運動に関わった多様な主体を取り上げ、重層的に存在していたトランスナショナルな反アパルトヘイト運動のネットワークとの関係を示す。

一　日本の反アパルトヘイト運動の誕生――アジア・アフリカ連帯の文脈

日本の反アパルトヘイト運動は、一九五五年のバンドン会議以後のアジア・アフリカ連帯運動の文脈のなかで誕生した。その直接のきっかけとなったのは、在野のアフリカ研究者で、のちに初期の日本の反アパルトヘイト運動の中心人物となる野間寛二郎が、一九六三年二月にタンガニーカのモシで開かれたアジア・アフリカ人民連帯機構（Afro-Asian People's Solidarity Organization: ＡＡＰＳＯ）の会合に日本代表団の一員として参加し、アフリカ民族会議（African National Congress: ＡＮＣ）の代表団と面会したことであった。

このときの面会の様子を、野間は次のように振り返っている。

南アフリカ代表からの申しいれの要点は、南アフリカの白人政権が、非白人の人権を無視した過酷な抑圧政策をおこなっているのに、おなじ非白人の国である日本政府が、南アフリカとの外交の断絶と経済制裁を要請している国連決議をまで無視して、非白人国のなかでただ一国、南アフリカと外交関係をむすび、貿易を激増させているのを、あなたがたはどう思うか、というのであった[11]。

この引用からは、日本人が「非白人」でありながら白人側についているということが、ＡＮＣ側からの問題提起の核にあったと野間が認識したことがわかる。言い換えれば、日本人は、自らの非白人性、あるいはアジア・アフリカの一員としての自己規定を基礎として、反アパルトヘイト運動を立ち上げることを求められたのである。ここでは「名誉白人」という言葉こそ使われなかったものの、日本の反アパルトヘイト運動において「名誉白人」問題が中心的なイシューとなっていく、その最初の種がこのとき蒔かれたといえるだろう。人種ごとに居住地域が分けられていたアパルトヘイト体制の南アフリカにおいて、日本人は白人と同じ地区に住むことが許されるなど、南アフリカの非白人系住民とは異なる特権的な扱いを受けた。これは、制度的なレベルでは、ビジネスや外交目的の外国人訪問者であれば、日本人に限らず、たとえば台湾人や、アフリカ系アメリカ人なども同様だったのだが、こうした日本人の扱いは、日本が南アフリカの重要な貿易相手国であるための特別の配慮であるとの認識が一般に広がった[12]。のちに見るように、日本の反アパルトヘイト運動は、アパルトヘイト体制の南アフリカとの経済関係を絶つこと、それによって「名誉白人」なる不名誉な称号を日本が返上することを運動の中心的な目標に据えていくことになる。

この邂逅ののち、一九六三年五月に「南ア人種差別反対実行委員会準備会」（のちに「南ア人種差別反対実行委員会」）が日本アジア・アフリカ連帯委員会内に設立された。同年一二月に日本アジア・アフリカ連帯委員会名で日本政府に対して抗議・要求文が提出されたのが、日本における最初の具体的な反アパルトヘイトの活動であった。[13]

しかし、この初期の反アパルトヘイト運動は、中ソ対立のあおりを受けてまもなく頓挫する。一九六三年は、中ソ間の関係悪化により、世界で、また日本で、さまざまな運動の分裂が起きた年であった。AAPSOでも中ソの主導権争いは一九六三年初のモシでの会議で顕在化しており、そのなかでANCはソ連側につく姿勢を明確化していった。[14]日本国内でも一九六三年は左派陣営分裂の年で、アジア・アフリカ連帯委員会もその例外ではなく、同委員会内の「南ア人種差別反対実行委員会」は、設立後半年たらずで解体し、活動停止する事態となった。[15]

そのようななか、野間はアジア・アフリカ連帯委員会から離れ、「南アフリカ問題懇話会」(のちに「アフリカ懇話会」と改称。以下「懇話会」と略す)というサークルを立ち上げた。懇話会は小規模な、「吹けば飛ぶような」サークルであったが、[16]野間は一九六七年にはイギリス、フランス、タンザニアを訪問して亡命中の解放運動メンバーや、ヨーロッパの反アパルトヘイト運動のメンバーらと親交を深め、その後の日本の反アパルトヘイト運動の国際連帯の基礎を築くことになる。帰国後に野間は、アパルトヘイト問題に関する主著『差別と叛逆の原点――アパルトヘイトの国』を出版し(一九六九年)、一九七〇年からはアフリカ問題懇話会編として『アフリカを学ぶ雑誌a』を始めた。このいずれも理論社から刊行された。野間の活動は、理論社創業者の小宮山量平、東洋史学者の上原淳道、作家の五味川純平、当時は五味川の資料助手で、のちに作家となった澤地久枝らによって支えられていた。[17]

解放運動とのコンタクトという点では、アジア・アフリカ作家会議が果たした役割について一言触れておく必要があるだろう。アジア・アフリカ作家会議は、ポスト・バンドン会議の文脈のなかで生まれたアジア・アフリカの文学者の連帯運動である。アジア・アフリカ作家会議は、AAPSO同様、一九六〇年代半ばには中ソ対立に翻弄され、一時は中国派(北京事務局)とソ連派(カイロ事務局)に分裂したが、文化大革命の影響で中国が運動から手を引いたことで、一九六〇年代末以降は、ソ連をスポンサーとするカイロ事務局に事実上一本化された。このように、アジア・アフリカ作家会議は、全体としてみると政治性、党派性の強いものであった。しかし、第一回アジア作家会議の時点から継続的に関わった堀田善衛をはじめとする、日本からの参加者たちによる第三世界の作家との継続的交流は、水溜真由美が指摘するように、一九六〇年代半ばに一時期党派対立で混乱したことを除けば、単一の政治党派によらない、多様な文化団体や作家個人らの結びつきによってすすめられたものであった。[18]

日本からアジア・アフリカ作家会議に参加したメンバーのなかには「ベトナムに平和を！市民連合」(ベ平連)の中心メンバーが複数含まれていた。水溜は、アジア・アフリカ作家会議の運動が、アジアの人びととの草の根の連帯・交流を広げようとする市民運動の動きと重なっていたことを指摘する。[19]これはアジアに限ったことではなく、アジア・アフリカ作家会議は、市民運動としての反アパルトヘイト運動が南アフリカの解放運動とつながる窓口ともなった。たとえば、詩人でありＡＮＣの幹部でもあったマジシ・クネーネ（Mazisi Kunene）は、アジア・アフリカ作家会議で活発に活動しており、一九六七年にベイルートで開催されたアジア・アフリカ作家会議で竹内泰宏に出会っていた縁で、一九七〇年に日本に初来日した際には、竹内とその妻の高良留美子の自宅に滞在した。来日中のクネーネの活動をサポートしたのは、楠原彰ら、できたばかりのアフリカ行動委員会のメンバーたちだった。[20]楠原が反アパルトヘイト運動を始めるきっかけとなったのは、一九六二年のアジア・アフリカ作家会議（カイロ）への日本からの参加者による報告会を機につくられた市民サークル「アジア・アフリカの仲間」の活動を通してであり、日本のアジア・アフリカ作家運動とは、もともときわめて近いところにいたのである。[21]

このように、日本の初期の反アパルトヘイト運動は、アジア・アフリカ連帯の文脈のなかで誕生した。これは、欧米の反アパルトヘイト運動とは異なる、日本の運動の大きな特徴であった。アジア・アフリカ連帯運動そのものが国際政治に翻弄されたために、反アパルトヘイト運動もまた分裂を余儀なくされたのだが、次節で述べるように、そのなかから再度、市民運動として立ち上げられていくことになる。

二　市民運動としての反アパルトヘイト運動

野間は一九七五年に病没するが、その遺志を継いだ反アパルトヘイト運動は続いていくことになる。野間の没後に東京で反アパルトヘイト運動を引き継いだのは、野間の懇話会に参加していたメンバーらが一九六九年に結成した「アフリカ行動委員会」であった。続いて大阪で一九七〇年に「こむらどアフリカ委員会」がつくられ、以後、「静岡アフリカに学ぶ会」（一九七七年）、「南部アフリカ問題研究会」（京都、一九八〇年）、一九八〇年代半ば以降は、名古屋、広島、熊本、松戸、千葉、神戸などにも続々と反アパルトヘイト運動のグループができた。また、女性の問題に特化した「反アパルトヘイト女性委員会」や、タンザニアで亡命生活を送っていた子どもたちへの教育支援を目的とした「ソロモン・マシャング解放学校（Solomon Mahlangu Freedom College: ＳＯＭＡＦＣＯ）を応援する会」といった、テーマ別のグループも、既存のグループから派生する形でつくられた。日本の電力会社が南アフリカ占領下のナミビアから「密輸」[22]されたウランを輸入していることを告発するキャンペーンも行われた。

これらの野間の懇話会の流れをくみ、ＪＡＡＣという傘のもとでゆるやかに連合していた各地の反アパルトヘイト・グループは、自らの運動を「市民運動」として位置づけていた。日本における「市民運動」の概念は、政党や労働組合ナショナルセンター主導の「革新運動」と対比的な形で、一九六〇年安保の文脈のなかから生まれたもので、その特徴は無党派性と自発性にあるとされる。[23]市民運動としての反アパルトヘイト運動は、ほぼ時期を同じくして始まったべ平連の運動スタイルと共通点が多かった。アフリカ行動委員会に立ち上げから参加していた楠原は、同委員会の運動スタイルについて、次のように振り返る。

会則も会費も何もなく、言い出しっぺが思い思いに運動をつくりだしていく……といったスタイルや、政党・労組などとは常にインデペンデントな立場に立とうとするやり方などは、まさしくべ平連スタイルでした。[24]

この発言は、アフリカ行動委員会の初期の運動についてのものだが、「言い出しっぺが思い思いに運動をつくりだしていく」という運動のあり方はその後も変わらなかったようである。一九八〇年代後半にアフリカ行動委員会の活動に参加したくぼたのぞみは、自身の経験を次のように振り返る。

特筆にあたいするのは、日本における反アパルトヘイト運動が、それまでわたしが抱いていた「運動」のイメージを快く裏切ってくれたことだ。つまり、組織特有の束縛が一切なく、あくまで自発的個人の意思による活動の場として確保されていたのだ。（中略）だから、集団がからきしダメというわたしのような人間もすっと入ることができた。つまり、あの運動は「あ、それ、わたしがやります！」と手をあげて事実やってしまう人間の集まりであり（そのなかでみんな力をつけた）、命令とか指令とか動員とか、上下関係とか、初心者とかベテランとか、先輩とか後輩とか、そういうものとは無縁だったのだ。[25]

各地のＪＡＡＣグループには、それぞれの地域事情や参加者の背景の違いによって、さまざまな個性があった。アフリカ行動委員会は、東京にあることで自ずと対外的にＪＡＡＣを代表する立場となることが多く、海外との関係では南アフリカの解放運動組織や海外の反アパルトヘイト運動、国連、世界教会協議会（World Council of Churches: ＷＣＣ）などと、また国内では政府や政党、経済団体、労働組合、メディアとのコンタクト窓口の役割を担うことが多かった。他方、大阪のこむらどアフリカ委員会は、部落差別問題や在日韓国・朝鮮人に指紋押捺を強制した外国人登録法の問題など、アパルトヘイトだけではなく、身近な差別や人権の問題にも積極的に取り組み、その運動を通じて部落解放同盟や指紋押捺拒否運動に取り組んでいたキリスト教会との緊密な協力関係を築いたことに特徴があった。[26]一九八七年のアラン・ブーサック（Allan Boesak）来日準備をきっかけとして、こむらどアフリカ委員会とキリスト教会の関係者らが中心となって結成された反アパルトヘイト関西連絡会は、一九九四年に関西・南部アフリカネットワークへと改名して、勉強会や在日アフリカ人との交流、アフリカへのスタディツアー（「オルタナティブ・ツアー」[27]）などの活動を南アフリカの体制転換後も続けてきた。

ＪＡＡＣの活動は多岐にわたったが、そのなかでも特徴的なものとして、日本政府・企業のアパルトヘイトへの「荷担」の問題の告発、および一九八八年の反アパルトヘイト・アジア・オセアニア・ワークショップ（Anti-Apartheid Asia Oceania Workshop: ＡＡＡＯＷ）について少し詳しくみておこう。一つ目について、先に述べたように、日本がアパルトヘイト体制の南アフリカと経済的に深く結びついているという問題は、一九六〇年代の運動開始当初より日本の反アパルトヘイト運動の中心的な関心であったが、その後日本が南アフリカとの経済関係を強め、一九八七年についに最大の貿易相手国となったように、この問題の重要性は年を追うごとにいや増すこととなった。日本のアパルトヘイトへの荷担の象徴として、ＪＡＡＣの運動言説のなかで頻繁に用いられたのが「名誉白人」という言葉である。例として、アフリカ行動委員会の一九八四年の年報には「われわれの問題としての南アフリカ」というタイトルが付けられ、本文では南アフリカに進出している自動車関連をはじめとする日系企業への公開質問状とその回答が紹介された(28)。また、こむらどアフリカ委員会は一九八六年八月から一九八九年一一月まで、毎号のニュースレターのフッタ部分に「わたしたちはアパルトヘイトに反対し、〝名誉白人〟の称号を拒否する！」という文章を印刷していた(29)。日本において地理的にも心理的にも遠いアフリカへの関心を喚起することが容易でないなかで、「名誉白人」という言葉は、アパルトヘイトが他人事ではなく、日本人に直接関係する問題であることを想起させることから、運動への参加を促すフレーミングにおいて重要な機能を果たしたと考えられる。筆者の聞き取りにおいても、反アパルトヘイト運動に関わっていた人びとにとって、日本がアパルトヘイトに荷担している状況を何とか変えたい、「名誉白人」なる不名誉な称号を返上したい、という思いは、運動に参加し、そして継続する中心的な動機としてしばしば語られた。

この点に関して、日本（人）の加害性への焦点、そしてその構造を変えるための自己変革という方向性において、アジアの人びととの国際連帯運動との共通性を指摘しうる。道場親信が指摘するように、小田実によって提起された日本とアジアの人びとの間にある「加害／被害」構造の議論は、べ平連以外にも「同時代のさまざまな運動課題にパラフレーズできる広がりをもち、（中略）社会運動におけるパラダイム・チェンジを生み出した(30)」。また安藤丈将は、一九七〇年代の日本の「ニューレフト」運動において、日本企業が「公害輸出」したアジア諸国の人びととの関係への関心が生まれ、アジアを鏡として自分たちの生き方を変革しようとする動きがみられたことを指摘しているが(31)、南アフリカを「遠い鏡(32)」として、「名誉白人」であるような日本人のあり方、日本社会のあり方を問い直すという姿勢は、反アパルトヘイト運動においても顕著だった(33)。先に楠原のべ平連についての発言を引用したように、ＪＡＡＣは日本におけるアジアの人びととの国際連帯運動から多くを学んだが、「アジアを鏡とした自己変革」の延長線上に生まれた「日本ネグロス・キャンペーン委員会」の活動について、アフリカ飢餓キャンペーンへの批判が念頭に置かれていたという安藤の指摘をふまえれば(34)、その学びは一方通行ではなく、相互的なものであったといえる(35)。

ＪＡＡＣは、アジアの人びととの連帯運動から学ぶだけではなく、反アパルトヘイト運動においてアジアの人びとと連帯しようともした。その具体的な試みが、ＪＡＡＣが主催者となって一九八八年に東京で開催されたＡＡＡＯＷであった。同ワークショップには南アフリカの解放運動組織であるＡＮＣとパンアフリカニスト会議（**Pan Africanist Congress**: ＰＡＣ）の代表のほか、台湾、韓国、香港、マレーシア、フィリピン、オーストラリア、ニュージーランドなどから活動家が招かれた。同ワークショップが企画された背景には、欧米諸国が対南アフリカ経済制裁を強化するなかで、日本、台湾、韓国、香港といった東アジアの諸国・地域がアパルトヘイト体制との経済関係を強めていたことへの危機感があった(36)。また、欧米で幾度となく開催されてきた反アパルトヘイトの国際会議への不満もあった。この点について、同ワークショップの発案者であった楠原は次のように述べる。

> これまでの国際会議では、第三世界の民衆や市民グループが参加することは、きわめて稀でした。第三世界諸国・諸地域の民衆にとっては、自国のあるいは自分の地域の抱える、アパルトヘイト問題に勝るとも劣らない困難な諸課題を克服する過程でしかアパルトヘイト問題についても語ることができないわけですが、そうしたことはこれまでの国際会議ではあまり問題にされてきませんでした(37)。

このような問題意識から、ＡＡＡＯＷにおいては、アパルトヘイトの問題と同時に、アジアの人びとが直面していた「人権・民主化・統一・貧困・民族差別・開発・構造的暴力等々(38)」の問題を語り合うことで、アジアでの反アパルトヘイト運動の可能性を探るという目標が設定された(39)。ワークショップを通じて確認されたのは、アパルトヘイトを他の問題と切り離して取り組む欧米の反アパルトヘイト運動と、「自国の様々な問題を克服し、それと一体となるなかでしか取り組めない」アジアの反アパルトヘイト運動との異質性への認識であった(40)。欧米の反アパルトヘイト運動にひそむユーロセントリズムに抗して、欧米流とは異なる、アジアの文脈に即した反アパルトヘイト運動を立ち上げることが、このワークショップを通じて試みられたのである。

三　反アパルトヘイト運動のネットワーク

ＪＡＡＣは、日本各地で「反アパルトヘイト」を掲げるグループの連合体であり、アパルトヘイトを主題とした国連関連の会議などへの出席を要請されることも多かったという意味で、日本の反アパルトヘイト運動を代表する組織であったといえる。しかし、ＪＡＡＣだけが日本の反アパルトヘイト運動を担ったわけではなかったことは指摘しておかねばなるまい。とくに、日本アジア・アフリカ・ラテンアメリカ連帯委員会（**Japan Asia Africa Latin America Solidarity Commitee**: 日本ＡＡＬＡ）は、その前身組織である日本アジア・アフリカ連帯委員会のなかに日本で最初の反アパルトヘイト運動が組織された経緯があり、政治的分裂のあともＡＡＰＳＯを通じてＡＮＣとの関係が続き、一九八八年のＡＮＣの東京事務所開設当初には、資金面、また事務所の手配をはじめとするロジスティクス面でも、全面的なサポートをおこなった(41)。

一九八〇年代後半には、人権団体、キリスト教会、労働組合などによる反アパルトヘイトの取り組みも広がり、ボイコット運動により、大手スーパーが南アフリカ製品の取り扱いを中止するなどの成果もみられた(42)。部落解放同盟は一九八〇年代後半に積極的にアパルトヘイト問題に取り組み、一九八五年の国際青年年に際してＳＯＭＡＦＣＯの学生を日本に招いたり、一九八八年には映画「遠い夜明け」の原作者であるドナルド・ウッズ（Donald Woods）を招聘したりする際に中心的な役割を果たした(43)。また、部落解放同盟が母体となって一九八八年に設立された国際ＮＧＯである反差別国際運動において、一時期ＡＮＣメンバーが理事を務めていた。

キリスト教会の関係では、一九八六年のデズモンド・ツツ（Desmond Tutu）、および一九八七年のブーサックの来日が、日本国内の反アパルトヘイト運動にキリスト教会が深く関わる大きなきっかけとなった。アパルトヘイト体制による南アフリカ国内の抵抗運動の弾圧が強まるなかで、相対的に自由に動くことのできた聖職者は、国際社会に反アパルトヘイトの声を届けるうえで重要な役割を果たしていた。ツツは南アフリカ教会協議会（South African Council of Churches）の初の黒人事務局長で、南アフリカ国内で反アパルトヘイトを訴え続け、一九八四年にノーベル平和賞を受賞していた。ブーサックは一九八四年に南アフリカ国内でアパルトヘイト体制に抵抗する労働組合、教会組織、住民組織、青年組織などが合同した統一民主戦線（United Democratic Front: ＵＤＦ）の指導者であった。ブーサックの招聘には、ＪＡＡＣや日本キリスト教協議会のほか労働運動も関与し、ブーサックは一九八七年の来日中、メーデー集会に参加した(44)。また、個別の労働組合のレベルでも、基金をつくってＡＮＣ東京事務所の日本人スタッフの人件費を支援するなどした(45)。

このほか、「アパルトヘイト否！国際美術展」、ＡＮＣ歌舞団「アマンドラ」の来日公演、南アフリカ人写真家ヴィクター・マトム（Victor Matom）の写真展など、芸術・文化を通じて反アパルトヘイトのメッセージを伝えるイベントも全国で数多く企画され、各地の展覧会や公演準備のための実行委員会には、ふだんから反アパルトヘイト運動をしているのではない人びとも含めて、多くの人びとが関わった。加えて、南北問題への関心から南アフリカの問題についても積極的に発信していた北沢洋子、自宅を「マンデラ・ハウス」として開放し、アフリカから来日した活動家と日本の市民の対話の場を設けた勝俣誠ら、反アパルトヘイトの取り組みを個人として行いつつ、ＪＡＡＣとも折に触れて協力する人びともいた。

このように、日本の反アパルトヘイト運動には、多様な主体が関わった。そのネットワークは、一九九〇年のネルソン・マンデラ来日の際の歓迎委員会の構成にも反映されることになる。マンデラは二七年間の獄中生活を経て一九九〇年二月に釈放されたのち、ＡＮＣへの支援を求めて各国を訪問するなかで、同年一〇月に日本を初めて訪問した。これは日本政府による招聘であったが、滞在中に大阪と東京で市民による歓迎行事が組まれた。市民によるマンデラ歓迎準備は、東京に先駆けて大阪で始まり（一九九〇年二月にネルソン・マンデラ歓迎関西委員会結成）、その後、東京にネルソン・マンデラ歓迎日本委員会が全国組織としてつくられた。日本委員会の呼びかけ人代表には、ツツと親交があり、関西委員会でも代表をつとめていた木川田一郎・日本聖公会首座主教が就任し、世話人会には東京と関西のＪＡＡＣメンバーのほか、反差別国際運動、連合、日本キリスト教協議会などが代表を出した[46]。

このような市民社会を幅広く代表する顔ぶれは、一夜にして集まったわけではなく、マンデラ歓迎委員会はそれまでの反アパルトヘイト運動の蓄積のうえに組織されたものであった。ＷＣＣの「人種主義と闘うプログラム」や国際自由労連の反アパルトヘイトの取り組み[47]のように、キリスト教会や労働運動は、それぞれ独自のネットワークによる世界的な反アパルトヘイトへの取り組みをもっていた。南アフリカ国内のＵＤＦ設立と呼応するように、宗教や労働運動など基盤の異なるトランスナショナルな反アパルトヘイトの取り組みが、重層的に形成されていたのである。したがって、日本でＪＡＡＣが独力でこれらの組織や個人を反アパルトヘイト運動にまきこんだというわけではないが、一九八〇年代後半に日本でもアパルトヘイト問題について関心が高まったときに、それ以前から「反アパルトヘイト」を掲げて活動を続けてきたＪＡＡＣのもつ情報の蓄積やネットワークが利用可能であったことは、多様な主体による反アパルトヘイトの取り組みを成り立たせる重要な要素であった。

おわりに

日本の反アパルトヘイト運動は、アジア・アフリカ連帯の文脈のなかで始まり、政治的な分裂を経ながらも「アジアからアフリカの人びとと連帯する」という意識が底流にあり続けた。本稿はその歴史を辿りながら、その社会運動としての特徴やネットワークの広がりを見てきた。ＪＡＡＣは欧米諸国の反アパルトヘイト運動から、経済制裁強化のアドボカシーやボイコット運動など、運動の進め方について多くを学んだ一方で、ＡＡＡＯＷに即してみたように、欧米の運動への違和感や反発もあり、それとは異なる、アジアの文脈に根差した反アパルトヘイト運動を立ち上げようとも試みた。運動のなかで「名誉白人」問題に焦点があてられた背景にも、地理的にはアジアに属しながら、「脱亜入欧」意識のもとアジアを侵略し、そして第二次世界大戦後の冷戦の文脈においては「西側」の一員となって南アフリカの白人政権側につき、黒人の抑圧に荷担した日本（人）のあり方への強い問題意識があったといえるだろう。欧米諸国の反アパルトヘイト運動においては人権や人道主義のナラティヴが優位であったのに対して、それとは異なる動員構造やフレーミングが日本の運動において見られたという本稿の結論は、トランスナショナルなアクティヴィズムが内部にはらむ緊張関係や地域固有の文脈の重要性への注意を改めて促すものである[48]。

最後に、市民運動としての反アパルトヘイト運動の限界についても一言触れておく必要があるだろう。自由な、縛りのない運動のスタイルは、裏を返せば組織力が弱いということも意味した。ＪＡＡＣは、それ自体としては小規模な団体であり、一九八〇年代後半のごく一時期を除いて、常設の事務所をもたず、有給スタッフもいなかった。メンバーは、ふだん仕事や学業、家事をしながら、時間をやりくりして運動に参加していたのであり、参加者の出入りも激しく、そもそも誰が「メンバー」で、誰がそうでないのかもはっきりしなかった。財政面では、グループによってはニューズレターの購読料を含む会費を徴収しており、また出版物販売や絵はがき、カレンダー、コーヒーなどの物販による収入もあったものの、財政基盤は弱かった。ＪＡＡＣはアパルトヘイト問題に関する国際会議にしばしば代表を送り、また一九八八年には自らＡＡＡＯＷを企画・主催したが、このような海外旅費など多額の費用がかかるイベントの経費は、国連やＷＣＣ「人種主義と闘うプログラム」などからの資金援助を受け、それで足りないぶんは自腹やカンパで補っていた(49)。

　そのような状況であったので、ＪＡＡＣを代表して一九八六年にパリで開催されたユネスコの反アパルトヘイトの国際会議に参加した前田礼が、反アパルトヘイト世界美術家協会（Association of Artists of the World against Apartheid）が国連の協力を得て実施した「アパルトヘイトに反対する芸術展（Art contre/against Apartheid）」のことを知り、帰国後、日本でも展覧会を開きたいという話をアフリカ行動委員会に持ち込んだとき、他のメンバーたちからは、「こんなのできるわけない」といった否定的な反応を返された(50)。結果的に、この企画を引き受け、「アパルトヘイト否！国際美術展」という日本の現代美術史上に残る一大イベントへと押し上げたのは、当時新進のアートディレクターで、のちに「大地の芸術祭　越後妻有アートトリエンナーレ」や「瀬戸内国際芸術祭」など、地域おこしと結びついた美術イベントを多数手掛けることになる、北川フラムであった(51)。作品群は空調完備の改造トレーラーに積まれ、日本全国の会場（美術館などない地域も多く、会場の多くは公民館や、学校の体育館などであった）を巡回した。東京や大阪をあえて後回しにして、沖縄と北海道から始められた「アパルトヘイト否！国際美術展」には、最終的に全国であわせて三八万人もの人びとが足を運んだ(52)。ＪＡＡＣは側面的には関わったが、このような大規模なイベントを自ら引き受ける組織力をもたなかった。「アパルトヘイト否！国際美術展」を含め、一九八〇年代後半に日本の反アパルトヘイト運動が拡大するうえでは、第三節でみたような、ＪＡＡＣの枠組みを超えた、幅広い主体が参加するネットワークが鍵となったのである。

（1）Margaret E. Keck and Kathryn Sikkink, *Activists Beyond Borders: Advocacy Networks in International Politics* (Ithaca: Cornell University Press, 1998); Martha Finnemore and Kathryn Sikkink, "International Norm Dynamics and Political Change," *International Organization*, 52-4 (Autumn 1998), pp. 887–917; 庄司真理子「序文　グローバルな公共秩序の理論をめざして――国連・国家・市民社会――」『国際政治』一三七号、二〇〇四年、一―一一頁；毛利聡子『ＮＧＯから見る国際関係』法律文化社、二〇一一年；政所大輔・赤星聖「コンストラクティビズム研究の先

端——規範のライフサイクル・モデルを越えて——」『神戸法學雑誌』六七巻二号、二〇一七年、一四七—一七八頁；西谷真規子・山田高敬編『新時代のグローバル・ガバナンス論——制度・過程・行為主体——』ミネルヴァ書房、二〇二一年。

（2）Sidney Tarrow, *The New Transnational Activism* (Cambridge: Cambridge University Press, 2005); Charles Tilly and Sidney Tarrow, *Contentious Politics*, Second Edition (Oxford: Oxford University Press, 2015); 西谷真規子「多国間条約形成におけるトランスナショナル社会運動の動的共振モデル」『国際政治』一四七号、二〇〇七年、九五—一一五頁。

（3）Keck and Sikkink, op.cit; Audie Klotz, *Norms in International Relations: The Struggle against Apartheid* (Ithaca: Cornell University Press, 1995); Audie Klotz, "Transnational Activism and Global Transformations: The Anti-apartheid and Abolitionist Experiences," *European Journal of International Relations*, 8-1 (March 2002), pp. 49–76. 反アパルトヘイト国際連帯の活動には、①アパルトヘイト体制を孤立させ、弱体化させること、②アパルトヘイトの被害者や解放運動組織に支援を提供すること、③アパルトヘイトに反対し、解放運動を支持する国際世論を動員すること、などが含まれる。その担い手は、欧米諸国では市民社会が主体であったが、アフリカ諸国やソ連・東欧・キューバなどの社会主義国においては、政府や政権党が解放運動組織を支援した。Gregory Houston "Introduction," in South African Democracy Education Trust (SADET) ed., *The Road to Democracy in South Africa, Volume 3, International Solidarity, Part 1* (Pretoria: UNISA Press, 2008) pp. 5–6.

（4）SADETが南アフリカ国内外の多様な主体によるアパルトヘイト体制への抵抗、民主化のプロセスに関する最も網羅的な論集を編んでおり、そのうち国際連帯を主題とするものは次の二つの巻である。SADET, ed., *The Road to Democracy in South Africa, Volume 3, International Solidarity, Parts 1 and 2* (Pretoria: UNISA Press, 2008); *Part 3* (Austin: Pan-African Press, 2018); *Volume 5, African Solidarity, Parts 1 and 2* (Pretoria: UNISA Press, 2013). その他、反アパルトヘイト運動のグローバルな広がりに注目した論集として、*Radical History Review* の The Global Anti-Apartheid Movement 特集 (2014-119, Spring 2014); Anna Konieczna and Rob Skinner, eds., *A Global History of Anti-Apartheid* (Cham: Palgrave Macmillan, 2019). 特定の国や地域の反アパルトヘイト運動のケーススタディとして、右記論集所収の各論文のほか、Tor Sellström, *Sweden and National Liberation in Southern Africa Volumes I and II* (Uppsala: Nordiska Afrikainstitutet, 1999–2002); Donald Culverson, *Contesting Apartheid: U.S. Activism, 1960–1987* (Boulder, CO.: Westview, 1999); Roger Fieldhouse, *Anti-Apartheid: A History of the Movement in Britain - A Study in Pressure Group Politics* (London: Merlin Press, 2005); Håkan Thörn, *Anti-Apartheid and the Emergence of a Global Civil Society* (Basingstoke and New York: Palgrave Macmillan, 2006); *Journal of Southern African Studies*, 35-2 (June 2009); Rob Skinner, *The Foundation of Anti-Apartheid: Liberal Humanitarians and Transnational Activists in Britain and the United States, c.1919-64* (Basingstoke and New York: Palgrave Macmillan, 2010); Hilary Sapire and Chris Saunders, eds., *Southern African Liberation Struggles: New Local, Regional and Global Perspectives* (Cape Town: UCT Press, 2013) など。

（5）Lisa Brock, Van Gosse and Alex Lichtenstein, "The Global Antiapartheid Movement, 1946–1994: Editor's Introduction," *Radical History Review*, 2014-119 (Spring 2014) p. 2.

（6）平野泉「日本における反アパルトヘイト運動とその記録」『国立

歴史民俗博物館研究報告』第二一六集、二〇一九年三月、二七九―二九〇頁。立教大学共生社会研究センター「反アパルトヘイト運動関連資料」は下垣桂二氏寄贈分（R〇九）と楠原彰氏寄贈分（R一〇）に分けられる。以下、本稿では前者をRCCS R09、後者をRCCS R10と略記する。これらの資料を用いた研究として、Kumiko Makino and Naoko Tsuyama, "The Anti-Apartheid Solidarity Movement in Japan: Actors, Networks and Issues," in SADET, ed., *The Road to Democracy in South Africa, Volume 3, International Solidarity, Part 3*; Kumiko Makino, "Afro-Asian Solidarity and the Anti-Apartheid Movement in Japan," in Anna Konieczna and Rob Skinner, eds., *A Global History of Anti-Apartheid* (Cham: Springer International Publishing, 2019); Kumiko Makino, "Travelling for Solidarity: Japanese Activists in the Transnational Anti-Apartheid Movement," in Scarlett Cornelissen and Yoichi Mine, eds., *Migration and Agency in a Globalizing World* (London: Palgrave Macmillan UK, 2018); 牧野久美子「反アパルトヘイトの旅の軌跡――『遠くの他者』との連帯のために」大野光明・小杉亮子・松井隆志編『社会運動史研究　四』新曜社、二〇二二年。

（7）森川純『南アフリカと日本』同文舘、一九八八年、第七章；Jun Morikawa, *Japan and Africa: Big Business and Diplomacy* (Trenton: Africa World Press, 1997), pp. 191–202. JAACを構成する各グループの常時活動メンバーは、ピーク時でも五〜二五名程度であったとされる。楠原彰「日本の反アパルトヘイト運動の歴史――JAACの運動を中心に」峯陽一編『南アフリカを知るための六〇章』明石書店、二〇一〇年、三〇三―三〇六頁。長田雅子は、JAACが小さな組織であることを理由として、日本の反アパルトヘイト運動がほとんど存在感を持たなかったとしているが、これはJAACという反アパルトヘイトを主目的に掲げた団体と、日本の反アパルトヘイト運動全体とを同一視して狭くとらえた過小評価のきらいがある。Masako Osada, *Sanctions and Honorary Whites: Diplomatic Policies and Economic Realities in Relations between Japan and South Africa* (Westport, CT: Greenwood, 2002), p. 108.

（8）Doug McAdam, John D. McCarthy and Mayer N. Zald, eds., *Comparative Perspectives on Social Movements: Political Opportunities, Mobilizing Structures, and Cultural Framings* (Cambridge: Cambridge University Press, 1996); Robert D. Benford and David A. Snow, "Framing Processes and Social Movements: An Overview and Assessment," *Annual Review of Sociology*, 26 (August 2000), pp. 611–639.

（9）平野泉「研究資源としての『ミニコミ』――立教大学共生社会研究センターの事例」『情報の科学と技術』六三巻一〇号、二〇一三年、四二一―四二五頁。日本における「ミニコミ」の歴史や資料的価値について、道場親信・丸山尚「証言と資料　日本ミニコミセンターから住民図書館まで――丸山尚氏に聞くミニコミ・ジャーナリズムの同時代史一九六一―二〇〇一」『和光大学現代人間学部紀要』六巻、二〇一三年三月、一七五―二四二頁。

（10）商業出版として書かれた運動の振り返りの例として、マンデラ歓迎日本委員会編『ポスト・アパルトヘイト』日本評論社、一九九二年；峯陽一編『南アフリカを知るための六〇章』明石書店、二〇一〇年。

（11）野間寛二郎『差別と叛逆の原点』理論社、一九六九年、三八一頁。

（12）Osada, op.cit.; 山本めゆ『「名誉白人」の百年――南アフリカのアジア系住民をめぐるエスノ-人種ポリティクス』新曜社、二〇二二年。

（13）「南アフリカにおけるアパルトヘイトに関する日本政府の態度および行動に対する抗議および要求」南ア人種差別反対実行委員会準

備会『南ア通信』二号、一九六四年一月一五日（RCCS R10）。
（14）Scott M. Thomas, *The Diplomacy of Liberation: The Foreign Relations of the ANC since 1960* (London and New York: I.B. Tauris Publishers, 1995).
（15）野間、前掲書、三八四頁。
（16）同右、三八四頁。
（17）楠原彰「反アパルトヘイト運動の経験を振り返る」アフリカ日本協議会『アフリカＮＯＷ』一〇二号、二〇一五年四月、六頁。
（18）水溜真由美「堀田善衞とアジア・アフリカ作家会議（一）——第三世界との出会い」『北海道大学文学研究科紀要』一四四巻、二〇一四年、七九頁。
（19）同右、八〇頁。
（20）クネーネの来日の主目的はＡＮＣの闘争資金集めであり、そのためにクネーネは政党や労働組合などと積極的に面会したが、口頭での支持表明ばかりで資金はほとんど集まらなかった。落胆したクネーネの「日本は我々を殺している。日本の繁栄は我々の血のうえに成り立っている」という言葉は、アフリカ行動委員会のメンバーに大きなショックを与え（「クネーネ・ショック」）のちのちまで語り継がれることとなる。竹内泰宏「日本はわれわれを殺している（Japan Is Killing Us）——南アフリカの詩人クネーネ訪日記」『新日本文学』二五巻六号、一九七〇年、一二二—一二三頁；楠原「反アパルトヘイト運動の経験を振り返る」。
（21）土屋とみ枝・楠原彰（補足）「『アジア・アフリカの仲間』の歩み——土屋とみ枝氏のメモによる」アジア・アフリカの仲間『こんてぬうあ（Continua）』六号、二〇一四年（楠原彰氏より提供を受けたミニコミ資料）、五五—八二頁。
（22）国連ナミビア委員会の一九七四年の布告によりナミビアからの天然資源持出しは禁止されていた。
（23）日高六郎著・杉山光信編『日高六郎セレクション』岩波現代文庫、二〇一一年、二四五頁。
（24）楠原「反アパルトヘイト運動の経験を振り返る」七頁。ただし、ＪＡＡＣがつねに政党と無縁であったわけではなく、とくに社会党議員とはさまざまな場面で連携がみられた。
（25）くぼたのぞみ「反アパルトヘイト・ニュースレター、全ページがアップ」エスペランサの部屋、二〇一三年一二月三一日（https://esperanzasroom.blogspot.com/2013/12/blog-post_31.html, 二〇二二年四月三日閲覧）。
（26）RCCS R09、および関西・南部アフリカネットワークの複数のメンバーからの聞き取りによる。
（27）オルタナティブ・ツアーの現地での案内役をつとめたのは、ＪＡＡＣの運動への参加がきっかけでタンザニアに渡った根本利通であった。根本利通著、辻村英之編集・解説『タンザニアに生きる——内側から照らす国家と民衆の記録』昭和堂、二〇一一年。
（28）アフリカ行動委員会『われわれの問題としての南アフリカ——〝名誉白人〟なんてごめんだ！　南部アフリカ年報　一九八四年版』（アフリカ行動委員会ニュース二四号）一九八四年三月二一日（RCCS R10）。
（29）こむらどアフリカ委員会『反アパルトヘイトこむらどニュース』各号（RCCS R09）。
（30）道場親信『占領と平和——〈戦後〉という経験』青土社、二〇〇五年、四五九頁。
（31）安藤丈将『ニューレフト運動と市民社会——「六〇年代」の思想のゆくえ』世界思想社、二〇一三年、一八一—一八七頁。
（32）楠原彰・吉田ルイ子「遠い鏡としての南アフリカ」『世界』五一九号、一九八八年九月、四二—五六頁。
（33）たとえば、アフリカ行動委員会の活動後期に代表をつとめた牛嶋保夫は、南アフリカの体制転換後に、自分たちの運動スタイルを振り返って次のように述べている。「まず私たちが生活者として生きる場での差別や矛盾に抵抗していくことが、南アの人々とつながっていける第一歩にあるのではないかと考え、行動して来たと思います。だから私たちが目指した方向からは『援助』や『支援』という発想は生まれて来ませんでした」。『あんちアパルトヘイトニュースレター』七三号、一九九四年九月（RCCCS R10）。

(34) 安藤、前掲書、一九〇―一九一頁。

(35) 反アパルトヘイト運動とアフリカ飢餓キャンペーンが連動していたことについては、楠原『アフリカの飢えとアパルトヘイト』を参照。

(36) 楠原彰『アパルトヘイトと日本』亜紀書房、一九八八年、三四―三五頁。

(37) 楠原彰「AAAOW開催のごあいさつ『なぜ、今、アジアとアパルトヘイトか』」日本反アパルトヘイト委員会『反アパルトヘイト・アジア・オセアニア・ワークショップ記録』一九八九年一二月、五八頁（RCCCS R10）。

(38) 同右、五九頁。

(39) 韓国やフィリピンの代表は自国の民主化を求める運動について、ニュージーランド代表はマオリの権利要求運動について、日本からは在日韓国・朝鮮人の指紋押捺強制問題、先住民族（アイヌ）差別、外国人労働者の搾取問題、部落差別の問題が報告された。日本反アパルトヘイト委員会『反アパルトヘイト・アジア・オセアニア・ワークショップ記録』（RCCCS R10）。

(40) 上林陽治「〈記録〉反アパルトヘイト　アジア・オセアニア地域ワークショップ（AAAOW）」『世界の中のアパルトヘイト――そのアジアとの関わり　南部アフリカ年報八八、八九年版』（アフリカ行動委員会ニュース二八号）一九八九年一〇月二〇日、九六―一〇三頁（RCCCS R10）。

(41) 日本アジア・アフリカ・ラテンアメリカ連帯委員会「日本AALAとアジア・アフリカ人民連帯機構（AAPSO）関連年表――アジア・アフリカ人民連帯機構（AAPSO）第九回大会参加報告会用資料」二〇一四年一二月一七日（http://www.japan-aala.org/shiryo/141217.pdf, 二〇二一年四月三日閲覧）。

(42) こむらどアフリカ委員会「反アパルトヘイトこむらどニュース」八七号、一九八八年六月三〇日（RCCCS R09）。

(43) 守ろう平和・人権反差別青年運動「反アパルトヘイトのために誰もが何かをすることができる　ドナルド・ウッズ氏来日報告書」一九八八年。

(44) アフリカ行動委員会『日本を訪れた自由の戦士たち』一九八七年（RCCCS R10）：法政大学大原社会問題研究所『日本労働年鑑第五八集　一九八八年版』労働旬報社（法政大学大原社会問題研究所「大原デジタルライブラリー」https://oisr-org.ws.hosei.ac.jp/research/dglb/）。

(45) この基金から給与を受けとっていたANC東京事務所の元スタッフへの聞き取りによる。

(46) マンデラ歓迎日本委員会編、前掲書。

(47) 国際労働運動による反アパルトヘイトの活動について、伊部正之「アパルトヘイトと国際労働運動――八〇年代のILO特別報告を素材として」『商學論集』六一巻二号、一九九二年一一月、二一―四二頁。

(48) スキナーは、人権や人道主義の思想がトランスナショナルな反アパルトヘイト運動の基盤となったことを強調しつつ、それは文脈依存的であり、普遍的なものではなかったとしている。Rob Skinner, "Humanitarianism and Human Rights in Global Anti-Apartheid," in Konieczna and Skinner, eds., op.cit. またブリッジャーは、トランスナショナルな反アパルトヘイト運動のネットワークに参加する主体間の関係は非対称で、より「つながっている（connected）」主体が、そうでない主体よりも特権的な立場に立ち、支配的な言説を形作ってきたことに注意を促している。Emily Bridger, "Functions and Failures of Transnational Activism: Discourses of Children's Resistance and Repression in Global Anti-Apartheid Network," *Journal of World History*, 26-4 (December 2015), pp. 865–887.

(49) JAACがWCC「人種差別と闘うプログラム」の支援を受ける際に仲介したのは同プログラムの常任委員を務めていた在日大韓基督教会牧師の李仁夏であった。また、JAACを国連とつないだキーパーソンは国連広報センターに勤めていた福田菊で、アフリカ行動委員会は国連広報局が認めるNGOとして国連から情報提供を受けた。楠原彰氏からの情報提供、および下記の参考文献による。李仁夏『歴史の狭間を生きる』日本基督教団出版局、二〇〇六年；福田菊『国連とNGO』三省堂、一九八八年。

(50) 北川フラム『希望の美術・協働の夢　北川フラムの四〇年一九六五—二〇〇四』角川書店、二〇〇五年、一九〇頁。

(51) この企画を北川が引き受けるに至った経緯については、北川フラム「アパルトヘイト否！行脚」『住宅建築』一九八九年一〇月、一〇六—一〇七頁、および北川、前掲書を参照。

(52) 前田礼「アパルトヘイト否！国際美術展」峯陽一編『南アフリカを知るための六〇章』明石書店、二〇一〇年、三一四—三一六頁。

〔付記〕本研究はJSPS科研費JP26380227の助成を受け、日本国際政治学会二〇一七年度研究大会トランスナショナル分科会における報告原稿を加筆修正したものである。研究実施にあたりインタビューや資料提供などにご協力くださった方々、草稿にコメントくださった方々に感謝申し上げます。

（まきの　くみこ　日本貿易振興機構アジア経済研究所）

日本国際政治学会編『国際政治』第210号「岐路に立つアフリカ」(二〇二三年三月)

中曽根政権期の対北朝鮮外交に関する研究

——政府及び非政府レベルの2トラック外交に焦点を当てて——

崔　智　喜

はじめに

本稿では、中曽根康弘政権期を、東西陣営間の対立という制約のなかで、日本が北朝鮮との政治的関係を開拓していくための環境醸成を行った時期とみて、その対北朝鮮外交を実証的に検討する。主に中曽根訪韓後の一九八三年一月から、水面下での日朝政府間協議が始まる八六年一月の間を対象にする。この期間、米ソ関係は冷戦の真っ只中から首脳会談の開催に至るなど、流動性を増して行く。朝鮮半島では、韓国政府が八八年ソウル五輪の開催を決め、それを機に中国やソ連など社会主義陣営国家との関係改善に励んでいた。こうした情勢の下、中曽根政権の対朝鮮半島外交、中でもこれまで詳しく語られることのなかった北朝鮮への動きを、政府及び非政府レベルの両面から探る。

日米韓関係を重視しながら中国を取り込もうとした中曽根政権期の外交は、基本的には韓国に配慮し、日朝関係の進展には細心の注意を払った。しかしそうした中でも、ソウル五輪以降訪れるだろう朝鮮半島の緊張緩和を見据えて、北朝鮮との関係改善のための努力を惜しまなかった。一九九〇年代の日本の対北朝鮮外交は、八〇年代の中曽根政権期、政府及び非政府レベルで相互補完的に行われた環境整備の上に成り立っていたというのが本稿の主張である。

日朝関係における主要な変数である韓国は、全斗煥《チョンドゥファン》大統領の主導下、「日中米ソによる南北朝鮮のクロス承認構想」を水面下で意欲的に進めていた。同構想は、一九七三年六月、朴正熙《パクチョンヒ》大統領が共産陣営との外交を標榜して掲げた「平和・統一外交政策に関する特別声明」にその起源を遡ることができるが、当時は中ソの呼応を導く目的というより、北朝鮮の積極的な外交攻勢に対抗する側面が大きかったと言える。ところが八〇年代に入り、「守勢的外交状況を反映して考案された」同声明を、「韓国が北朝鮮より国力及び外交的に優位に立っている現状を踏まえ、攻勢的政策に転換する」観点から見直し、中ソとの関係進展に本格的に踏み出していた(1)。日本政府は、構想に関わることで、日朝関係が多国間関係の中である種の制約を受けることに注意しつつ、日朝友好促進議員連盟（以下、日朝議連）や社会党など非政府アクターを上手く利用し、日朝二国間の関係進展を図っていた。

既存の研究では、こうした観点から中曽根政権期の日朝関係を扱った研究は希薄である。米韓といった西側陣営との結束に焦点が当てられ、かつ北朝鮮との間で可視的な動きが目立たなかったことや、資料の制約などのためである(2)。

本稿は、日朝間の動きを常に注視していた韓国の外交史料、行政文書開示請求による日本の外交史料、発掘した日朝議連及び社会党の資料などを利用する。政府レベルの外交においては、韓国政府のクロス承認構想と日本政府の関わり、さらに米国政府の姿勢との比較を意識しながら考察する。非政府レベルでは、日本政府が日朝議連や社会党と協調した姿に注目する。これを踏まえ、中曽根政権の対北朝鮮外交に働いた力学を、国際政治の文脈と、日朝二国間の文脈の両側面から分析することを目標とする。

一　中曽根訪韓と社会党訪朝

(1) 中曽根訪韓と日本の対北朝鮮外交

a 日本の対中国打診四項目

一九八三年一月の中曽根首相の訪韓により、懸案の四〇億ドルに上る経済協力問題が片付き、教科書問題以来ぎくしゃくしていた日韓関係が大きく改善した。しかしその一方で、日韓間で北朝鮮政策をめぐる立場の相違は常に存在し、日韓新時代を謳った中曽根訪韓後も、日朝関係は日韓の立場が鋭く対立する懸案であった。八八年の五輪前に、中ソなど東側諸国との外交関係樹立を目指していた韓国政府は、自らが共産陣営と関係を構築するまで、日本が北朝鮮との関係進展を自制することを求めようとした。一月の日韓首脳及び外相会談で韓国政府は、日本政府が中韓関係の増進を中国政府に促すことで、北朝鮮に日韓の強固な関係を認識させ、対日接近をけん制できるという計算の下、一段階「中韓―日朝」、二段階「韓ソ―米朝」という分離方式のクロス承認構想を提示した(3)。

構想に対する日本と米国の受け止めは異なっていた。米国政府の反応は否定的で、二月に訪韓したジョージ・シュルツ（George Pratt Shultz）国務長官に構想を伝えたところ、シュルツは実現可能性が低く、「これを口実に日本が北朝鮮に接近する可能性」があるとの見解を示した(4)。一方で日本政府は、この構想を対朝鮮半島外交における役割増大の機会と捉えていた。シュルツ訪韓後の二月一四日、前田利一駐韓日本大使は李範錫《イボムソク》外務長官に会い、構想への中曽根の強い関心を伝え、米国側の感触を尋ねた。ところが李長官はシュルツの反応を踏まえ、日本が関心を持たないよう要請した(5)。しかし安倍晋太郎外相は八三年二月二二日、衆議院予算委員会で、韓国政府から正式ではないが、クロス承認構想が提示されたことに触れ、「韓国での五輪を契機に南北対話機運が高まっている」中、「日本としても環境づくりのための方法を考えてみたい」と述べた。続いて、環境づくりの一環として、日朝関係が進むことを期待していると話した。

八月三日、日韓外相会談準備のため前田大使に会った李長官は、「中韓関係に進展がない現状況下、日朝関係を自制してもらうのがクロス承認の趣旨である」と述べた。これに対し前田は、「日本と中国は状況が異なる」と反論した。一つ目の違いは、日本には大勢の在日コリアンが存在し、韓国系と北朝鮮系に分かれており、国内問題でもあること、二つ目は、北朝鮮との戦後処理問題が解決していないこと、三つ目は、中国は休戦協定の当事国であるが日本はそうでないことを挙げた(6)。

日本政府は、クロス承認構想に関する韓国の本音を認識しつつ、中韓関係が進展するまで日朝関係を自制することはできないという立場を韓国に伝えたのであった。その上で、中韓の間で果たせる役割を検討した結果が「対中国打診四項目」であった。一つ目は、中国で開催される国際会議への韓国代表の参加を手助けすること、二つ目は、日本での韓国人と在中韓国人の相互家族再会の推進、三つ目は、在日コリアンの訪中推進、四つ目は、文化、学術交流を目的とする韓国人の訪中推進であった。日本政府はこの案を、日韓外相会談で議論する考えであった。しかし韓国政府は、日本の案を中韓関係と日朝関係の連動を避けたものとして受け入れず、結局外相会談でこの問題に触れることはなかった(7)。

b　日朝漁業協定問題

中曽根内閣においても、日韓関係を損なわない範囲で経済、文化、スポーツ分野で交流を積み上げ、関係改善の雰囲気を整えていくという対北朝鮮方針は継続していた。一方で、日朝の間では、至急解決が望まれる懸案が多数存在した。中でもこの時期日本政府が最も力を入れていたのは、一九八二年六月三〇日に満了し、零細漁民の生計に影響を与えていた日朝民間漁業暫定合意書（以下、漁業協定）の再締結問題であった。

一九八三年六月二七日、この問題を議論するため、久野忠治日朝議連会長を団長とする代表団が北朝鮮を訪問した。久野らは、朝日友好促進親善協会の玄峻極《ヒョンジュングク》会長らと、漁業協定や貿易事務所の設置問題などについて協議した。貿易事務所問題は、七二年の久野の訪朝の際に議論して以来、重要な懸案の一つであった。

帰国した久野は、中曽根及び後藤田正晴官房長官に、漁業協定交渉に北朝鮮が応じる意向を示したと伝えた。その後の記者会見で久野は、訪朝前に懸案問題について日本政府と協議したと強調した。韓国が即座に反発すると、日本政府は協議の事実を否定した。

ところが、韓国政府が入手した日本内閣調査室の資料からは、日本政府が久野訪朝に深く関与していたことが窺える。玄俊極との会談で、久野は「中曽根政権はかつての政権と違って北朝鮮に対しては積極的な姿勢である。信用してほしい」と訴えた。しかし玄俊極は信じようとせず、中曽根が訪韓し経済協力が行われることを挙げて批判した。そこで久野がその場で直接東京にいる後藤田に電話をして見せた。結果、後藤田から積極的な答えが出された。政府の意向を背負って訪朝したと証明したことで、漁業問題や貿易事務所問題などの提案に対し、北朝鮮側は前向きに検討すると表明した。こうした成果について、日本政府も満足感を得ていた。[8]

久野の訪朝は、日本政府との事前協議の下に実行されたものであった。中曽根政権は米韓との関係を考慮し、表向き政府が直接北朝鮮と接触することは控えるものの、政府以外のアクターを利用し、交流を深めていこうとした。

(2) ラングーン事件と社会党訪朝

a ラングーン事件と日本

一九八三年一〇月九日、ビルマ（現ミャンマー）の首都ラングーンを訪問中の韓国代表団を北朝鮮による爆弾テロが見舞った。北朝鮮はラングーン事件後から、国際社会に向けて融和姿勢を強く打ち出していく。八四年一月一〇日には、米国に韓朝米の三者会談を提案し、日本に対しても関係改善に向けた積極的な姿勢が目立つようになる。こうした中、北朝鮮への対応をめぐり、日本と米韓の立場の違いが顕在化した。

ラングーン事件を日本の対北朝鮮政策を是正する好機とみた全大統領は、一〇月一三日、犠牲者の合同国民葬に参列するため訪韓した安倍に、人的及び経済的交流抑制など対北朝鮮制裁措置を要望した。[9] これを受け、北朝鮮を非難し、制裁措置を強く示唆する安倍外相の談話に続き後藤田官房長官の談話が発表された。日本の制裁措置は、苦心の結果であった。外交官接触の制限など政府自らできるものは厳しく制限する一方で、北朝鮮からの入国制限は、場合によって弾力対処できる余地を残していた。

日本政府は、米国政府からも日朝経済交流における制裁措置を求められた。日本の対北朝鮮貿易は西側陣営で最大規模で、北朝鮮は経済発展に必要な電気機器、精密機械などの機械類を日本から輸入していたからである。しかし、日本は米国の要請を受け入れない姿勢を見せた。米国政府に「日朝経済交流面で政府として行使しうることは極めて限定されており、政治的にも困難である」と通知したのであった。さらに、朝鮮半島問題の持つ意味が米国とは異なることを強調し、極度に北朝鮮を孤立させることは避けるべきだと伝えた。[10]

米国政府は、日本が北朝鮮との非公式関係の縮小には慎重で、ラングーン事件後は北朝鮮との水面下の調整を志向することになると予測した。[11] また、事件後は、中韓が接触を拡大する可能性があり、米国政府としても適切な時期に北朝鮮へのゼスチャーがより必要になってくると見た。[12] この時期すでに、朝鮮半島情勢が緊張緩和へ転じる可能性を念頭に置き、朝鮮半島におけるイニシアティブの確保を目論んでいたことが見て取れる。

一方、一九八四年に入ると、金日成《キムイルソン》主席は、自らが友邦国指導者を通じてメッセージを伝えることにより、対日関係改善を望む強い意思を示した。例えば、カンボジア国王のノロドム・シアヌーク（Norodom Sihanouk）は五月三一日、中曽根との午餐会で、金日成から「必ず中曽根に伝えてくれるよう」頼まれたメッセージを伝達した。日本政府の対韓国政策は理解し、日本との経済、文化関係の発展を希望するなどの内容であった。シアヌークはさらに、「金日成から中曽根首相と個人的な友人になりたいという旨を必ず伝えてくれるよう繰り返し頼まれた」と話した。金日成がこうした意向を日本政府首脳に伝言してきたのは初めてであった。(13)

金日成の対日融和姿勢は、中国政府を通じても伝えられた。七月四日、訪中した宮沢喜一議員に呉学謙外相は「北朝鮮は日本との関係を発展させたいと望んでいる。このことを日本政府に伝えてほしい」と要請した。(14)具体的には、「政府間関係の改善が難しければ、半官半民、または民間レベルでもより幅広い関係へと増進させたいと考えている」と伝えた。(15)

b　社会党訪朝

久野訪朝という与党の政治家が絡んだ日本の対北朝鮮アプローチと共にもう一つ注目すべき動きは、社会党の働きかけである。一九八四年四月二六日、社会党朝鮮問題対策特別代表団が前年に続き訪朝した。その間ニュー社会党路線をスローガンとした石橋政嗣が委員長に就任した社会党は、対北朝鮮関係における窓口としての役割を自任すると共に、米韓との関係を見直すことを掲げた。日本政府は、野党外交としての役割を評価し、日本の対北朝鮮外交という側面からも期待を込めていた。毎日新聞のインタビューに応じた安倍は、「社会党は北との間にパイプを持ち、野党外交として役割は果たしてきたと思う。(日朝が)外交関係がないだけに、野党第一党の党首が北との間で動かれることは理解できる」と述べた。(16)

一方北朝鮮は、代表団に特別機まで提供するなど、かつてない歓迎ぶりであった。平壌では、玄峻極らと漁業協定問題について話し合った。日本側が早期打開を要望すると訴えたのに対し、北朝鮮側は制裁措置が撤回されていない時点での延長協議に反対した。日本の制裁措置に反発し、漁業協定協議の中止を宣言していた北朝鮮は、漁業協定と制裁措置をリンクさせ、制裁解除を迫った。他方で、石橋委員長の年内訪朝を繰り返し要望した。北朝鮮の要望を受け、社会党は石橋訪朝団を全斗煥の訪日後に派遣する方向で検討に入った。

二　全斗煥訪日と日本の制裁解除

(1)　全斗煥訪日と日本の対北朝鮮外交

a　全斗煥訪日

八月二日、安倍が「全大統領訪日で日韓間の大きな懸案が片付く。残るのは北朝鮮であり、日本としても(関係改善を)やらなければならない」と話したことがメディアに報じられた。(17)北朝鮮の対日姿勢と日本の対北朝鮮姿勢に変化が表れる中、全斗煥が訪日した。九月六日の日韓首脳会談で中曽根は全斗煥に、朝鮮半島情勢に重大な変化がない限り、日本の対北朝鮮政策の基本に変わりはないとした上で、「ただ、民間漁業問題などは零細漁民の生活と関連して、従来と同じ線で対処せざるを得ないことを理解してほしい」と伝えた。(18)

韓国政府は、米国が対ソ封鎖に没頭している中、日本と中国の役割が比較的増大し、日本は良好な日韓関係をレバレッジとして日朝関係を改善しようとしているとみた。(19)米国も、日本が全斗煥訪日や経済援助などを通して韓国と関係を強化すると同時に、北朝鮮との関係改善も希望していると見た。特に、中曽根が友好的な日韓関係を害することなく、自身の対北朝鮮目標を達成できると考えている可能性に留意していた[20]。

韓国政府は中韓関係の進展と共に、日朝関係の急進展の阻止という二兎を追うため、日本を中韓仲介役とする日朝―中韓クロス承認構想の実現に本格的に取り組むことを決める。目標時期は、ソウル五輪後を見据えた「今後四～五年後」とし、首脳会談と同じ日に開かれた外相会談で、李源京《イウォンギョン》外務長官はその間日本が北朝鮮への接近を控えるよう求めた。安倍は「我々の持つ情報、シアヌークのメッセージ、中国からの情報、日本野党の訪朝結果などから、北朝鮮に変化があるようにみえる」と答えた[21]。

b　石橋・谷訪朝と漁業協定再締結

北朝鮮は、全斗煥訪日終了日の九月八日、二つの新政策を打ち出していた。大洪水で被害を受けていた韓国に対する救援物資送付と、資本主義国との経済合作等を睨んだ合弁法制定は、新たな開放路線への転換の動きとして国際社会の注目を浴びていた。こうした中、社会党石橋委員長は九月の訪朝の焦点を漁業協定問題などに絞り、一一日には安倍と会談した。中曽根とは帰国後に会談することとし、電話で訪朝の挨拶を行った[22]。

一八日、石橋訪朝団が平壌に着くと、空港では石橋の巨大な肖像画が金日成と並んで飾られるなど、終始国賓並みの待遇を受けた。一九日の会談では、金日成は漁業協定問題に前向きな姿勢を示し、平壌での交渉再開に応じると明らかにした[23]。これまで玄俊極の日本入国を交渉の前提としていた姿勢から一転した、柔軟性を見せたのであった。さらに二〇日には、日朝が「必ずいい関係になると確信している」と強調した[24]。外務省は、金日成が北朝鮮要人の日本入国にこだわらず、漁業協定交渉の再開に触れたことを、対日関係改善の意思の表れと評価した[25]。

二五日、中曽根は演説で、対北朝鮮関係の改善に動く用意があることを公の場で初めて明らかにした。中曽根は「こちらの基本的立場が理解されたのであれば、話し合いにも喜んで応じる。外交、政治にはチャンスがある。チャンスを外すのは適当でない」と述べた[26]。交渉は日朝議連に委ねられた。谷洋一日朝議連会長代理は中曽根に会い、北朝鮮訪問の挨拶を行った。漁業協定問題について成果を出すことを誰より期待していたのは中曽根であった[27]。訪朝した谷らによって漁業協定の再締結交渉が妥結し、平壌で調印が行われたという連絡が一〇月一五日、首相官邸に入った。

このような成果に対し安倍は、制裁解除との関連で「こうした積み重ねが大切だ」[28]と述べ、解除に向けての好材料になることを示唆した。一八日、谷は帰国報告のため再び中曽根と会い、協定が発効する一一月を目途に制裁を解除するよう求めた[29]。

(2)　制裁解除と韓国のクロス承認構想正式提示

日本政府は、北朝鮮の韓国への水害支援物資送付や南北経済会談実現などの情勢から、日本だけが制裁措置を引き続き実施することに国内の反発があることを韓国に説明し、制裁解除への理解を求めようとした。[30]しかし韓国はもちろん、米国も日本が制裁措置を維持することを望んでいた。[31]

ところが内閣改造直前の一〇月二九日、中曽根と安倍との間で最終決定が下され、制裁措置を年末を機に解除することを韓国に伝えた。一一月四日の日米外相会談では、日本の決定が主な議題となった。安倍は「韓国はアジア大会、五輪が予定されており、緊張緩和を進めることが重要となっている」と背景を説明した。[32]さらに、「旧内閣がとった措置は、新内閣発足前に終結されることが望ましいとの世論に従った」と話した。[33]

こうした中、韓国政府は一二月の李長官と安倍外相の面談の際に、日朝―中韓クロス承認構想を正式に提示する計画だった。[34]ところが米国政府は、この構想に依然として否定的な立場であった。一一月一九日、李長官はリチャード・ウォーカー（**Richard L. Walker**）駐韓米国大使に会い、日本に構想への協力を要請するつもりであると伝え、回答を求めた。一二月七日、ようやく米国政府の返事が届いた。ウォーカーは、「より肯定的な結果を得られるように南北対話が進展した後に、クロス承認構想を（日本に）提起することを考慮してほしい」と伝えた。さらに非公式見解として、韓国の構想は、日本が北朝鮮に独自の行動をとる可能性を減らすかもしれないが、むしろ提案が明るみになる場合、北朝鮮に追加的措置をとるよう求める日本政府への国内的圧力が増大する可能性があると伝えた。[35]公になれば、国交正常化にまで進みかねないという懸念を示したものとみられる。

しかし全斗煥は米国の反応を待たず、一二月一日、すでに中曽根に構想を提示し協力を求めていた。[36]公式見解を受け取る前に日本に構想を伝達したことに対し、米国は「驚きと不満」を露わにした。[37]

その後李長官は一二月二〇～二一日、構想における日本側の協力を正式に求めるため、日本を訪れた。安倍は会談で、構想を支持する一方で、「構想が過早に表面化した場合、日本の大きな国内問題となる恐れがある他、承認イコール外交関係樹立ということになり、賠償問題を含む戦後処理等の問題が生じる」と話した。このように、構想への日本政府の対応には慎重さが表れていた。外務省は構想の問題点として、「日朝関係と中韓関係をリンクさせ、中韓関係が進展するまで、日朝関係を差し控えてほしいとの韓国の対日けん制に使われる可能性」を一番目に挙げた。二つ目は、「朝鮮半島問題には大きな国内問題という側面があり、構想が表面化した場合には、北朝鮮の承認・外交関係樹立についての国内圧力が高まり、日本政府の対応を害する恐れがある」ことであった。一方で、実行に当たっての留意点を分析するなど、構想の実現を見据え、日米韓の間で詰めておく必要がある問題を想定した。例えば、対中アプローチの態様や、承認の際の南北関係想定問題、承認のタイミングなどにも留意する必要があると見た。[38]

日本政府は北朝鮮との外交関係を進めようとする際に、米韓からの警戒、そして国内世論からの反響を非常に意識していた。特に米国は自国のイニシアティブが発揮されにくい日朝―中韓クロス承認構想に反対しており、日本は米国を刺激せず、慎重な姿勢をみせる必要があった。国内世論に関しては、韓国への親近感が依然として薄い一方、北朝鮮とは懸案問題を協議するチャンネルの不在を懸念する声が一貫して出ていた。さらに、経済、赤十字、スポーツ会談など、各種の南北対話が行われる中、北朝鮮との関係改善を求める世論も力を増して行った(39)。

三　二つの貿易事務所構想

(1) クロス貿易事務所構想と日本

a　韓国のクロス貿易事務所設置構想

一九八五年一月七日、全斗煥は外務部に、前年の日韓首脳会談によってつくられた良好な日韓関係が、日本の必要以上な対北朝鮮接近によって壊されないようにすることを指示した。その頃、朝鮮労働党機関紙の労働新聞の主筆である金己南《キムギナム》、朝日友好促進親善協会会長の金佑鐘《キムウジョン》の訪日が取りざたされており、こうした政治的比重の大きい人物の日本入国が許容されないよう注文した(40)。

全斗煥が熱心に進めていたクロス承認構想にも変化が表れた。韓国政府は、構想の推進に当たり、米国のより積極的な協力を得られる方向へ調整を行い始めた。二月一日、韓国外務部は、米国の不必要な誤解を払しょくすること、日朝交流の進展に対する具体的な制御対策を設けることなどの計画を立てた(41)。

一方、前年末、韓国政府から正式通報を受け、一九八五年一月の日米首脳会談の際、クロス承認構想への支持をロナルド・レーガン（Ronal Wilson Reagan）大統領に表明した中曽根は、構想をめぐる本格的な検討を外務省に注文した。三月一二日、渋谷治彦北東アジア課長は、駐日韓国大使館の兪炳宇《ユビョンウ》政務課長に、できるだけ早くクロス承認構想を検討するようにという中曽根の格別な指示があったことを明かした(42)。

三月一九日、韓国政府はクロス承認構想をめぐる目標を見直し、クロス承認は中長期目標であり、その中間目標として「中韓—日朝の貿易事務所」を相互設置することを定めた。日朝関係が中韓関係より遥かに先んじている中、特に、日朝間公式接触及び貿易事務所などの設置に強く反対するための案であった(43)。韓国の新たな構想は、日朝二国間ですでに協議中の貿易事務所問題を、中韓のそれと連動させようとする意図があった。

韓国政府は構想を日米両政府に知らせた。三月二九日、李長官がウォーカー大使に構想の詳細を伝えると、即時本国に伝え、結果が来次第知らせると答えた(44)。日朝—中韓クロス承認構想を伝えられた際とは異なる反応であった。韓国政府は、クロス貿易事務所構想の推進に当たり、日本が中国に構想を提案し、米国がそれを側面で支援することを重視するなど、米国政府の役割を明確に設けていた(45)。

李長官は三月三〇日、御巫清尚駐韓日本大使に同じ内容を伝えた(46)。日本としては、韓国政府からのクロス貿易事務所設置構想と、非政府ラインを通じて協議していた日朝貿易事務所設置問題という、二つの貿易事務所構想を抱えることになった。この時期外務次官を務めていた柳谷謙介は、当時の日朝間の貿易事務所問題に関連し「自民党の谷議員が非常に動いていた」とし、「中国を介して貿易の話をするよりは、国交正常化前の日中間のように、日朝双方に貿易事務所を設けてはどうかなど、様々な議論があった」と述懐している。[47]

b　中曽根案

クロス貿易事務所設置構想に対する日米の受け入れ方には明らかな差があった。四月一三日、シュルツと安倍の会談で、米国側は「クロス承認構想よりクロス貿易代表部構想が現実的である」と指摘した。[48] 一方、会談後の懇談の席で、安倍は「日米韓の間で十分協議した後、中国の意向を打診することを検討しても良いのではないか」と慎重な見方を示した。[49]

四月一五日、ソウル訪問中の浅尾新一郎外務審議官は、李相玉《イサンオク》外務部次官に会い、原則的に韓国の提案を支持するが、「いったん貿易代表部設置問題が議論されると、北朝鮮や日本政財界の圧力が増大し、日本は政治的に困窮に陥る」と話した。同席していた渋谷は、「日朝間で先に接触してから、別途で日本が中国と接触を持つ方案」を提議したが、李次官は拒否した。[50]

クロス貿易事務所構想に対する日本政府の見方は、前述の日米外相会談のために作成された資料からも確認できる。外務省は、「日朝、中韓の間に『貿易ミッション』を相互設置するとの韓国の構想は、日本政府としては基本的に支持」としながらも、「わが国の民間と北朝鮮との間では、貿易事務所設置につき七〇年代以来既に話し合いが行われてきており、本件設置を推進していく場合にはこの動きとの調整が必要」などの問題点を指摘した。[51]

一方、全斗煥訪米による四月二六日の米韓首脳会談では、レーガンのクロス貿易事務所構想への積極的な支持が表明された。外相会談では、魚雷艇問題の解決が話題に上り、韓国側は中韓関係進展のための米国の協力を求めた。[52] 三月、中国魚雷艇が韓国領海を侵犯した事件が、中韓両政府によって円満に解決し、関係進展への期待は一層高まっていた。

その直後の五月二日に行われた日米首脳会談で、レーガンは「全大統領の提案には大きなメリットがある。日朝は従来と同じような交流を続ける一方で、中韓間の接近を推進することが可能であれば、二つの関係のバランスを取ることができる。その間、南北対話が進展されれば非常に良いことだ」と述べた。これに対し中曽根は、「あくまでも南北対話を優先させるべきだが、貿易事務所の設置提案は良い案だと考える」と話した。構想と並行して南北対話の進展を目指せば良いという米国の立場と、温度差が表れていた。

その後中曽根は、「まず南北間の接触時に韓国側から北朝鮮にこの件を提起し、これを基に、日本が中国に中韓間の相互設置を提案した後、その反応を見ながら中国を通じて日朝間の相互設置の話を持ち掛けることはどうか」と、独自の案を披露した。日朝―中韓クロス貿易事務所設置を同時並行するのではなく、三段階に分けて進める案であった。ところが中曽根は、そもそもクロス貿易事務所構想の実現可能性を最初から低くみていた。首脳会談の際、レーガンに「自分としては、北朝鮮が今回の案に反対すると思う。しかし、北朝鮮としても日本に貿易事務所を設置することには、利益を見出せることである」と述べた。中曽根案は、最初の南北協議の段階から挫折することを見据えた上でのものだった[53]。

それでも中曽根がこれを提案した背景には、前述のように、すでに日朝の間で他の懸案と共に貿易事務所問題が協議されていたことがある。中曽根が「非常に信頼していた」谷は、北朝鮮との間でこれを進めており、中曽根に随時報告していた。中曽根は、「広い外交的視野で考え、検討問題だと判断」したものの、「イエスとは即答しなかった」と回顧している。韓国との関係を考慮し、谷が主導する構想に慎重でありながらも、それを進めるためには「ちゃんと条件を整備する必要があった」とし[54]、推移を見守っていたことが分かる。

他方、当時日本が北朝鮮との外交を進めるに当たり、日本政府内では、日朝関係における中国の役割について様々な議論が行われていた。柳谷は、クロス貿易事務所構想と関連し、「私も何回か中国側と話す機会があったが、突き詰めて言うと、中国は言われているほど北に影響があるわけではなかった」と証言している[55]。

要するに中曽根案には、同時期に谷主導で行われた日朝貿易事務所問題との衝突を避けようとする狙いが含まれていた。また、中国の仲介能力への疑念も、クロス貿易事務所構想への消極的な態度として表れていたことが考えられる。

中曽根案については、韓国は当然ながら否定的であった。中曽根案は提議の段階で北朝鮮の非難に直面すると予想していた[56]。米国も中曽根案を警戒した。六月五日、外務部の韓宇錫《ハンウソク》第一次官補と面談したポール・クリーブランド（Paul Matthews Cleveland）公使は、「今朝谷野（作太郎）公使は、本件を中国側に伝える時期が今のところ少し早いと考えていると話してきた」と伝えた。さらに、「安倍外相は日米韓での協議は良いとしたが、内心は本件に巻き込まれることを躊躇しているようである。何か隠している議題でもあるようだ」と疑問を投げかけた[57]。

(2) 日朝貿易事務所構想

a 金己南訪日と田辺訪朝

一九八五年一月一日の日本政府の対北朝鮮制裁措置の解除後、北朝鮮はスポーツ及び映画制作代表団などを立て続けに日本に送った。また北朝鮮は、前年九月の石橋訪朝の際、金己南の訪日を日本側に要請しており、帰国した石橋は中曽根にそれを認めるよう打診していた[58]。二月四日、兪課長は渋谷課長に金己南の入国不許可を求めたが、渋谷は日朝関係が制裁措置以前の水準に戻ることは防ぎ難く、すでに石橋と安倍の間で政治的折衝が行われているようであると伝えた[59]。

日本政府は入国を許可し、四月一八日、金己南ら労働新聞代表団が訪日した。滞在中、日本メディアとインタビューし、自民党との交流に前向きな姿勢を示した。ただ、日朝貿易事務所問題については原則的に賛成としながらも、当面実現性は乏しいとの見解を示した[60]。

一方、社会党の田辺誠書記長も北朝鮮から訪朝を求められていた。田辺訪朝の際、第一八富士山丸問題など人道的懸案から、貿易事務所設置など協力事業まで幅広く話し合うことが予定されていた。とりわけ北朝鮮海域で操業中の富士山丸が北朝鮮当局に抑留された問題は、一九八三年末に新たに浮上し、至急解決が求められる懸案であった。

　五月二〇日、田辺は日本を出発する前に、中曽根、安倍、二階堂進自民党副総裁、金丸信自民党幹事長らと会い、自民党との交流強化を望む北朝鮮に対する政府与党の意向を探った[61]。二一日、平壌に到着した田辺訪朝団は、許錟《ホダム》祖国平和統一委員会委員長や金日成と会談した。その際、北朝鮮側から再び自民党との交流を望む姿勢が示された。

　訪朝最終日の五月二五日には、金佑鐘と実務会談を開き、個々の懸案問題を細かく検討した。日本側が富士山丸船長らの早期帰還を求めると、金佑鐘は、スパイ罪に問われているため簡単には解決できないと伝えた。その他、在日コリアンと結婚し、帰国事業で北朝鮮に渡った日本人女性の里帰り問題（以下、日本人妻問題）について協力を求めると、金佑鐘は「政府レベルで決定すべき問題」とし、日朝政府間接触のきっかけにしたい意向を示した[62]。

　帰国した田辺は五月三〇日、中曽根に訪朝報告を行い、自民党訪朝団の実現を求めた。中曽根は「（自民党内で）相談してみる」と答え、検討する姿勢を示した[63]。安倍にも各懸案に対する北朝鮮側の立場を詳しく伝えた[64]。

b　金佑鐘訪日と日朝貿易事務所構想

　北朝鮮と日本の間では、谷の主導で金佑鐘の日本入国に向けた検討も進められていた。三月一日、藤波孝生官房長官は、谷から三点の打診があったことを後藤利雄アジア局長に明らかにしコメントを求めた。三点とは「ア金佑鐘を訪日招請したいが、どうか、イ自民党アジア・アフリカ研究会（以下、ＡＡ研）の自民党議員の訪朝の適否如何、ウ自分（谷）が訪朝することはどうか」であった。後藤は、アには「金己南を入れた以上それより地位が低い金佑鐘の入国には問題ない」と述べた。イには「ＡＡ研所属の自民党議員の訪朝は過去に事例があり、不可という訳ではない」とした。ウには「昨年谷は訪朝して漁業問題を片づけた実績がある。しかし現在は建設政務次官の地位にあり、訪朝は問題である」と答えた[65]。日本の対北朝鮮外交において、日朝議連と総理官邸、外務省が連携し、調整し合っていたことが確認できる。因みに、その後の谷の訪朝を進める過程において、中曽根は、外務省に一定の権限を与えるなど、外務当局の意見を積極的に反映する形で対北朝鮮外交を行っていたことが見て取れる[66]。

　一方、五月二一日、李長官は御巫大使と会談し、田辺訪朝や金佑鐘訪日の際、民間貿易事務所問題が話し合われるとの報道があると指摘し、「かかる動きを現在日米韓間で協議している貿易事務所相互設置構想との関連で考えると、同構想に対し憂慮すべき混乱を招きかねない」とけん制した[67]。日朝二者間で進められていた貿易事務所設置問題を、多国間の枠組みに引き入れようとする韓国の意図が顕著に表れていた。

　五月二九日、谷は後藤に、金佑鐘らが面会する自民党関係者について、二階堂、櫻内義雄前外相、伊東正義元外相などを考えていると話した。また、「漁業交渉が昨年円満に終了したことの関係もあり、農水大臣に会わせたく、六月六日となろう」と伝えた(68)。

金佑鐘訪日に備え、外務省が作成した資料には、日朝両国の懸案問題が「人道問題」と「漁業問題」に分けてまとめられていた。「人道問題」には、第一八富士山丸抑留、日本人妻問題、日本人残留孤児問題、北朝鮮への墓参問題が挙げられた(69)。外務省は、一一日の伊東と金佑鐘の会談用の発言要領案を用意し、これらを盛り込んだ(70)。

六月五日、金佑鐘らが日本に到着した。六日夜、都内で水産庁次長の斎藤達夫が金佑鐘と懇談していたことがメディアで報じられた(71)。七日に外務省が作成した対外応答要領には、「金氏が水産関係者と会食した際同席していた水産庁次長との間でたまたま若干の会話を交わしたもの」とし、北朝鮮とは漁業問題という実務的問題があり、「特に問題はない」とされていた(72)。金佑鐘と斎藤の接触は、谷が要望していた農水大臣よりレベルは引き下げられたものの、日本国内での日朝政府要人の接触として、特筆すべき出来事であった。

金佑鐘一行は六日と一二日に谷に会い、日朝懸案を巡る協議を行った。その中で、谷が貿易事務所問題を取り上げると、金佑鐘は「両国にとって利益である」が、一部の政治勢力が貿易事務所設置問題を「クロス承認に利用している」と反発した(73)。こうした姿勢は、金己南の訪日でも表れていた。

北朝鮮は、中韓関係が進展を見せる中、日朝貿易事務所問題が、中韓関係と日朝関係を連動させようとする韓国主導のクロス貿易事務所構想に巻き込まれることを警戒していた。外務省は、金佑鐘が貿易事務所問題を韓国のクロス承認構想と関連付け、後ろ向きな発言を行ったことを注視していた(74)。韓国政府の構想に否定的という点で、日朝の思惑は一致していた。

おわりに

世界第二位の経済力を背景に、安定した長期政権を確保し、国際社会における役割増大を外交目標としていた中曽根政権は、ソウル五輪を機に、韓国が中ソなど共産陣営と関係改善することを念頭に、一九八三年の中曽根訪韓後、北朝鮮との政治的関係進展に向けて環境を整えていった。米ソ対立により、米国とソ連が朝鮮半島情勢に関与できる幅が比較的狭まったのに対し、日本にとっては、良好な日韓及び日中関係を基に、対北朝鮮外交への独自性を発揮しやすい環境だった。韓国のクロス承認構想が日本の対北朝鮮外交にとって制約となることに留意しつつ、日朝関係が日韓及び日米関係に与える影響を最小限に抑えるため、政府主導の形を避け、日朝議連や社会党など非政府アクターを効果的に活用した。

対北朝鮮制裁解除以降、日本政府の対北朝鮮外交は、日朝間の当面の懸案が出そろうなど、具体性を帯びていく。一方で、米韓と足並みが乱れる場面も続いた。韓国政府が提案したクロス貿易事務所設置構想によって、日朝間で水面下で進められていた貿易事務所問題と衝突する可能性が起こると、中曽根は独自の案でそれを回避しようとした。

このように、米ソ新冷戦の真っ只中ではあるものの、中韓両国との良好な関係、韓国のクロス承認への動きなどの国際情勢は、中曽根政権の対北朝鮮外交において、制約と機会の両方に働いた。日朝二国間においては、非政府ラインを通した接触が積み重ねられ、中曽根政権の対北朝鮮外交を支えていた。

一方で、一九八五年一一月には米ソ首脳会談が行われるなど、米ソ対立が緩和し始めると、朝鮮半島における米国の関わりがより目立つようになる。八六年に入り、北朝鮮外交官との接触制限を緩和する措置を打ち出し、朝鮮半島におけるイニシアティブを強めていく。反面、日本政府は、中国との関係が後退すると共に、アジア大会への中国参加など、韓国の対中国外交に弾みが生じることで、日中関係を活用した対朝鮮半島外交の動力は漸次低下していく。

対中外交において、これまでのような日本政府の協力を必要としなくなった韓国は、日朝—中韓クロス承認構想に拘らなくなる。中韓関係の進展具合によっては、日朝関係を促進させる可能性があることも影響した。韓国政府は、日本を朝鮮半島の緊張緩和の構想から外そうとする動きを取るなど、けん制を一層強めていく[75]。米ソ冷戦の緩和は、朝鮮半島の緊張緩和における日本のイニシアティブを制限する力学として働いた。

それでも、非政府レベルで蓄積された日朝二国間関係は、日本外交における構造的制約の中でも力を失わなかった。一九八六年一月一四日、個人資格で訪朝した谷は、首相特使として中曽根の親書を所持していたとの観測を表向き否定した[76]。ところが実際は、第一八富士山丸問題を協議するための第三国での政府間接触を、日本政府の代わりに北朝鮮側に提案していた[77]。同じ一月から、ウィーンなどで外務省アジア局担当官が北朝鮮側担当官と、船員の釈放問題について秘密裡に話し合うことになる[78]。漁業協定再締結後、制裁解除、頻繁な人的交流を経て、懸案問題を協議する政府間接触にまで至っていた。

一九八七年、中曽根の意を受けた社会党の田辺、新委員長の土井たか子がそれぞれ訪朝し、富士山丸問題など懸案について踏み込んだ協議を行い、一〇月には北京で極秘に初の日朝高級会談が実現する[79]。中曽根政権期、非政府レベルで維持され続けた日朝関係は、グローバルな米ソ冷戦の浮き沈みとは一線を画した独自の力学を発揮し、九〇年の金丸訪朝、九一年の日朝国交正常化交渉に繋がっていった。

（1）外務部「六二三宣言と韓国の外交政策」一九八二年四月二六日『六・二三平和統一宣言の評価と政策転換検討』登録番号二三一五四、韓国外交部外交史料館。

（2）一九八〇年代日本の対朝鮮半島外交に関する研究は次々と成果を出しており、若月秀和『冷戦の終焉と日本外交　鈴木・中曽根・竹下政権の外政　一九八〇～一九八九年』（千倉書房、二〇一七）、李秉哲（イビョンチョル）「新冷戦・新デタント時代における日本の東アジア外交　一九七九—一九八七　対韓協力を中心に」（東京大学大学院博士論文、二〇二〇）は大いに参考になる。李は、中曽根政権が対朝鮮半島外交において独自のイニシアティブを発揮した事例として、北朝鮮との関係に配慮していた側面にも注目した。一方、金成浩（キムソンホ）「北東アジア冷戦構造変容萌芽期に関する研究——韓国のクロス承認政策を中心として（一九八三—一九八七）——」

（日本国際政治学会編『国際政治』第一九五号、二〇一九）は、全斗煥政権のクロス承認政策が北東アジア冷戦構造に与えた影響を分析する中で、政策における日本の橋渡し役についても焦点を当てた。

（3）外務部亜州局「韓・中共関係増進に関する対日要請を通じた日・北韓交流拡大阻止方案」一九八三年四月『北韓・日本関係 一九八三』登録番号一一八一七、韓国外交部外交史料館。

（4）外務部「シュルツ米国務長官訪韓結果報告」一九八三年二月『Shultz. George 米国国務長官訪韓 一九八三年二月六―八日』登録番号九〇八六、韓国外交部外交史料館。

（5）外務部「面談要録」一九八三年二月一四日『南北韓交叉承認問題 一九八三』登録番号八六〇六、韓国外交部外交史料館。

（6）外務部「面談要録」一九八三年八月三日『韓・日本定期閣僚会議、第一二次 東京 一九八三年八月二九―三〇日』登録番号一二六九六、韓国外交部外交史料館。

（7）外務部長官「橋本局長接触」一九八三年八月一九日、登録番号一二六九六。

（8）駐日大使館「久野忠治訪朝結果」一九八三年七月二二日、登録番号八四八二。

（9）駐韓大使「安倍大臣の訪韓（全大統領との会談）」一九八三年一〇月一四日『ビルマ爆弾テロ事件』分類番号二〇一六―一一〇六、日本外務省外交史料館。

（10）外務大臣「ビルマにおける爆弾テロ事件（対米通報）」一九八三年一一月七日『全斗煥大統領一行爆弾テロ事件』分類番号二〇一五―〇九六一。

（11）Report No. 43, INR's East Asia and Pacific Weekly Highlights OCT. 23–29, 1983, November 1, 1983, DNSA: Korea II, 1969–2010.

（12）Memorandum, Korea-Your Meeting with President Chun, November 1, 1983, DNSA: Korea, 1969–2000.

（13）『東京新聞』一九八四年六月二日。

（14）『毎日新聞』一九八四年七月五日。

（15）駐日大使代理「宮沢議員訪中」一九八四年七月一〇日『日本・中共関係 一九八四』登録番号一五一〇五、韓国外交部外交史料館。

（16）『毎日新聞』一九八四年四月二一日。

（17）『朝日新聞』一九八四年八月三日。

（18）東北亜一課「資料送付」一九八四年九月一七日『全斗煥大統領日本訪問一九八四年九月六―八日』登録番号一一六四一、韓国外交部外交史料館。

（19）外務部「最近東北亜情勢と交叉接触・交叉承認問題」登録番号八六〇六。

（20）Japan's Evolving Strategy On Korea, October 3, 1984, DNSA: Korea, 1969–2000.

（21）東北亜一課「資料送付」一九八四年九月一七日、登録番号一一六四一。

（22）『朝日新聞』一九八四年九月一二日。

（23）『朝日新聞』一九八四年九月二十日。

（24）石橋政嗣「前進した日本と北朝鮮の友好関係」『月刊社会党』第三四三号、一九八四年一一月、九九頁。

（25）『朝日新聞』一九八四年九月二一日。

（26）『朝日新聞』一九八四年九月二六日。

（27）『朝日新聞』一九八四年一〇月四日。

（28）『朝日新聞』一九八四年一〇月一六日。

（29）『朝日新聞』一九八四年一〇月一九日。

（30）駐日大使「日・北韓関係」一九八四年一〇月一七日『日本の対北韓制裁措置解除決定 一九八四』登録番号二九二四四、韓国外交部外交史料館。

（31）駐米大使「日本の対北傀膺懲解除」一九八四年一〇月二三日『北韓・日本関係 一九八四』登録番号二九一四五、韓国外交部外交史料館。

(32) インド大使、一九八四年一一月四日『日米外交』分類番号二〇一六―一二四一、日本外務省外交史料館。
(33) 駐米大使「日本の対北傀制裁措置解除」一九八四年一一月五日、登録番号二九一四五。
(34) 外務部亜州局「交叉接触の段階的推進方案（案）」一九八四年一一月『二元的交差承認（漢江開発計画）一九八四』登録番号二一四六〇、韓国外交部外交史料館。
(35) 外務部「面談要録」一九八四年一二月七日、登録番号二一四六〇。
(36) 外務部北米課「漢江開発計画」一九八四年一二月七日、登録番号二一四六〇。
(37) 外務部「漢江開発計画に対する米側反応」一九八四年一二月一八日、登録番号二一四六〇。
(38) 北東アジア課「日米外相会談（朝鮮半島関係発言要領）」一九八四年一二月二五日、分類番号二〇一六―一二四一。
(39) 一九八〇年代まで、韓国に対する日本の認識は依然として軍事独裁の遅れた国というイメージが強いものであった。内閣府の世論調査によると、八三年には、韓国に親しみを感じる割合とそうでない割合が三九・〇対五〇・四であり、韓国への親近感が初めて五割を超えたのは八八年であった。
(40) 外務部長官「日北韓関係」一九八五年一月九日『北韓 日本関係』登録番号二九二四〇、韓国外交部外交史料館。
(41) 外務部亜州局「漢江開発計画対策（試案）」一九八五年二月一日『二元的交差承認（漢江開発計画）及び二元的貿易代表部設置（北漢山）計画推進、一九八五』登録番号二三四九一、韓国外交部外交史料館。
(42) 駐日大使代理「漢江」一九八五年三月一二日、登録番号二三四九一。
(43) 外務部、二六二頁、登録番号二九二四〇。
(44) 「面談要録」一九八五年三月二九日、登録番号二三四九一。
(45) 外務部「北漢山推進計画報告」一九八五年六月七日、登録番号二三四九一。
(46) 「面談要録」一九八五年三月三〇日、登録番号二三四九一。
(47) 柳谷謙介『柳谷謙介 オーラル・ヒストリー 下巻』政策研究大学院大学、二〇〇五、四八頁。
(48) 「面談要録」一九八五年四月一五日、登録番号二三四九一。
(49) 松永米国大使「日米外相会談（朝鮮問題）」一九八五年四月一四日『日米外相会談（安倍外相・シュルツ国務長官）』分類番号二〇一六―一二四二、日本外務省外交史料館。
(50) 「面談要録」一九八五年四月一五日、登録番号二三四九一。
(51) 北米第一課「日米外相会談用資料（政治問題）」一九八五年四月九日、分類番号二〇一六―一二四二。
(52) 「面談要録」一九八五年五月一日、登録番号二三四九一。
(53) 「面談要録」一九八五年五月七日、登録番号二三四九一。
(54) 中曽根康弘『中曽根康弘が語る戦後日本外交』二〇一二、新潮社、四〇三―四〇五頁。
(55) 柳谷謙介、前掲書、四八頁。
(56) 「中曽根案の問題点（案）」登録番号二三四九一。
(57) 「面談要録」一九八五年六月五日、登録番号二三四九一。
(58) 『朝日新聞』一九八四年一〇月八日。
(59) 駐日大使「北韓代表団訪日」一九八五年二月四日『北韓労働新聞代表団日本訪問』登録番号二九二三七、韓国外交部外交史料館。
(60) 駐日大使「北韓動静」一九八五年四月二七日、登録番号二九二三七。『朝日新聞』一九八五年四月二四日。
(61) 北東アジア課「田辺社会党書記長の訪朝報告」一九八五年七月二六日、開示請求番号二〇二〇―〇〇六八五、外務省大臣官房総務課公文書管理室。
(62) 「日本社会党訪朝代表団報告 一九八五年五月二〇―二五日」『日朝・日韓』日本社会党国民運動局旧蔵資料 BOX 一四五、資料番号一二七四、三五―五七頁、日本国立国会図書館。

(63)『朝日新聞』一九八五年五月三一日。

(64)北東アジア課「田辺社会党書記長の訪朝報告」一九八五年五月三一日、開示請求番号二〇二〇—〇〇六八五。

(65)外務大臣「北朝鮮との人的交流」一九八五年三月二日、開示請求番号二〇二〇—〇〇六八三、外務省大臣官房総務課公文書管理室。

(66)一九八五年一二月、谷は自身の訪朝を巡り中曽根に書面で相談する際、北朝鮮要人の訪日問題に関連し、許錟の招待を打診した。中曽根は、「政府関係者については困難、許錟については外務省と相談すべき」と回答した。外務省は、八六年に予定していた皇太子殿下御訪韓問題との関係で、「これを認めることは必ずしも適当でないものと思われる」と指摘した（衆議院議員谷洋一「訪朝について」開示請求番号二〇二一—〇〇二四九、外務省大臣官房総務課公文書管理室。北東アジア課「北朝鮮要人の訪日招請問題」一九八五年一二月二七日、開示請求番号二〇二一—〇〇二四九）。

(67)御巫大使「日朝関係（キムウジョン訪日等）」一九八五年五月二一日、開示請求番号二〇二〇—〇〇六八三。

(68)外務大臣「金佑鐘の来日」一九八五年五月二九日、開示請求番号二〇二〇—〇〇六八三。

(69)北東アジア課「日朝関係」一九八五年五月三一日、開示請求番号二〇二〇—〇〇六八三。

(70)北東アジア課「金佑鐘朝日友好促進親善協会会長との会談用御発言・御応答要領（案）」一九八五年六月七日、開示請求番号二〇二〇—〇〇六八三。

(71)共同通信報道「政府関係者と接触　金佑鐘氏、水産庁次長と」開示請求番号二〇二〇—〇〇六八三。

(72)北東アジア課「対外応答要領　金佑鐘の来日」一九八五年六月七日、開示請求番号二〇二〇—〇〇六八三。

(73)日朝友好促進議員連盟「第一回懇談会における日本側団長・谷洋一日朝友好促進議員連盟会長代行の発言」『日朝友好促進議員連盟と朝鮮民主主義人民共和国・朝日友好促進親善協会代表団との第三次東京会談に関する報告書』一九八五、水産資源研究所横浜庁舎図書資料室、一六—三三頁。

(74)北東アジア課「対外応答要領　金佑鐘の来日」一九八五年六月一三日、開示請求番号二〇二〇—〇〇六八三。

(75)全斗煥大統領は一九八六年一月、「日朝—中韓」クロス承認構想の代わりに、「米朝—中韓」クロス承認構想方案についても研究してみることを、外務部に秘かに指示していた（北米課「交叉承認関連日誌」『南北韓交叉承認問題　一九八七—八八』登録番号二〇一六〇九〇〇〇一、韓国外交部外交史料館）。こうした動きは、朝鮮半島へのイニシアティブを強めていこうとした米国政府の求めと共に行われた。

(76)外務部「韓・日議連会長団訪日資料」一九八六年一月『韓・日本議員連盟一九八六』登録番号二一四五六、韓国外交部外交史料館。『西日本新聞』一九八六年一月一二日。

(77)外務大臣「谷洋一議員の訪朝」一九八六年一月二四日、開示請求番号二〇二一—〇〇二四九、外務省大臣官房総務課公文書管理室。

(78)『朝日新聞』一九八七年三月一三日。

(79)日本政府からは渋谷アジア局参事官、北朝鮮からは外務省の日本担当幹部が協議を行った。『産経新聞』一九八七年一〇月二四日。「朝鮮友好親善の船」『近くて親しい国へ』日本社会党国民運動局旧蔵資料BOX一四六、資料番号一二九五、日本国立国会図書館。

（ちぇ　じひ　東京大学大学院）

日本国際政治学会編『国際政治』第210号「岐路に立つアフリカ」（二〇二三年三月）

〈書評論文〉

難民・移民に対する国際的な協力体制の再興に向けて

アレクサンダー・ベッツ、ポール・コリアー著『避難――毀損された難民制度の転換に向けて』（*Refuge: Transforming a Broken Refugee System*, London: Allen Lane UK, 2017, xi + 266 pp.）

エリザベス・M・フェリス、キャサリン・G・ドナトー著『難民・移民・ガバナンス――グローバル・コンパクトの交渉過程分析』（*Refugees, Migration and Governance: Negotiating the Global Compacts*, New York: Routledge, 2020, 219 pp.）

中山裕美

はじめに

本書評論文で取り上げる二点の書籍は、シリア難民を中心として中東や北アフリカからヨーロッパに難民が殺到した二〇一五年の欧州難民危機以降に出版されたものである。ヨーロッパが実に二〇余年ぶりに大規模な難民の流入を経験することになり、域内の自由移動というヨーロッパ統合の基本理念の根幹を揺るがしかねない事態が生じたことで、欧州難民危機は国際社会、特に先進諸国の強い関心を集めた。さらに移動中の人びとの生命が危険に晒される事態が頻発し、危険を顧みずに移動をする人々が従来の難民・移民という二分法では区分できないという大規模移動の実情も露わになった。一方で、二点の書籍が共に指摘しているように、当時、欧州に流入した難民の数は世界の難民の総数のごく一部に過ぎなかった。残りの大多数の難民はいくつかの途上国に過度に集中するという事態が発生していたのである。

以上の出来事は、第二次世界大戦後の一九四九年に設立された国連難民高等弁務官事務所（United Nations High Commissioner for Refugees）と一九五一年に採択された「難民の地位に関する条約」（以下では一九五一年難民条約と表記）を中核として、半世紀以上に渡り難民問題へ対処するための枠組みとして機能してきた難民レジームの限界を露呈するものとして受け止められた。そして、難民や移民に対する国際的な協力体制の見直しに向けた議論が活発化する契機ともなった。二〇一六年に国連主催の移民と難民に関するサミットが開催され「ニューヨーク宣言」が採択されたのに続き、二〇一八年に難民と移民それぞれに関する二つの「グローバル・コンパクト」が採択されたことは周知のとおりである。このように、短期間の間にレジームの衰微と再興に向けた動きを経験したことで、難民・移民レジームの在り様は学術と実務双方の観点から関心を集めており、以下で概観する二点の書籍はそうした潮流の中に位置づけられるだろう。

一　難民レジームはなぜ毀損されたのか

『Refuge: Transforming a Broken Refugee System』の著者は難民研究の第一人者であるオックスフォード大学難民研究センターのアレクサンダー・ベッツ（Alexander Betts）と、開発経済学者のポール・コリアー（Paul Collier）である。同書は、著者の一人であるベッツが二〇一五年にシリア難民を多数受け入れていたヨルダンを視察し、その後の急激な事態の悪化を目の当たりにする中で、一般的な読者層を想定し啓発書として上梓された。故に、本書の特に後半部分は、難民の受け入れ国やドナー国、さらには民間企業等に向けて政策提言を行うことを目的とした内容から構成されている。しかしながら、本書評論文ではそうした政策提言の内容の妥当性を問うことはせず、同書のタイトルに明記されているように、なぜ難民レジームが毀損されたのか、という命題に対する解を洗い出していくことを試みたい。

同書の分析に先立ち、ベッツの過去の論考を確認してみると、難民レジームが一定の効力を持って機能していることを評価する立場をとっていたことがわかる。その要因として難民レジームの互恵性が指摘されており、インドシナ難民危機で実現した世界的な再定住事業がアメリカの利益に適うものであったことや(1)、結合生産財（Joint-Products Goods）モデルを用いてヨーロッパ諸国が難民レジームのもとで協調的に行動する動機の解明を試みた論考が存在する。[2]またもう一つの要因としてＵＮＨＣＲの主導的役割に言及されており、国家に対してリーダーシップを発揮するのみならず、難民レジームの扱う対象が拡大し他の領域を扱うレジームと共にレジーム複合体の形態をとるようになる中で主導的機関としての役割を担っていることが指摘されている。[3]同書においてもその立場は踏襲されており、主に第二章の前半において、難民レジームの誕生以降のレジームの変化の過程が概観されている。そこでは、ＵＮＨＣＲの活動領域のヨーロッパ外への拡大、物資援助やキャンプ政策の導入といった難民レジームの変化は、人道的な原則よりも国益に基づいて行動する国家に対して、ＵＮＨＣＲが自らの有用性を示す試みに付随して生じてきたと述べられている（三七―四一頁）。

　同書は、主に四点において、難民制度が毀損されたと主張する。第一に、一九五一年難民条約が締約国に対して共有された責務も適切に規定された行動のいずれも提供することができていないという点が挙げられている（四二頁）。その根拠として、先進国の多くが条約上の義務であるノン・ルールマンの原則を迂回するような手段を講じており、強制送還や入国禁止政策を実施している点を挙げる。一方、途上国の場合、地理的な必要性あるいは国際的な圧力に晒されることで難民を受け入れているに過ぎず、条約上の責任に拠るものではないと主張する。さらに一九五一年難民条約が定める難民の定義の解釈自体が情勢に応じた変化を遂げ、しかも国家によっても解釈が異なるという現状を踏まえ、条約と難民レジームの保護の対象者が拡大している今日の状況とが乖離している状況にあると指摘する。そうした乖離を示す具体例として、難民の定義中に登場する「迫害」が歴史的および文化的な偶発性を有する概念であって、今日の状況を捉える概念としては不適切であるという点を挙げる。なお、同書では、迫害に代えて「身体的な危害からの恐怖（fear for physical harm）」というより普遍的で世界的な共通項となり得る概念を用いることが提案されている（四五頁）。

　第二に、難民レジームにおいて難民をめぐる負担分担に関する規定が存在しないことが挙げられる。同書は、他国の領域内に逃れた難民を支援するために貢献する義務を責任分担（responsibility-sharing）と称し（四八頁）、具体的には一次庇護国に居住する難民の再定住受け入れと金銭的な支援の二つの方法を想定する。ところが、難民レジームに明示されているのは、あくまでも難民を自国領域内で庇護するという規範であり、責任分担に関する規範は難民レジームで明確に規定されていない。それゆえ、北側の先進国は責任を縮小させ、協力的な国家にただ乗りするという動機を持つこととなり（四九頁）、結果的に難民保護という国際公共財における集合行為は失敗する。それに対して、ＵＮＨＣＲは暫定的かつ一時的に対処せざるを得ない。その一因はＵＮＨＣＲの財務会計手続きにあるとして、ＵＮＨＣＲの活動資金は各国政府からの単年度ごとの任意拠出金に依拠しており、長期的な活動計画の立案には適しておらず、その打開策となり得る資金調達を目的とした国際会議においても政府相互の履行意思の確認に委ねざるを得ない状況が説明される。そのうえで、そうした制約を打開し、責任分担を実現させるための方策として、同書はインドシナ難民危機を例にＵＮＨＣＲの決定的なリーダーシップと、集合行為のための明確な仕組み、そして責任分担が国家の利益に見合ったものであることが必要であると主張する（四九—五〇頁）。ここでの同書の主張は過去のベッツの過去の論考の主張と整合的である。換言すれば、同書執筆当時の難民レジームではＵＮＨＣＲが主導的役割を果たすことができていない状況に加え、難民危機に対する責任の分担が先進国の国益に適うものではなかったことを意味する。

それどころか、同書でも指摘されているとおり、今日では、先進国にある難民の受け入れ国は「安全な第三国」という概念の導入や二国間協定の締結によって、負担の軽減を画策している。先進国による反応は密航業者を使用することも含めて難民自身が避難先を選択する機会が増大し、難民の庇護申請先が難民の出身国のある地域に限定されず多様化しているという事態を受けてのことだが、そもそも一九五一年難民条約は難民や庇護申請者に対する責任を他国に委譲することを禁止していない点がレジームの不備として指摘されている（五一頁）。すなわち、難民保護という国際公共財が、集合行為ではなく片務的な貢献によって維持されるという今日の事態は、レジームにおいて責任分担の方法について定めがなく、その実施を各国の裁量に委ねるというソフトローの形態をとっていることに起因することが示唆される。

第三の問題として、難民保護の手法が内包する問題点が挙げられる。一九八〇年代まで難民保護の活動は難民の自律性をサポートするという一九五一年難民条約の志を反映する形で実施されていた。ところが、一九八〇年代以降の難民保護は食糧、テント、毛布といった物資配給を基調とする人道援助活動へとシフトし、現在もその方針が踏襲されている（五二頁）。このようなケア・アンド・メンテナンス型の活動では、安全保障や資源をめぐる競争への懸念から、途上国の国境付近に難民キャンプ設置し、居住する難民を厳格な管理体制下に置くという手法が採用される（五三頁）。その結果、フォーマルな経済へのアクセスを禁止された難民は援助に依存するほかなく、このような状況が長期化することは、難民のみならず難民の受け入れ国、さらには国際社会全体に不利益をもたらすと指摘されている。現に、難民の大多数が難民キャンプ外での居住を選択していることは、こうした手法が現状に適したものではないことの証左であるのだが、現状の難民レジームでは都市部に居住する難民に与えられる支援は限定され、就労の権利を制限されている難民が難民キャンプ外で自律的な生活を送ることは難しく、途上国から先進国への難民の二次移動の一因になっていると述べられている（五五頁）。

第四に、ＵＮＨＣＲという組織が孕む問題を挙げる。同書は国際機関の評価指標は各国政府による集合行為を促進する能力であるとの立場に依拠し、ＵＮＨＣＲは主要ドナー国の援助を受けながら、それらの国に対して難民レジームに貢献するよう説得するように十分な自律性を持つことを求められる組織であると指摘する（五六頁）[4]。ところが、同書によれば、ＵＮＨＣＲの能力は、より広域的な世界秩序の状況と国際システムの中での国家間の力の配分状況に依存するという。例えばＵＮＨＣＲが冷戦中に比較的容易に非政治的な立場を堅持することができ、自己改革によってポスト冷戦期の世界秩序の変化に対応することが可能であったのも、ＵＮＨＣＲの活動方針ととりわけ先進国が同組織に期待する役割が概ね一致していたためであると説明される（五七頁）。ところが、二〇〇一年九月のアメリカ同時多発テロ事件を一つの契機として、そうした状況に変化が訪れた。具体的には、ＵＮＨＣＲの活動が先進国の軍事介入やその後の国家建設の失敗に伴う混乱の中で行われる人道援助に及ぶようになり、先進国ではイスラームに対する脅威認識が増大し以前には観察されなかったようなムスリム難民に対する厳格な対応がとられるようになったことが、ＵＮＨＣＲと先進国の不協和音を表すものとして例示される（五八頁）。さらに、雇用創出の失敗、緊縮財政政策といった経済情勢の悪化も加わり、大衆ナショナリズムが復権した先進国では難民政策の厳格化が進み、途上国においても国境閉鎖や難民の追放策を講じる国が登場し（五九頁）、ＵＮＨＣＲと各国政府の確執はますます大きくなったことが覗える。このような状況の中で難民レジームのもとでの集合行為を可能にするためにはＵＮＨＣＲの更なる自己改革が必要となるもののその試みは苦戦を強いられいる。実際、二〇一五年のヨーロッパ難民危機以降、ＵＮＨＣＲは政治的なレベルでの影響力を欠き、受動的な対応に終始していると指摘されている。このような現状について、同書はＵＮＨＣＲがそもそも特定の危機に対して緊急対処するために作られた組織であり、これまで構造的な改革の機会に恵まれなかったと指摘する。そのうえで、同書はＵＮＨＣＲが難民キャンプにおいて人道援助を提供し国政府に対して法的助言を与えるといった機能を根本的に更新する必要性を説く（五八頁）。

以上に示してきた主に四つの理由から、同書は難民レジームが今日の難民問題の状況への対応力を欠いていると指摘するものの、一九五一年難民条約やＵＮＨＣＲを廃止することを提案しているわけではない。第四章から第六章にかけては、難民レジームの変革の可能性についての政策提言を中心に構成されている。そこでは、難民問題へ対処するにあたっては寛容の精神が各アクターに要求されることを確認したうえで、それだけでは十分ではないとして、以下のような要素の必要性を説く。例えば複数の国際機関が存在しそれぞれが秀でた能力を持ちながら、それぞれの機関がそれぞれに与えられた任務内容に拘泥し、充分に連携できていない現状を踏まえて、複数のアクターが連携して事態に対処するための具体的な方策が必要だと主張する（一〇三―一〇四頁）。同書が想定するのは、難民の救済のための組織化されたパートナーシップの構築であり、それによって比較優位にもとづく公平な負担分担の実現が可能となる（一二四―一二五頁）。一方、パートナーシップを有効に働かせるためには連帯の精神が必要であるとも述べられており、難民レジームにおける集合行為が利益と規範の両面から促進される必要性が示される。さらに同書は難民保護の手法を難民の経済的自立を促す開発援助志向型へ転換させることや、ＵＮＨＣＲが政治的影響力を獲得することを提言する。詳細は同書を参照されたい。

二　難民レジームと移民レジームの再興

本書評論文が扱うもう一冊は、実務家として人道援助の業務に従事した経験を持つエリザベス・フェリス（Elizabeth G. Ferris）と、米国の移民政策を中心に研究を進めてきたキャサリン・ドナート（Katharine M. Donato）によって上梓された『Refugees, Migration and Governance: Negotiating the Global Compacts』である。こちらは、難民に加え、移民に関する諸問題を扱うための国際制度の強化に向けた比較的近年の取り組みに焦点を当てた論考であり、ベッツとコリアーの著作公刊後の難民レジームの動向を移民に関する同行と比較しながら把握することができる。具体的には、二〇一六年に「ニューヨーク宣言」が採択された後、二〇一八年に「安全で秩序ある正規移住のためのグローバル・コンパクト（Global Compact for Safe, Orderly and Regular Migration：ＧＣＭ）」と「難民に関するグローバル・コンパクト（Global Compact on Refugees：ＧＣＲ）」という二つの国際文書が採択されたことに着目し、両者が採択に至る過程や両者の内容について、比較分析が行われる。

二つの文書の交渉過程を概観する前に、難民レジームと移民レジームの簡単な整理から始める。同書では、第二章で難民レジームについて、第三章で移民レジームついて、それぞれの成り立ち、特徴、変容過程が説明される。まずＵＮＨＣＲと難民を定義した難民の地位に関する条約を中核とする難民レジームが、成立当初はヨーロッパ中心主義的な性質を有していたこと、非ヨーロッパ世界の難民問題が顕在化するにつれて、地域的な取極めが締結されていったこと、また難民の出身国・受け入れ国・ドナー国といった国家アクターに加え、近年ではＮＧＯなどの非国家主体のプレゼンスが増していることが指摘されている。一方、難民発生の根本原因の解決策が供されないまま人道援助アクターによる支援が長期化していること、各国政府の履行状況をモニタリングする仕組みが存在しないこと、負担分担のための頑強な仕組みが存在しないこと、人道援助と開発援助のギャップが存在すること、難民レジームの対象が過剰に拡大したこと、財務状況や役割を含めたＵＮＨＣＲの強化が必要であることなどを課題に挙げており（四二―四七頁）、ベッツとコリアーの著作と共通する指摘が多くみられる。

続く第三章では移民レジームが概観される。なお、同書では移民問題に関連する国際法規や対話プロセス、国際機関などを包含する概念として移民レジームという表現が用いられているが、移民の領域においてレジームが成立しているという前提で議論を進める著者らの見解とは異なり、移民の領域にはレジームは存在しないという認識を有する論者も少なくないことには留意されたい。(5)

さて同書は、雇用を求めて自発的に移動を行うという移民の性質に呼応する形で積極的に移民レジームに関与してきた国際労働機関（International Labour Organization：ＩＬＯ）に加え、国際移住機関（International Organization for Migration：ＩＯＭ）が、一九八〇年代後半以降、特にそのプレゼンスを増大させていると説明する。ところが第二次世界大戦後欧州内で生じた避難民へ対処する機関として発足した会議体を起源に持つＩＯＭは移民保護を正規の任務内容として付与されておらず、移民に関連する領域を扱う様々な国際機関の中で指導的な役割を担うには至っていない（五二―五七頁）。さらに、移民の移動を実質的に管轄する国家間において、何らかの規制が必要であるとの認識は共有されているものの、各国政府が何をなすべきかについては、コンセンサスを欠いていることも指摘される（六四頁）。なお、移民の分野においては、近年、プロセスと呼ばれる国家間の非公式な対話が特に地域単位で進んでいる点にも言及があり、ＩＯＭがその対話プロセスの中で技術的な支援や情報提供といった役割を果たしていることが紹介されている（六七―七〇頁）。

このように成立の背景や変容過程を異にする二つのレジームが二〇一八年のコンパクトの採択に至ったのは、その前段階として大きな変革圧力があったためであると同書は指摘する。すなわち、二〇一四年から二〇一五年にかけて発生した大規模移動であり、具体的には、第四章では米墨国境での移動、オーストラリアへの庇護申請者の殺到、ヨーロッパへの移民・難民の流入を挙げる。三例はいずれも、先進国が大規模な流入先となった点で共通しており、それまで二つのレジームに対して消極的な姿勢を見せていたそれらの国々を翻意させるには十分なものであったことを示唆する。二〇一六年のニューヨーク宣言採択はこうした国際社会の変化を象徴するものと捉えられるし、オバマ米大統領（当時）が「難民に関するリーダーズ・サミット」を主催し拠出金や再定住など具体的な内容に踏み込んで国家間で議論が交わされたことも先進国の姿勢の変化を示す好事例と言えるだろう。同書においては、特に後者は、難民レジームが機能するうえでアメリカという大国の主導力が重要な要素になるという主張の根拠としても用いられている（九五―九六頁）。

以上のような経緯を踏まえて、第五章および第六章では二つのコンパクトの採択に向けた両者の交渉過程および概要について両者の比較分析が行われ、既に確認してきたような難民レジームと移民レジームの異同が経路依存的にそれらに影響を与えたことが浮き彫りにされる（一〇〇―一〇一頁）。まず交渉過程について、例えば、ＧＣＲの策定はＵＮＨＣＲによって主導され、ＵＮＨＣＲとＮＧＯとの間の協議が頻繁に行われたのに対して、ＧＣＭに関する議論はＩＯＭでもＩＬＯでもなく、国連総会議長に名指しされたスイス国連大使とメキシコ国連大使が取りまとめ役を務めた点で両者は大きく異なる。一方、共通項として、二つのコンパクトの交渉過程では地域的な文書の策定や、ほか、地域別会合の開催など、地域レベルでの合意形成や対話が重視されたことは、それまでの二つのレジームの変容の在り方と整合的と言えよう。さらに、いずれの交渉過程においても、米国が重大な影響を与えたことが指摘されている。例えば二〇一七年にＧＣＭ交渉から離脱した米国政府は積極的な反ＧＣＭキャンペーンを展開し、反ＧＣＭの立場をとる国が後に続いた。また、ＧＣＲ交渉においては、米国は離脱こそしなかったものの、交渉過程では草案（ドラフト）に記載されていた庇護申請者の拘留を抑制する必要があるとの文言に対し、米国代表は自国の主権的利益に抵触すると懸念を表明するなど（一〇九―一一〇頁）、UNHCR主導のレジーム再生に対して一石を投じたと解することができる。

このような交渉過程を経て採択された二つのプロセスはそれぞれ以下のような特徴を持つ。著者らによれば、そもそもGCRはニューヨーク宣言に基づき開始された「包括的難民対応枠組み」の履行推進のための内容を定めたものであり、一九五一年の難民条約の規定やUNHCRの任務内容について討議する機会が設けられなかった結果、既視感のある保守的な内容となったと指摘する。具体的には、国内避難民（IDPs）の保護に関する規定が盛り込まれなかったことや、難民自身の権利が強調されなかったこと、具体的な行動計画の大半がGCR採択前からすでに実施されている事項を再確認するものであったことなどが挙げられる（一一三頁）。そうした欠点を踏まえたうえで、著者らはGCRの成果として、責任分担（responsibility-sharing）の必要性に言及したこと、UNHCRだけでなく各国政府やその他のアクターを含む諸アクターの関与の必要性を確認したことの二点を挙げる。一方、アメリカがGCRの草案に懸念を示したことは既述の通りであるが、他の国からも修正の要請が相次ぎ、草案にはなかった「主権（sovereignty あるいは sovereign）」が最終文書の中に複数回登場するなど（一一三頁）、各国の難民政策が国家主権の下にあることを改めて確認する内容となった。さらに、GCRでは多様な主体の参加の必要性を確認しながら、難民自身の参加を促進する方策についてはほとんど言及されていない点もGCRが従来の難民レジームからの大胆な転換を促すものではなかったとの評価につながった。

一方、GCMについては、著者らは好意的な評価を下している。まず、GCMが国際移民の問題をカバーする、初の交渉によって成立した国際文書であった点が挙げられる。また、交渉過程で各国政府との駆け引きがありながらも、国際人権法に基づき、生命の危険等の移民を害する状況が予想される場合に、移民を出身国に送還することを禁じる文言が盛り込まれるなど、踏み込んだ内容が規定されたとも述べる。さらに、GCMが災害や気候変動の結果として移民が生じるということを確認した国連初の文書である点も評価している。つまり、著者らの評価に従えば、GCMは極めて野心的な内容を含むものとして成立した点で、GCRよりも内容面で高い評価が与えられていることになる。しかしながら、GCRの賛成国が一八一カ国であったのに対し、GCMの賛成国は一五二カ国にとどまり棄権票や不投票が多かったことに鑑みれば、GCMもまた多くの課題を残していると言わざるを得ない。

三　むすびにかえて――大規模移動を扱うレジームと集合行為問題

以上の二冊の主張を総合すると、ベッツとコリアーが指摘したような近年の難民危機に対するUNHCRの影響力の低下は、フェリスとドナトーが分析したGCRの策定過程においても十分に克服されておらず、その結果、ＧＣＲの内容は従前の難民レジームを踏襲する形となったと考えることができる。一方、ＧＣＭは主導的な役割を果たす国際機関が不在の中、国家アクターの議論を中心にしながら、従来よりも踏み込んだ内容で合意に至った。以下では、このようなＧＣＲとＧＣＭの違いについて、ベッツとコリアーの著作の中で指摘されていたようなレジームの財の性質を考慮に入れて、簡単な検討を試みたい。ベッツは過去の論考の中で、難民保護は国際公共財であるのに対し、非正規移民および低技能労働者の移動規制はクラブ財、高技能労働者の移動規制は私的財であると指摘した[6]。ＧＣＭがカバーするのは非正規移民および低技能労働者であり、ベッツはその論考の中で、当該領域での協調、すなわち非正規移民の管理や還流型移民政策の導入によって得られる財は競争性を持たないものの排除性を持ち、そのことが近年の送り出し国と受け入れ国の間での地域間主義的な対話の増大に繋がっていると論じる。もっとも、移民の規制をめぐっては、かつては受け入れ国が送り出し国に対して圧倒的な優位性を持ち単独ないし二国間協定の締結による管理が主流であった中で、地域間協力が盛んに行われるようになってきたことは、そうした国家アクター間の力の配分状況が近年変化してきていることを意味する[7]。以上を踏まえると、国際的な負担分担を目指す難民レジームとは異なり、非正規移民および低技能労働者を扱うレジームは実質的にはクラブ財の性質を帯びることになり、恩恵を享受したい国家は協力を選択するという推論が導かれる。以上の推論は、ＧＣＲとＧＣＭで供される財の違いが、それぞれで合意された概要の違いに一定の影響を及ぼした可能性について検討の余地があることを示す。さらに、難民に関しても、二点の書籍の中でもシリアの周辺にある一部の国に難民が集中している事態やヨーロッパ連合（ＥＵ）を単位とする取り組みなどへの言及があるように、協力の単位としての地域は一層の重要性を増しているように見受けられる。このことは国際公共財としての難民レジームの在り様を追求すること自体に矛盾があることを示していることになりはしないだろうか。

　二〇一八年のコンパクトの採択以降も、難民・移民に対する国際的な協力体制の再興に向けた動きは継続されているが、国際機構は期待されているほどの影響力を行使できておらず、難民・移民を問わず、協力は国家の裁量に委ねられたままである。このような状況の中で、難民・移民に対する国際的な協力体制がいかにして再興されていくのか、また国際機関の自己改革がいかにして進められていくのか、今後の動向を注視したい。

（1）Alexander Betts, "North-South Cooperation in the Refugee Regime: The Role of Linkages," *Global Governance*, 14: 2 (2008), pp. 157–178.

（2）Betts, Alexander. 2003. "Public Goods Theory and the Provision of Refugee Protection: The Role of the Joint-product Model in Burden-sharing Theory." *Journal of refugee studies* 16: 3 (2003), pp. 274–296.

（3）Alexander Betts, "The Refugee Regime Complex," *Refugee Survey Quarterly*, 29: 1 (2010), pp. 12–37.

（4）ここではＵＮＨＣＲ研究の第一人者であるジル・レッシャー（Gil Loescher）が参照されている。Gil Loescher, *The UNHCR and World Politics: A Perilous Path*, (Oxford: Oxford University Press, 2001).

（5）例えば、レイ・コスロフスキー（Rey Koslowski）は、「移民レジームは存在しない」と明言しているし、ジェームズ・ホリフィールドは「移民のためのリベラルなレジームは出現していない」と述べている。Rey Koslowski, “Global Mobility Regimes: A Conceptual Framework,” in Rey Koslowski ed., *Global Mobility Regimes*, (New York: Palgrave Macmillan, 2011), pp. 1–25; James F. Hollifield, “Migration and the ‘New’ International Order: the Missing Regime,” in Bimal Ghosh ed., *Managing Migration: Time for a New International Regime?*, (Oxford: Oxford University Press, 2000), pp. 75–109.

（6）Alexander Betts, “The Global Governance of Migration and the Role of Trans-regionalism,” in Rahel Kunz, Sandra Lavenex and Marion Panizzon eds., *Multilayered Migration Governance: The Promise of Partnership*, (Oxon: Routledge, 2011), pp. 32–42.

（7）中山裕美「移民ガバナンスにおける地域間主義の意義――アフリカ―ヨーロッパ間の地域協議プロセスの検討から――」『国際政治』一九〇号、二〇一八年、三三―四八頁。

（なかやま　ゆみ　　東京外国語大学）

書評

小笠原欣幸著
『台湾総統選挙』
（晃洋書房、二〇一九年、xii＋三三四ページ）

家永真幸

台湾では、一九九〇年代に中華民国憲法の改正が進んだことにより、一九九六年から今日に至るまで四年に一度、住民による総統（大統領）の直接選挙が実施されてきた。本書は、二〇一六年までの全六回の総統選挙において何が勝敗を決めたのかを、微視的および巨視的な視点を自在に操りながら通観した作品である。

本書は、本論七章に序章と終章を加えた全九章から成る。序章「台湾政治概説——民主化・台湾化の政治変動——」では、選挙での投票行動に大きくかかわる台湾住民の族群（エスニシティ）構成について、近現代史を振り返りながら説明される。また、台湾における政治的立場を「台湾ナショナリズム」「台湾アイデンティティ」「中国ナショナリズム」の三つに大別する著者独自の枠組が示される。「台湾アイデンティティ」とは、台湾共和国を追求する台湾ナショナリズムとも、中華民国を信奉する中国ナショナリズムとも異なる、「台湾の民主主義および台湾への強い愛着と結びついた中間路線」と規定される。この無色透明ではない中間路線が、民主進歩党（民進党）と中国国民党（国民党）という二大政党の間でどのように争奪されてきたかというのが、総統選挙の推移を大局的に理解するための基本視点ということになる。

つづいて第一章は、投票行動に影響する要素を「内部要素」と「外部要素」に分けて整理した上で、選挙観察を行う際に注目すべき点について解説する。また、補論として、得票率の地域的なばらつきに着目する意義が論じられる。第二章から第七章までは、それぞれ一九九六年（第二章）、二〇〇〇年（第三章）、二〇〇四年（第四章）、二〇〇八年（第五章）、二〇一二年（第六章）、二〇一六年（第七章）の選挙を論じる。各章はおおむね同じ構成をとり、まずは選挙戦の展開を詳細に示した上で、投票結果の分析がなされる。終章では、総統選挙の二〇年間が、前述の著者独自の枠組に照らして整理される。

本書は平易な文体で書かれ、台湾政治の基本的な構造についても随所で丁寧な解説が付されている。また、総統選挙に焦点を絞り二〇年にわたる台湾政治の展開を考察した研究には類書がない。そのため、本書は初学者から専門家まで幅広い読者が手に取るべき、親切かつ魅力にあふれた一冊であると言える。

ただし、本書はその魅力を、かならずしも十分に表現しきれていないようにも感じられる。その主たる原因は、本書が冒頭において問題意識および研究方法を明確に示していないことにあるのではないか。序章は「概説」と銘打っているが、これはむしろ著者の長年にわたる調査によって得られた「結論」と位置づけられるべき内容である。ではその問いは何であったのか。著者はまえがきにおいて「本書は、選挙という視点からの台湾地域研究である」と規定している。一方、著者が本書で採用している研究方法とは、聞き取り調査や実地観察によって得られた知見を中核としながら、統計データの分析もあわせ、有権者の投票行動を解明するというものである。しかし、この方法がどのような問いに向けられているのかは、本書を一読するだけでは不明瞭である。本書は、全編を通して先行研究に対する評価をほとんど論じない。報道の誤りや一般的な思い込みを批判する箇所はあり（二三六頁）、その議論自体は大変勉強になるが、著者が自身の研究の意義をどう位置づけているのかは最後まで明確に主張されない。

本書の方法自体は、きわめて独創的で価値の高いものであると評者は考える。本書の大きな特徴の一つは、総統選の結果を分析するにあたり、全国や県市ごとの得票率だけではなく、その下級の行政区画で四百近くある郷鎮市区ごとの得票率や、さらには一万を超える投票所ごとの得票率にまで着目している点である。台湾社会は選挙不正に対する警戒が強く、投票所でそのまま開票が行われるため、そのデータが存在する。また、各投票所の規模は比較的均質だという。この事実自体が台湾社会の特徴の表れであり、著者の手法はまさに台湾地域研究者ならではのものと言える。

本書は全六回それぞれの総統選挙について、各候補者の投票所レベルの得票率の標準偏差を算出するとともに、全投票所の得票率ごとの得票数ヒストグラムを作成し、考察を行っている。著者はこれらの分析ツールを、あくまでマクロの状況を把握するための補助的なものとして提示している。ヒストグラムは、各候補者の得票率のばらつきを視覚的に理解するのに大変有効であり、著者がかけた多大な労力に敬意を表したい。

ただし、本書のこれら指標の分析には、論旨がやや入り組んでいる印象を受ける部分もある。その原因は、著者が投票所ごとの得票率の標準偏差を「極端な投票行動」の表れと読み替える場合があることに求められる。そのような解釈をおこなう根拠を、著者は第一章補論において周到に示している。すなわち、著者は現地での聞き取り調査に基づき、特定の投票所において特定の候補者に票が集中する現象は、金銭的な見返りや脅迫などの手段によって引き起こされている事例があることを把握しているのである。

しかし、標準偏差が示すのはあくまで得票率の高い投票所と低い投票所のばらつきであり、そのことは著者も自覚している。また、特定の候補者の得票率が特定の投票所で高くなる原因として、著者は小さな地域ごとの族群、産業、住民の職業、候補者の地縁などの要因にも目配りをしながら各回の選挙結果を考察している。そのため、本書が標準偏差から何を読み取ろうとしているのかは、かえって分かりにくくなっている。おそらく著者は、得票率のばらつきは

「人為的に強力な力が働いた」（七八頁）結果としての側面が大きく、それが解消すれば投票率のばらつきは小さくなると経験的に確信している。そのことは、たとえば二〇一六年の蔡英文の得票率の標準偏差が二〇一二年より小さくなったのを「台湾の民主政治にとってはよいこと」（二九七頁）と評価していることからも看取される。評者は著者の見解を熟練の観察者による証言として信用する。しかし、これも著者自身が自覚しているとおり、過去の総統選挙には二大政党の一騎打ちとなった戦いもあれば、三人以上の候補が競った回もあり、そのことも標準偏差の値に影響したと見られる。得票率のばらつきの経年変化から何が見えてくるのかについては、さらなる検討を要する。

一方、ミクロの分析では、著者の筆は実に明晰である。たとえば、二〇一二年選挙を分析した第六章では、屏東県における蔡英文の得票率の伸び幅を郷鎮市別に並べ、それぞれの区域における族群構成の特徴、中国が買い付ける特産の果物・養殖魚の有無と照合することで、「中国が石斑魚を買い付けることで民進党の支持を切り崩したという解釈は当たらない」ことを喝破する（二四二―二四五頁）。また、二〇〇四年選挙を論じた第四章では、陳水扁が台湾住民の「本土意識」を刺激することで再選を目指す戦略をとるなか、雲林県においてどのような投票行為の変化が生じたのかが論じられる。著者はインタビュー調査に基づき、県の民進党支部は台湾と中国との経済交流が拡大すると安い農産物が大量に入ってきて農業が壊滅的打撃を受けるという宣伝を繰り広げ、その結果、農民たちが地方有力者の意向に反して陳水扁に共感を示すようになったことを指摘する（一五一―一五二頁）。この箇所は、著者が「台湾アイデンティティ」と位置づける中間層はどのように民進党に取りこまれていったのか、さらには台湾における政党支持構造は対中感情とどのように結びついていったのかを生々しく明らかにしており、評者は本書のなかでも特に興味深く読んだ。これらの知見は、数値の分析と現地への関心のどちらが欠けても得られないものであり、著者の研究手法が有効に機能したことを示している。

台湾における選挙研究でも、本書ほど細かな地域の動向の差異に着目する研究は、ほぼ見かけない。想像するに、ここまで細部のデータに関心を寄せるのは、実際に選挙対策を行う分析官くらいなのではないだろうか。そのように考えると、著者の関心は実は「誰が勝つか」という一点に集中していたようにも見えてくる。本書はときおり、開票結果が出る前に当落を予想するテクニックを論じるが（二八二頁など）、これは本書の主要な情報源が集会の熱気や当事者への聞き取りであることとの反映なのかもしれない。選挙に勝とうとした人びとの観察を通じて、一九九六年から二〇一六年にかけての台湾の政治変動を記録すると、社会がさまざまな対立の中でバランスを模索していった過程が浮かび上がる。これこそが、本書の明らかにした台湾現代政治史像だと要約することができるのではないか。

本書では随所で、台湾本島から離れた中国大陸福建省沿岸の金門島・馬祖列島をわざわざ分析対象から外してから選挙データの考察が行われている。この著者の態度は、中華民国憲法下の総統選挙によって他地域から弁別される共同体として「台湾」を捉える本書の前提に照らせば、若干の違和感を覚えるものであった。しかし、本書の性格を上述のように捉えれば納得がいく。これら地域では民進党に勝ち目がないという構図に、経年変化がほとんど見られないからである。

著者が作成した各回選挙の得票率ヒストグラムを見ると、二〇〇〇年の宋楚瑜、二〇〇四年の連戦、二〇〇八年と二〇一二年の馬英九に共通して、グラフの右側（得票率の高い側）に、正規分布曲線から外れる横長の長方形の「台地」のような形が現れる。著者のミクロ分析を敷衍すれば、これらは伝統的な国民党の支持基盤である原住民、退役軍人、離島という要因で説明されることになるのだろう（二〇六頁）。二〇一六年選挙では朱立倫と宋楚瑜に票が割れたのか、この形状はいずれの候補のグラフにも現れない。本書が丹念に描き出した中間層の争奪に加え、この「台地」の行方にも興味が尽きない。

（いえなが　まさき　東京女子大学）

マシュー・ロンゴ著、庄司克宏監訳

『国境の思想――ビッグデータ時代の主権・セキュリティ・市民』

（岩波書店、二〇二〇年、二八四頁）

須田祐子

国際政治学において、国家の境界、すなわち国境は、当然存在するものと見なされがちである。従来、国際政治は国境で区切られた主権国家の相互作用として理解されてきた。グローバル政治の研究においても、国境を越える人、モノ、カネ、情報の流れが国家にどのような影響を及ぼすかが論じられるものの、制度として国境が存在することは半ば与件とされるのが一般的であるように思われる。

マシュー・ロンゴ著『国境の思想――ビッグデータ時代の主権・セキュリティ・市民』は、国境の概念と国境管理の実践に照準を合わせ、二〇〇一年九月一一日のアメリカ同時多発テロ後の「国境の政治」を実証的に解明しようとすると共に、国境の「セキュリタイゼーション（安全保障問題化）」に関する規範的問題を提起する。本書は、第一部「外縁部」と第二部「入国検問所」から構成されるが、外縁部と入国検問所という国境の二つの中核的側面の両方で革命的変化が起きている、すなわち第一章「境界」の副題にあるように「薄い境界」から「厚い境界」へと向かう変化が起きているというのが本書の主要な議論である。

本書でいう外縁部とは国家の地理的領域のはしのことであるが、第二章「『壁』とその影」によれば、今や国家は国境の「壁」ではなく外縁部の「堀」により安全（セキュリティ）を保障しようとする。つまり国家は、線として捉えられる国境の防衛ではなく、国境を内側（国内）に拡大させた境界地域に監視の網を張り巡らせることで安全を追求するようになった。さらに第三章「一つの境界、二人の主権者？」で論じられているように、国家は境界地域を外側（隣国）にも広げ、隣国と国境警備分野で協力するようになっている。アメリカとカナダが二〇一一年に署名した越境協定に基づき法執行を統合しているのはその例である。こうした「境界共同管理」について著者は、第四章「境界共同管理、コスモポリタニズムと帝国の亡霊」で、強国が隣接する弱小国を占領する新たな形の帝国主義に発展しかねないと指摘する。

他方、第五章「最小の警察官」によれば、入国検問所の機能は「橋」から「フィルター」へと変化している。典型例であるアメリカでは、テロリストが旅客機をハイジャックした九・一一テロ事件後、空港セキュリティの見直しの柱として全乗客のリスク評価が導入され、リスクの低い「良い者を中に入れる」と同時に、リスクの高い「悪い者は外から入れない」というリスク評価に基づく入国管理へと移行した。もちろん旅行者のリスクを評価するためにはデータが必要であるが、入国管理当局は、生体データ、人物に関するデータ、行動に関するデータ、さらにはソーシャルメディアのデータなど、膨大な量のデータ（本書でいう「ビッグデータ」）を獲得、利用することができる。そうしたさまざまなデータを基に個人の「アイデンティティ」がつくり出されるプロセスを著者は「アイデンティフィケーション」と呼ぶ。

さらに旅行者に関するデータを得るため、第六章「主権、セキュリティおよび信頼をめぐる政治」で詳述されるような、国家間のデータ共有体制が構築されている。具体例として挙げられているのが、アメリカとカナダの間のデータ共有であり、これはカナダ市民がアメリカの「トラスティド・トラベラー・プログラム」（あらかじめ本人から提供されたデータを基にリスクが低いと法執行当局が決定した「信頼できる」旅行者は入国検問所での手続きが迅速化される制度で、「信頼をめぐる政治」を体現するもの）に編入されたことに伴う。こうした動向について、著者は、第七章「デジタルの暗闇の中へ」で、「信頼できる」国家間のデータ共有は、究極的には「グローバルなファイヤーウォール」で分断された世界をもたらすだろうと警告する。

著者によれば、以上のような国境管理の新しい動向は、国境についての考え方が根本的に変化したことの反映である。最も重要なことに、九・一一テロ事件後、国境のセキュリティと国家安全保障は別々の領域の問題だと考えられなくなった。国境のセキュリティの位置づけが、不法移民および薬物密輸対策から国家安全保障の最優先事項であるテロ対策（特にテロリストの入国を阻止すること）へと変容したのである。この安全保障問題化から「アイデンティフィケーションをめぐる政治」と「信頼をめぐる政治」が派生したわけであるが、情報通信技術（ＩＣＴ）の発展が個人のアイデンティティをつくり出しリスクと信頼性を評価するのに必要なデータの利用を可能にした点も本書では強調される。

おそらく国際政治学の観点から最も興味深いのは、グローバリゼーションの進展に伴う「脱国境化」への対応として、国家は「再国境化」を進めているという議論であろう。そもそも国境は、国家の主権が及ぶ範囲を画定するものであるが、グローバリゼーションの進展にもかかわらず、主権は大部分無傷のままであり、主権国家はグローバル化したテロという新たな脅威に対処すべく境界を再設定しているというのである。

その一方、国家はもはや単独では国境を管理できなくなっており、隣国と共同で境界地域を管理するようになっているが、「境界共同管理」は、事実上、重複する領域管轄権を意味し、ウェストファリア条約以降の「領域性としての主権」を揺るがす。要するに、国家は自らの安全のために主権の一定の側面を手放さざるを得なくなっているのである。加えて国家は、入国管理のために、つまり入国を認めるか否かを決定するために、他の国家や民間企業が収集したデータを利用するようになっている。こうした「主権に属さない」データに国家が依存することもウェストファリア型の主権に対する挑戦である。

とはいえ「再国境化」や「境界共同管理」は世界中の国々で一律に起きているのではない。国境地域にカメラやレーダーなどの監視装置を配備したり、大量のデータを処理、共有したりするには、巨額の資金と高い技能を持つ人員が必要であり、それだけの財政的、人的資源を持つ国はアメリカをはじめとする先進国と一部の途上国にほぼ限られるだろう。つまり、すべての国家がＩＣＴを駆使して国境管理を革新できるのではない。

また国家間のデータ共有が世界的にみて広く行われているのでもない。もとより政治体制の異なる国家（例えば、中国とアメリカ）のあいだで個人データが常時共有されることはありそうにない。密接な関係にあるアメリカと欧州連合（ＥＵ）のあいだですら個人データの共有には一定の制約が課されている。アメリカとカナダの先進的なデータ共有は古典的な安全保障共同体を形成する両国のあいだだからこそ可能であるのではないだろうか。

しかし本書をアメリカ中心の現代世界の理解であると批判することはフェアではない。本書は、国家があらゆるデータを手中に収めて市民を監視するディストピアを予兆する事例としてアメリカに焦点をあてていると考えるべきであろう。民主主義を掲げるアメリカで、個人（市民）の自由よりも国家の安全が優先され、個人が「安全であると同時に安全でない」状態が生じていることに著者は強い懸念を表明する。著者のいう「デジタルな横領」を通じて、国家は膨大な量のデータを獲得し、個人を効率的に監視できるようになっているというのである。ここに本書と批判的安全保障論の接点がある。

なお「デジタルな横領」の本質的問題は、国家が個人データを当該個人のコントロールの及ばないところで（したがって「個人が自己に関するデータをコントロールできる権利」としてのプライバシーを侵害して）取得し利用することにあるが、この問題はビッグデータというよりデジタル時代におけるデータの「ありきたりさ」に由来するのではないだろうか。簡単にいえば、国家が「横領」できるデータが飛躍的に拡大しているのである。だが、入国管理で決定的に重要なのは、ソーシャルメディアに蓄積されたデータ（ビッグデータの代表的なものの一つ）ではなく、パスポートに記録されているような基本的なデータであることにも留意すべきであろう。

本書が刊行されたのは、新型コロナウィルス（COVID―19）感染症の世界的流行が始まる以前であるが、本書の議論はCOVID―19パンデミックとの関連でも示唆に富む。パンデミックの最中には、感染拡大を防ぐため、多くの国家が外国人、特に新型コロナウィルス感染症が蔓延する国からの人の流入を制限した。その後、入国制限が緩和されると、例えば日本では、当初は「接触確認アプリ」（感染者との接触が確認されると通知が届くスマートフォン用のアプリケーション）、後には「入国者健康居所確認アプリ」の利用が入国者に義務づけられた。最近では、EUの「デジタルCOVID証明書」をはじめ、ワクチン接種記録をデジタル方式で提示するワクチンパスポートが多くの国で導入され、検疫手続きなど入国管理の目的でも利用されるようになっている。つまりパンデミックによって人の越境移動をコントロールする国家の能力がさらに強化される結果となっている。本書はこうした「国境の政治」の新たな展開を理解するために有用な手がかりを提供するだろう。

（すだ　ゆうこ　東京外国語大学）

編集後記

本特集号が刊行される二〇二三年は、アフリカの独立と連帯の象徴であるアフリカ統一機構（二〇〇二年にアフリカ連合に改組）が設立されてから六〇年が経過する、「節目」の年である。独立後、アフリカ諸国が歩んできた道は平坦ではなかった。武力紛争や内戦、難民・国内避難民問題、貧困・低開発問題、環境・気候変動問題など様々な難題に直面した。しかし、共通する問題を抱えつつも、アフリカ諸国が辿ってきた道は一様ではない。国家建設や国民統合がある程度成果を収めている国もあれば、「テロ」や武力紛争が頻発し、統治機能が脆弱な「脆弱国家」の様相を呈している国もある。政治体制をみた場合、民主主義体制が定着している（又は、しつつある）国、民主化が後退・停滞している国、および権威主義体制が存続している国がみられる。さらに今日のアフリカを取り巻く急激な国際情勢の変化は、アフリカ諸国の内政や対外政策に様々な影響をもたらしているが、それに翻弄されている国もあれば、したたかに大国間の競合を利用し、政治的、経済的、軍事的利益を追求している国もある。

このような多様性と多面性を有し、変容するアフリカを捉えることは容易でないことから、国際政治学会の編集委員会から当特集号の編集を依頼された際、浅学非才の身で依頼をうけるべきかどうか、逡巡した。最終的に担当することを決めたのは、この件を相談した際、ウガンダ人の研究仲間が言った、「どこへ行くのかわからない道ならば、どこへでも連れていってくれる」というウガンダの諺だった。かねてよりアフリカを学び、アフリカから学んできた一学徒として、アフリカの内政や国際関係が通時的にどのように変化・変容してきたのかをアフリカの「エージェンシー」や「外向性」を含む多角的な視角からとらえてみたいと考えていたことも関連している。今回の特集号では、アフリカにおける地域機構や地域協力、アフリカをアクターに含めた国際政治理論研究などの投稿はなく、扱う研究領域が限定的であることは残念であるが、主要な問題をカバーする論文を掲載することができたのではないかと思う。本特集号がどこにたどり着いたのかは、読者の判断に委ねたい。

本特集号が刊行に至る過程で様々な問題が生じたが、とりわけ二〇二〇年以降の新型コロナ感染症の拡大は我々の日常・研究生活に多大な影響をもたらした。コロナ禍での海外渡航制限により現地調査を行うことができなくなったこと、オンライン授業への移行、コロナ対策業務など、様々な困難が生じたことが想定される。このような状況において、原稿を投稿してくれた執筆者の皆様、査読を快諾し、適切なコメントやアドバイスを提示してくださった方々に格別のお礼を申し上げたい。本特集号の趣旨や掲載本数上限の都合により、掲載をお断りせざるをえなかった方々にはお詫びしたい。また、新旧の編集委員会の皆様、中西印刷の小口卓也氏には大変お世話になり、心より感謝申し上げたい。

（杉木明子）

編集委員会からのお知らせ

独立論文応募のお願い

『国際政治』に投稿された独立論文は、年度末に刊行する独立論文号への掲載を優先する必要性から、投稿から掲載まで時間を要しがちで、早期掲載の希望が寄せられておりました。その要望に応え、Newsletter 167号でもすでに理事会便りとしてご案内差し上げたように、二〇二一年度よりすべての独立論文を各特集号に掲載し、独立論文号の刊行は停止し、年間三号の刊行となります。それに伴って、各特集号のページ数は掲載論文数に応じて拡大することとなりますので、『国際政治』の年間総ページ数は従来通りとなります。なお、独立論文の査読・掲載条件等には、何ら変更はありませんので、会員の皆様の積極的な投稿をお待ちしています。

論文の執筆にあたっては、日本国際政治学会のホームページに掲載している「掲載原稿執筆要領」に従ってください。特に字数制限にはご注意ください。投稿いただいた原稿は、「独立論文投稿原稿審査要領」に従って審査いたします。

独立論文の投稿原稿は、メールで『国際政治』編集委員会に宛てて提出して下さい。

メールアドレス　jair-edit@jair.or.jp

特集号のご案内

編集委員会では、以下の特集号の編集作業を進めています。

211号「ヘルスをめぐる国際政治（仮題）」（編集担当・栗栖薫子会員）

212号「二国間外交と多国間外交の交錯（仮題）」（編集担当・高橋和宏会員）

213号「アメリカ——対外政策の変容と国際秩序（仮題）」（編集担当・西山隆行会員）

214号「地球環境ガヴァナンス研究の最先端（仮題）」（編集担当・阪口功会員）

215号「国際政治のなかの日米関係——同盟深化の過程（仮題）」（編集担当・楠綾子会員）

編集委員会（二〇二二—二〇二四）

書評小委員会

岐路に立つアフリカ 『国際政治』210号

令和5年3月15日 印刷
令和5年3月30日 発行

〒187-0045 東京都小平市学園西町一丁目29番1号
一橋大学小平国際キャンパス国際共同研究センター2階
発行所 一般財団法人 日本国際政治学会
電 話 042(576)7110

〒101-0051 東京都千代田区神田神保町2-17
発売所 株式会社 有 斐 閣
振替口座 00160-9-370
https://www.yuhikaku.co.jp/

ISBN 978-4-641-49995-9 印刷・中西印刷株式会社

INTERNATIONAL RELATIONS

MEMBERSHIP INFORMATION: *International Relations* (*Kokusaiseiji*), published three times annually—around May, August, and November—and *International Relations of the Asia-Pacific*, published three times—January, May and August—are official publications of the Japan Association of International Relations (JAIR) and supplied to all JAIR members. The annual due is ¥14,000. Foreign currency at the official exchange rate will be accepted for foreign subscriptions and foreign fees. The equivalent of ¥1,000 per year for international postage should be added for foreign subscriptions. Current issues (within two years of publication) of *International Relations* (*Kokusaiseiji*) are priced at ¥2,200 per copy and available at Yuhikaku Publishing Co., Ltd., 2-17 Jinbo-cho, Kanda, Chiyoda-ku, Tokyo 101-0051, Japan, http://www.yuhikaku.co.jp; for the back issues, please visit J-STAGE at https://www.jstage.jst.go.jp/browse/kokusaiseiji. Regarding *International Relations of the Asia-Pacific*, please visit Oxford University Press website at http://www.irap.oupjournals.org for further information. Applications for membership, remittances, or notice of address changes should be addressed to the Secretary, the Japan Association of International Relations, c/o 2nd floor, Center for International Joint Research, Kodaira International Campus, Hitotsubashi University, 1-29-1, Gakuennishimachi, Kodaira-shi, Tokyo 187-0045, Japan.

CONTRIBUTORS

SUGIKI Akiko	*Professor, Keio University, Tokyo*
OCHIAI Takehiko	*Professor, Ryukoku University, Kyoto*
TODA Makiko	*Professor, Kyoto Women's University, Kyoto*
YAMADA Mayumi	*Assistant Professor, Ritsumeikan University, Kyoto*
ENDO Mitsugi	*Professor, The University of Tokyo, Tokyo*
FUJII Hiroshige	*Associate Professor, Utsunomiya University, Tochigi*
KOBAYASHI Ayako	*Assistant Professor by Special Appointment, Sophia University, Tokyo*
KAMINO Tomoya	*Associate Professor, Gifu University, Gifu*
WATANABE Shino	*Professor, Sophia University, Tokyo*
MAKINO Kumiko	*Director, African Studies Group, Area Studies Center, Institute of Developing Economies, Japan External Trade Organization, Chiba*
CHOI Ji-hee	*Graduate Student, The University of Tokyo, Tokyo*
NAKAYAMA Yumi	*Associate Professor, Tokyo University for Foreign Studies, Tokyo*
IENAGA Masaki	*Associate Professor, Tokyo Woman's Christian University, Tokyo*
SUDA Yuko	*Part-time Lecturer, Tokyo University for Foreign Studies, Tokyo*

Summary

Africa's Domestic Politics and International Relations in the 21st Century

SUGIKI Akiko

The changing international order and great upsurge of foreign interest in Africa have significantly altered the continent's political and economic landscape. Africa has become the terrain for global competition between the United States, Europe, and China, with new external players including India and Russia. There is an emerging consensus in the United States and Europe that the presence of China and Russia in Africa challenges Western political, economic, and security interests. However, these perceptions ignore the fact that various African states are not helpless "pawns" or victims of great power competition, with many ruling elites in Africa attempting to make use of this external environment to gain and consolidate power.

This introductory chapter considers four crucial political issues within the scope of conceptions regarding Africa's "agency" and "extraversion." The first section of this chapter investigates the problems of "state-building" and "national integration" in Africa. Several case studies, such as those of Liberia and Nigeria, illustrate the structural constraints and limited options for enhancing state-building in Africa that are the result of historical, political, and economic factors. The UN and other international actors have been assisting African countries in state-building as part of post-conflict international peacekeeping operations in Africa since the 1990s. The section also articulates why most of these operations fail to secure peace and political stability by closely examining the actions of the United Nations Mission in South Sudan (UNMISS).

Despite the diversity and differences of political and economic situations in Africa, a broad trend of "democratic backsliding" has been seen in various African states since the mid-2000s. Thus, section two investigates the impact of external actors on the transformation of political regimes and legal institutions. Also since the mid-2000s, Africa has experienced a substantial increase in the number of internal conflicts and acts of terrorism. One crucial phenomenon behind this increase is the lack of compliance with peace agreements between conflicting parties, with 90% of the current internal conflicts in Africa being recurrences of

earlier internal conflicts. Section three, therefore, focuses on conflict resolution and international peace-building in Africa and articulates the problems and structural constraints involved in the currently used approaches.

Section four of this chapter provides an overview of the contemporary relationship between Africa, Russia, and China. It also illustrates that African states have made adjustments to the changing nature of Africa's regional order while attempting to utilize the current political situations in desirable ways. Ultimately, Africa's international relations will be subject to the choices of African states, not to those of external powers.

The "Mandingo Question" in Liberia: Before, During and After Conflict

OCHIAI Takehiko

Between 1989 and 2003, Liberia underwent a devastating civil war. The aim of this article is to provide a panoramic analysis of how the ethnic rivalry known as the "Mandingo Question" in Liberia has historically transformed before, during and after conflict. There are approximately 16 ethnic groups in Liberia, excluding the settlers such as the Americo-Liberians and foreigners such as the Lebanese. Mandingo people are mainly a Muslim ethnic group that played an important role in trans-Saharan trade and remain one of major ethnic groups in Mali and Guinea. However, they are the latest group to have migrated to present-day Liberia in the 18th century and are an ethnoreligious minority in the country. The Mandingo in Liberia have been frequently subjected to hatred and discrimination, being widely perceived as "foreigners from Guinea". Prior to the civil war, the Americo-Liberian and Samuel Doe regimes developed close cooperative ties with the Mandingo to take advantage of their economic power and support. Despite this, which may be summed up in a single phrase as "cooperation with those in power", the fact that the Mandingo formed close ties with the Doe administration in the 1980s, which blatantly engaged in the political use of ethnic identity, mired the "Mandingo Question" with deeper antagonism than ever before. During the conflict, the "Mandingo Question" was more intensified. A number of armed groups were formed on the basis of ethnic identity, and combatants of the Mandingo and other ethnic groups such as the Gio/Mano fought against each other. The Liberian civil war was not a so-called "ethnic conflict", but the ethnic tensions which had been strongly politicised by the Doe administration prior to the outbreak of the conflict functioned powerfully as a "logic of war". After the conflict, many land-related disputes occurred in

Nimba County, particularly at Ganta, a city in the north-western region of the county. The Mandingo were not always victims but sometimes perpetrators in the land disputes that occurred in the post-conflict Ganta. The land disputes that the Mandingo are involved there are no longer conflicts simply involving the land rights of individuals or families, it is rather caught in the larger context of the "Mandingo Question", which has been historically constructed and deeply politicised. Although the conflict in Liberia came to an end in 2003, the "Mandingo Question" involving the land disputes in Ganta, Nimba County, can be seen as one of the most difficult problems to resolve in post-war Liberian society.

The Impact of Colonial Legacies and Neo-Colonialism on Internal Conflicts in Sub-Saharan Africa: A Case Study of Boko Haram in Nigeria

TODA Makiko

The aim of this study was to examine factors that prolong internal conflict in sub-Saharan Africa, including political leaders' manipulation of ethnicity and religion to gain or regain power and control the state; the legacies of colonialism that provoke dissatisfaction and alienation among ordinary people, inducing them to join anti-government forces; and neo-colonialist attempts to sustain corrupt states ruled by greed-driven political leaders.

What leads people to participate in anti-government activism and join terrorist groups? This paper demonstrates that colonialism's legacies such as disparity of wealth, security abuses against ordinary people, and lack of the rule of law have produced and reproduced dissatisfaction and alienation among local people, particularly young people.

Although most internal conflicts in sub-Saharan Africa are deemed 'ethnic' or 'religious' conflicts, ethnic and religious identities in and of themselves do not necessarily lead to conflict. In a bid to maintain or regain power, political leaders provoke a shift from ethnic or religious identities to ethnic or religious nationalism.

Boko Haram, officially known as Jamā'at Ahl as-Sunnah lid-Da'wah wa'l-Jihād ('People Committed to the Propagation of the Prophet's Teachings and Jihad') and based in north-eastern Nigeria, is recognised as a 'terrorist' or 'militant Islamist' organisation. Existing research on Boko Haram indicates that it is not participants' religious faith that induces them to join the organisation. While Boko Haram's founder, Mohammed Yusuf, rejected the secular state and promoted the establishment of a Sharia-based caliphate, he provided support to his followers, including social-welfare services that federal and state governments

had failed to provide. Throughout history, Nigeria's corrupt federal and state governments have seldom offered 'good governance'. Nigeria is Africa's leading oil and gas producer, but the wealth derived from these natural resources has not contributed to improving the living conditions of ordinary people in Nigeria.

This paper investigates the conditions that allow corrupt states to persist in sub-Saharan Africa. It is apparent from Nigeria's case that, without assistance from developed countries, Africa's political elites would in all likelihood be unable to sustain their governments. That is, neo-colonialism has allowed the current government of Nigeria to survive to promote the interests of developed countries and not those of the country's ordinary people.

South Sudan at a Crossroads: State-building Support and Domestic Governance Issues

YAMADA Mayumi

The Republic of South Sudan gained independence from Sudan in July 2011, becoming the 193rd member of the United Nations. However, on December 15, 2013, armed conflict erupted in the capital city of Juba, further triggering a civil war. This marked the setback of the state-building that the Government of South Sudan, the United Nations, and the international community had worked together on. Subsequently, the mandate of the United Nations Mission in South Sudan (UNMISS) was modified from state-building to the protection of civilians. The Intergovernmental Authority on Development (IGAD), the African Union (AU), the United Nations (UN), and the Troika (United States, United Kingdom, and Norway) struggled to settle the Agreement on the Resolution of the Conflict in South Sudan (ARCSS) in 2015 and the Revitalization of the ARCSS (R-ARCSS) in 2018. However, armed conflict continued even after the Transitional Government of National Unity of South Sudan (TGNUSS) was inaugurated on February 22, 2020.

Against this historical background, this paper examines why state-building has not progressed well in South Sudan despite massive support from the international community. It is noted that, even after the R-ARCSS peace agreement was reached, military and political elites continued to dominate South Sudan, tactically using both internal and external norms. The internal norms are cultivated through the military-political marketplace and have a significant impact on the state's governance structures (i.e., oil money kleptocracy), favoring prolonged armed conflict. The external norms are responsive to the demands of the international community, but are not necessarily respected as superior to the internal norms.

Historically, humanitarian assistance has also been embedded in government's structures with these internal norms as part of state-building architecture, further sparking illegitimacy and absurd armed conflict. Without understanding these internal norms and the associated issues, no amount of large-scale international assistance, no matter how large, will successfully advance state-building in South Sudan. Moreover, people's resentment is another fundamental issue, generated by the internal norms, which also explains why the armed conflict has dragged on to date. As the traditional chiefs and the Catholic community have indicated in this study, without understanding and reconciling these issues, there will be no conflict resolution and no state-building.

Nevertheless, this study concludes that a potential choice remains for South Sudan: returning to armed conflicts and corruption with the internal norms or re-engaging in state-building with diverse adaptive approaches. The latter may also conflict with existing practices of the internal norms. However, it has significant processes of legitimizing state-building, which requires people's reconciliation and capability to respect every person and diverse communities, regardless of military, political or ethnic group. If the people of South Sudan are choosing the adaptive approaches, that is a further challenge for building a legitimate state in various ways, even if at a slower pace, the international community also needs re-examine how to support state-building in South Sudan.

On Evaluation of Political Change in Sub-Saharan Africa: Emerging Mechanism of Neoliberal Autocracy

ENDO Mitsugi

The purpose of the article is to analyze the mechanism of emergence of what the author called "neoliberal autocracy" or "neoliberal authoritarianism" in the context of Sub-Saharan Africa in the era of anti-democratic turn or global expansion of authoritarian rule. One of the characteristics of the recent phenomena in regime transformation is supposed to happen not in the form of breakdown but in a clandestine manner. Such conceptualization as neoliberal autocracy derived from the context of African external relations which is supposed to be very much rational reactions to politics of aid.

In this regard, the author shares the argument developed by Africanists, namely Tobias Hagmann and Filip Reyntjens. They argued that "what we see is the emergence of illiberal autocratic modernities in recipient countries whose political elites effectively amalgamate authoritarian politics with (neo-)liberal

discourses emphasizing efficiency, effectiveness and performance... Foreign aid may thus play a support role in generating, maintaining and legitimizing contemporary illiberal African regimes that combine autocratic rule with trappings of liberal democracy" (2016: 12). This dynamism is also related to the well-known idea of "extraversion" which was developed by J-F Bayart.

Typical cases in this regard are supposed to be Ethiopia and Rwanda. In *Africa's Pulse* 19 published by the World Bank in 2019, these two countries are evaluated as follows: "The successful transitions out of fragility in the region have been characterized by stronger institutions, enhanced policy environments, and improved services delivery. These efforts led to stronger growth and a more attractive climate for private investors (Ethiopia and Rwanda)" (2019: 2). This type of evaluation, focusing not on political and civil freedom like Freedom House Index but on effectiveness of government, rule of law, quality of regulation, control of corruption clearly like World Governance Index (WGI) shows that countries evaluated through the lens of "good governance, " which is the core norm in neoliberalism, can be so called donor darlings, even though they are never be liberal nor democratic. This is in this historical context that what this author called "neoliberal autocracy" has emerged and even be consolidated. In this sense, recent argument or conceptualization like democratic backsliding and democratic erosion might not necessarily applicable to many African countries, where democratic institutionalization has not yet fully introduced nor strongly required in order to increase amount of aid in the era of neoliberalism and in the context of Global War on Terror (GWOT). Therefore, political regimes in Africa will be transforming in their "rational" reaction to changing external context of international relations in the 21st century.

Judicial Intervention by the International Criminal Court and Justice Sector Reform in Kenya: Transformation of Internal and External Logics Toward Ending Impunity in Kenya

FUJII Hiroshige

This paper aims to identify the changing logic of putting an end to impunity by analyzing inside/outside perspectives in the case study of Kenyan judicial reforms since the 2007 Post-Election Violence (PEV).

In Kenya, the PEV erupted in December 2007, killing at least 1,113 people,

forcing the displacement of more than 350,000, and leading to countless reports of sexual violence and inhumane acts. In response to this severe violence, the United Nations, the European Union, and the United States have joined peace negotiations in Kenya and African countries. The International Criminal Court (ICC) has also increased its level of involvement, welcomed by Kenyans as a means to put an end to impunity in Kenya. However, in the 2013 presidential election, Uhuru Muigai Kenyatta and William Ruto, whom the ICC indicted, won the election with the public's support while articulating a painfully critical position of the ICC. So, where has the philosophy of putting an end to impunity for the 2007 PEV gone?

Based on this reality, this paper first pointed out the significance of the judicial intervention by the ICC in terms of the actual situation of impunity surrounding electoral violence since Kenya's independence. Then, this paper analyzed the fact that, although the judicial intervention was an opportunity to make progress in reforming the Kenyan judicial sectors, an environment that prioritized domestic stability over the punishment of those involved in the 2007 PEV began to emerge in Kenya. Finally, this paper reveals a transformation in the logic of putting an end to impunity directed at the 2007 PEV both inside/outside Kenya. The 2013 presidential election focused on domestic stability, although some issues were raised. Actors outside Kenya, such as the United States and Europe countries, also stopped seeking accountability for the 2007 PEV and went toward rebuilding relations with the Kenyan government since the 2013 presidential election. This transformation clarified the reality that Kenya's internal logic, supported by Kenya's external logic, created an environment of impunity for those who were involved in the 2007 PEV.

The above reality shows that Kenya used judicial intervention as an opportunity to reform its judicial system, obtain assistance from international donors, and even rebuild relationships with its security partners. While prosecution for those involved in the 2007 PEV has not been sufficient, Kenya has benefited in other areas than putting an end to impunity. This domestic transformation has not been driven solely by political elites but has developed with support from its citizens. This paper implies that Kenya's prioritization of stability, which was transformed with the support of its citizens, has allowed Kenya to subsequently lead other African countries in anti-ICC policies in the arena of the African Union.

Conflict Recurrence and Peace Agreements

KOBAYASHI Ayako

Why do some conflicts lead to a plethora of peace agreements? Many of today's armed conflicts beget new conflicts, with repeating cycles of fighting and peace processes. The issue of peace agreements should be addressed alongside the question of why some conflicts generate others. Although the existing scholarship on peace agreements assumes that the negotiation and signing of peace agreements are necessary steps in the transition from conflict to peace, they do not explain why the number of peace agreements is so high in some conflict-affected countries where peace has nonetheless not been achieved.

Adopting a realist approach, this article addresses four dilemmas of international mediation. If international mediators engage, (1) the conflict parties might easily sign an agreement while hiding their true intentions, thereby reducing negotiations and the agreement to a formality; (2) political negotiation could be an opportunity for the political elites to recentralize and fix their power; (3) mediators could favor parties that follow internationally agreed terminology and logics; and (4) conflict could recur after the mediators leave. Additionally, in recurring conflicts and peace agreements, the parties to the conflict learn from the past and respond to international mediation positively or negatively based on their experiences. Applying the concept of "forum shopping," the author hypothesizes that some conflict parties choose certain types of international mediation, while others avoid it or propose new mediators.

According to the three major databases on peace agreements, more peace agreements have accumulated in African conflicts than in other regions. As Sudan has recorded most peace agreements between conflict parties during 1990–2018, the author examines four cases in Sudan: the post-Second Sudanese Civil War and Darfur in the 2000s, South Kordofan and Blue Nile in the 2010s, and post-coup d'état Sudan in the 2020s. While the two major conflict parties positively accepted international mediation in the post-Second Sudanese Civil War negotiations, other rebel groups were left out; in turn, they resorted to conflict to secure an opportunity for peace negotiation and created a forum for dialogue under their own initiative or refused international mediation. These four cases demonstrate that the conflict parties were aware of the dilemmas of international mediation and strategically used them to increase their gains or decrease their losses in politics. As a result, Sudan has seen many peace agreements without corresponding peace dividends for its citizens.

The academic and policy implication is that there is a never-ending mutual influence between international and domestic politics. While international mediation offers the parties to armed conflict windows of opportunity for peace,

their domestic politics or elite competitions also affect international mediation. The process from conflict to peace is thus unending and kaleidoscopic, as are international relations.

Limits and Infinities in the Protection of Civilians: Reflections on the UN Peacekeeping Operations in South Sudan

KAMINO Tomoya

This paper will reveal how the UN Security Council attempts to realize its goal of protecting civilians (non-combatants) in armed conflict, and what limitations it faces. In particular, it focuses on the barriers inherent in the mandate of UN peacekeeping operations. What were the limits to the protection of civilians by UN peacekeeping operations during the civil war in South Sudan? The paper will discuss this and state that the protection of civilians is a never-ending human endeavor.

There are at least four situations in which the barriers inherent in the mandate of UN peacekeeping operations are obstacles to the protection of civilians. First is interference with civilian protection by the government or military of a party to the conflict. This means that it is impossible for UN peacekeeping forces to establish a cooperative relationship with such governments or militaries regarding the protection of civilians when they use violence against civilians.

Second is the lack of willingness and ability of UN peacekeeping operations to protect civilians. UN peacekeeping operations protect civilians in the areas in which they are capable and deployed. This means that they do not fulfill their responsibilities regarding the protection of civilians in situations beyond the capabilities of UN peacekeeping operations. It also means that geographically, the target population to be protected will be constrained to the area in which the military can be deployed.

Third is the reluctance of UN peacekeeping operations to use force. UN peacekeeping operations may invoke all necessary measures under Chapter VII of the UN Charter to protect civilians. Not only may the contributing country fear that its soldiers will be killed or wounded in an armed conflict, but it may also lack the capacity to return fire due to inadequate training and equipment. Contributing countries are unlikely to be willing to risk their own soldiers to protect the lives of civilians in a party to a conflict.

Fourth is the inequity of civilian protection by UN peacekeeping operations.

Because UN peacekeeping operations have limited personnel, equipment, and budgets, they cannot protect all civilians in conflict areas. This would mean that only some civilians would be protected and others would not.

However, the protection of civilians cannot be denied on the basis of its limitations. This is because the protection of civilians through UN peacekeeping operations has helped a significant number of conflict victims. However, the protection of civilians through UN peacekeeping operations is not perfect. Protection of civilians is an endless activity that will never be completed and will continue until the end of humanity.

Huawei's Digital Infrastructure Development and Its Implications for China-Africa Relations

WATANABE Shino

This paper examines the increasing role of Chinese companies in Africa as the main actor in China-Africa relations since the 2000s. The first half of the paper offers a brief history of China-Africa relations and explains how Africa has been increasingly important in China's foreign policy. China has been engaging in Africa since the 1950s. During the first thirty years, the major driving force behind China-Africa relations was political motivations. China recognized Africa as a promising region to gain diplomatic recognition over Taiwan and its support in many international settings. China succeeded in gaining a seat at the United Nations with the support of 26 African countries in October 1971.

Since China adopted its Open and Reform policy in 1978, economic interests have been a major driving force behind China's foreign relations. While China prioritized its relations with the Western countries, no significant progress had been made in China-Africa relations. However, China's isolation from international society after Tiananmen Square Incident in June 1989 became a turning point in China-Africa relations. Africa has become the first travel destination for the Chinese Foreign Minister since 1991. In 2000 China established the Forum on China-Africa Cooperation (FOCAC) as a framework of multilateral diplomacy. FOCAC has been convened every three years and has promoted regional economic cooperation between China and Africa. The Chinese government has been actively assisting Chinese companies in expanding business in Africa with state financing by its policy banks and other means since the 2000s.

The second part of the paper focuses on Huawei's digital infrastructure development as a case of the increasing presence of Chinese companies in Africa. Huawei expands its engagement by receiving Chinese financial assistance and by

building smart cities in many countries in Africa. This paper argues that Huawei's involvement goes beyond traditional business activities. Huawei can win long-term businesses and gain comparative advantages vis-à-vis other countries after building digital infrastructure in Africa. Huawei's smart cities also impact state governance. For example, Huawei trains intelligence and police officers in several countries. Huawei helped strengthen the political foundations of current leaders by assisting in arresting the opponents in Uganda and Zambia. Although the introduction of Huawei's digital governance system could improve local security, it has the potential to significantly undermine the existing social and economic environment in countries without good governance and strong state institution.

The existing studies on China-Africa relations focus on states as the main actor for analysis. However, actors other than governments have played increasingly important roles in China-African relations. Therefore, this study stresses the importance of analyzing the role of Chinese companies to enhance our understanding of China-Africa relations that are changing at an unprecedented pace today.

Anti-apartheid International Solidarity Activism in Japan

MAKINO Kumiko

Anti-apartheid activism was one of the most significant global political campaigns in the twentieth century. Alongside South African liberation movements, transnational network of anti-apartheid movements also played an important role in ending the apartheid regime in South Africa. Anti-apartheid activism can be considered as one of the pioneer cases of transnational advocacy networks. Although there is a growing research interest in the topic, the literature was until recently geographically confined primarily to the Western Anti-apartheid movements, including those in the UK, Nordic countries, and North America. In particular, the role of anti-apartheid movements in Asia, including those in Japan, have been largely overlooked. The present article attempts to fill some of the research gaps through a consideration of anti-apartheid activism in Japan.

Following a literature review on anti-apartheid international solidarity and an explanation of the research resources used in this study in the first section, the second and third sections discuss the history of the Japan Anti-Apartheid Committee (JAAC) and its characteristics as a social movement. The close relationship between Japan and South Africa, symbolized by the term "honorary whites", was seen as problematic in the activism. The Japanese citizens' movements against apartheid had much in common with the solidarity movement

with Asian peoples of the same period. This present article shows that the anti-apartheid movement in Japan began in the context of Asian-African solidarity, and that despite political divisions, the underlying orientation that solidarity with African peoples should start from solidarity with people within Asia remained.

The final section examines the various organizations, including those of Christian churches, labor movements and human rights organizations among others, as well as individuals that were involved in the anti-apartheid activism in Japan other than the JAAC groups. There were multilayered transnational networks which those various actors were part of. As small organizations, it was difficult for the JAAC groups to run large-scale campaigns on their own, and collaboration with relationships with external actors was essential to raise anti-apartheid awareness. Although JAAC did not single-handedly bring these organizations and individuals into the anti-apartheid activism in Japan, when interest in the issue of apartheid grew in Japan in the late 1980s, the availability of information and networks of JAAC, which had been continuously advocating on the apartheid issue for many years, was an important factor in making the anti-apartheid efforts of various actors possible.

A Study on Diplomacy with North Korea under the Nakasone Administration: Focusing on Two-track Diplomacy at the Governmental and Non-governmental Level

CHOI Ji-hee

This paper focuses on Japan's policy toward North Korea under the Nakasone administration, and investigates the period in which the administration was preparing to open up political relations with North Korea during the confrontation between the Eastern and Western blocs during the Cold War. It deals mainly with the period between Nakasone's visit to South Korea in January 1983 and the talks between the Japanese and North Korean governments which began in secret in January 1986. This was a period in the middle of the Cold War during which U.S.-Soviet relations had become more fluid, and summit meetings were held. On the Korean Peninsula, the South Korean government decided to host the 1988 Seoul Olympics and took this opportunity to improve relations with socialist countries such as China and the Soviet Union.

The main objective of the diplomacy of the Nakasone administration was to emphasize US-Japan-South Korea trilateral cooperation and attempt to include

China in this framework, while also making progress in Japan-North Korea relations without negatively affecting Japan's relationship with South Korea. The main claim of this thesis is that Japan's diplomacy with North Korea in the 1990s was built on the basis of the government and the private sector cooperating with each other on North Korean diplomacy during the Nakasone regime in the 1980s.

While the U.S.-Soviet conflict narrowed the scope of the U.S. and the Soviet Union's involvement in the situation on the Korean Peninsula, it was easy for the Japanese government to demonstrate its uniqueness in its diplomacy with North Korea based on good Japan-South Korea relations and Japan-China relations. In order minimize any negative spillover from Japan-North Korea relations into Japan-South Korea relations or Japan-US relations, the Nakasone administration did not take the lead in interactions with the North Korean side but instead opted to make effective use of other actors such as leading politicians in the ruling party and the Japanese Socialist Party.

With the U.S.-Soviet summit held in November 1985 tensions in the U.S.-Soviet confrontation began to ease, and the U.S. initiative on the Korean Peninsula became more prominent. On the other hand, the international situation in the late 1980s served as a dynamic that limited Japan's initiative in easing tensions on the Korean Peninsula. Nevertheless, bilateral relations between Japan and North Korea, built at the non-governmental level did not lose strength despite structural restrictions on Japanese diplomacy.

During the Nakasone administration, Japan-North Korea relations–which had been maintained at a non-governmental level–demonstrated their own dynamics that distinguished them from the ups and downs of the global U.S.-Soviet Cold War and led to Kanemaru's visit to North Korea in 1990 and negotiations on the normalization of diplomatic relations in 1991.

日本国際政治学会編　**国際政治**　既刊

日本国際政治学会編　**国際政治　既刊**

一九五七年度―二〇二三年度

1 平和と戦争の研究
2 日本外交の分析
3 日本外交史研究―明治時代―
4 現代国際政治の構造
5 宇宙兵器と国際政治
6 日本外交史研究―大正時代―
7 二つの世界とナショナリズム
8 現代国際政治史
9 国際政治学の体系
10 集団安全保障の研究
11 日本外交史研究―昭和時代―
12 ソ連外交政策の分析
13 アメリカ外交政策の分析
14 日本外交史研究―幕末・維新時代―
15 日中関係の展開
16 東南アジアの研究
17 日米関係の展開
18 アフリカの研究
19 日本外交史研究―日清・日露戦争―
20 国際政治の理論と思想
21 共産圏の研究
22 日韓関係の展開
23 日本外交史研究―第一次世界大戦―
24 国連と日本外交
25 現代国際政治の基本問題
26 日本外交史の諸問題 I
27 欧州統合の研究
28 日本外交史の諸問題 II
29 中ソ対立とその影響
30 東西世界の統合と分裂
31 日露・日ソ関係の展望
32 軍縮問題の研究
33 日本外交史研究―外交指導者論―
34 日米関係のイメージ
35 現代ヨーロッパ国際政治史
36 開発途上国の政治・社会構造
37 日本外交史の諸問題 III
38 平和と戦争の研究 II
39 第三世界
40 中東
41 日本外交史研究―外交と世論―
42 国際政治の理論と方法
43 満洲事変
44 戦後東欧の政治と経済
45 戦争終結の条件
46 国際政治と国内政治の連繫
47 日中戦争と国際的対応
48 国際社会の統合と構造変動
49 世界政治とマルクス主義
50 国際政治学のアプローチ
51 日本外交の国際認識
52 沖縄返還交渉の政治過程
53 「冷戦」―その虚構と実像―
54 「平和研究」―その方法と課題―
55 国際紛争の研究
56 一九三〇年代の日本外交
57 第三世界政治家研究
58 日英関係の史的展開
59 非国家的行為体と国際関係
60 国際経済の政治学
61・62 戦後日本の国際政治学
63 現代の安全保障
64 国際開発論
65 社会主義とナショナリズム
66 変動期における東アジアと日本
67 相互浸透システムと国際理論
68 日豪関係の史的展開
69 国際関係思想
70 冷戦期アメリカ外交の再検討
71 日本外交の思想
72 第二次大戦前夜
73 中東―一九七〇年代の政治変動―
74 国際政治の理論と実証
75 日本外交の非正式チャンネル
76 国際組織と体制変化
77 国際統合の研究
78 東アジアの新しい国際環境
79 日本・カナダ関係の史的展開
80 現代の軍縮問題
81 ソ連圏諸国の内政と外交
82 世界システム論
83 科学技術と国際政治
30周年記念号 平和と安全―日本の選択
84 アジアの民族と国家
85 日本占領の多角的研究
86 地域紛争と国際理論
87 国際社会における人間の移動
88 現代アフリカの政治と国際関係
89 第二次大戦終結の諸相
90 転換期の核抑止と軍備管理
91 日中戦争から日英米戦争へ
92 朝鮮半島の国際政治
93 国際政治経済学の模索
94 政治統合に向かうEC
95 中ソ関係と国際環境
96 一九二〇年代欧州の国際関係
97 昭和期における外交と経済
98 ラテンアメリカ
99 共産圏の崩壊と社会主義
100 冷戦とその後　第100号記念特別号
101 国家主権と国際関係論
102 環太平洋国際関係史のイメージ
103 変容する国際社会と国連
104 CISの行方
105 一九五〇年代の国際政治
106 システム変動期の国際協調
107 冷戦変容期の国際政治
108 武器移転の研究
109 終戦外交と戦後構想
110 エスニシティとEU
111 グローバル・システムの変容
112 改革・開放以後の中国
113 マルチメディア時代の国際政治
114 グローバリズム・リージョナリズム・ナショナリズム
115 日米安保体制―持続と変容
116 ASEAN全体像の検証
117 安全保障の理論と政策
118 米中関係史
119 国際的行為主体の再検討

Review Article

Book Reviews

INTERNATIONAL RELATIONS

Volume 210 **March 2023**

Africa at a Crossroads

CONTENTS